教师群体专业发展新格局

JIAOSHI QUNTI ZHUANYE FAZHAN XINGEJU

徐建华　涂　英◎著

光明日报出版社

图书在版编目（CIP）数据

教师群体专业发展新格局 / 徐建华，涂英著. --北京：光明日报出版社，2018.11

ISBN 978 - 7 - 5194 - 0418 - 5

Ⅰ.①教…　Ⅱ.①徐…　②涂…　Ⅲ.①中小学—师资培养—研究　Ⅳ.①G635.12

中国版本图书馆 CIP 数据核字（2018）第 272309 号

教师群体专业发展新格局

JIAOSHI QUNTI ZHUANYE FAZHAN XINGEJU

著　　者：徐建华　涂　英

责任编辑：曹美娜　朱　然　　　　　　责任校对：赵鸣鸣

封面设计：中联学林　　　　　　　　　责任印制：曹　净

出版发行：光明日报出版社

地　　址：北京市西城区永安路 106 号，100050

电　　话：010 - 67078251（咨询），63131930（邮购）

传　　真：010 - 67078227，67078255

网　　址：http：//book. gmw. cn

E - mail：caomeina@ gmw. cn

法律顾问：北京德恒律师事务所龚柳方律师

印　　刷：三河市华东印刷有限公司

装　　订：三河市华东印刷有限公司

本书如有破损、缺页、装订错误，请与本社联系调换，电话：010 - 67019571

开　　本：170mm×240mm

字　　数：279 千字　　　　　　　　　印　张：19

版　　次：2019 年 3 月第 1 版　　　　印　次：2019 年 3 月第 1 次印刷

书　　号：ISBN 978 - 7 - 5194 - 0418 - 5

定　　价：65.00 元

目 录
CONTENTS

总论:桃李不言　下自成蹊 ································· 1

第一篇　课堂教学平台 ····························· **15**

01　语文:一颗小桃树　17

02　数学:认识不等式　42

03　英语:Unit 6 I'm going to study computer science.　68

04　科学:物质的构成　100

05　思想品德:珍惜学习机会　123

06　体育:前滚翻　139

07　音乐:一二三四歌　152

第二篇　专题学习平台 ····························· **163**

01　教师专业素养论坛　165

02　仁和师道:坚守本心,做一个幸福的教师　181

03　案例研究:班主任研修的有效路径　194

第三篇　课程开发平台 ····························· **217**

01　历史与社会:仁和中学的昨天、今天、明天　219

02　数学:对目标导学教学模式的探索　262

03　美术:把家乡的美景画入画　275

附件　教师专业发展微观评价量表 ················· **291**

参考文献 ·· **295**

后　记 ·· **297**

总论:桃李不言 下自成蹊

——"两化一制"打造教师群体专业成长的智慧家园

十年来,刘堤仿教授及其专业团队,借助高校与地方教育部门、中小学合作的平台,开展教师群体专业化成长的行动研究,创建了教师专业发展的理念、体制与模式,形成教师专业发展标准化、研训教一体化、校本培训项目制的"两化一制"新视野、新格局、新常态,有效地引领区域性教师群体专业化实践,产生带动省市乃至全国部分地区教师群体互动"场效应",打造出具有中国特色、时代特征、局部特点的教师智慧王国。

一、新视野:两化一制教师专业发展体系的创建

(一)独创教师专业发展标准化科学体系与精神家园

1. 总体——教师专业发展标准化体系

杭州师范大学刘堤仿教授根据波斯拉教师成长理论、马斯洛心理需求理论以及我国古代教育家史学家学说,构建起教师专业化发展科学体系的三维视角,即由教师的专业是什么(教师专业结构层次)、为了什么(履行教师职业角色)、怎样发展(教师专业发展途径)三方面组成的教师专业发展标准化体系。标准化体系的理念对于教师专业发展来说是基石,起着支撑作用,为整个教师专业发展提供理论基础。

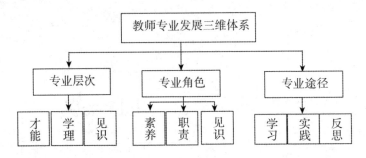

图1　教师专业发展标准化体系

2. 分论

(1)专业结构——才能、学理、见识

教师的"学"就是学问,即具备教育专业理论与方法;教师的"才"指教育教学能力,即完成教育工作所应有的分析和综合能力;教师的"识"指其分析鉴别知识、再融会贯通后获得个人见解的能力。在教师成长各个阶段所表现的专业结构的层次与需求是不一样的。一般的教师具备"才"与"学"即可,但名师必须具有"识"才名副其实。

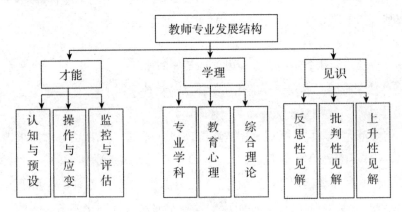

图2　教师专业发展结构

在教师专业发展活动中,选取以上教师专业发展的微观层面,从教学实践层面(课堂教学)的才(认知才能、预设才能、组织才能、应变才能和评估才能)、学(专业学科、教育心理、综合理论)、识(反思性见解、批判性见解、上升性见解)等指标对教师行为作定量和定性分析,以对教师教学现状做出判断。在具体活动过程中,针对不同对象,有不同的指标可以进行定性或定量分析。

(2)专业角色——素养、职责、效能

教师应该具有专业素养、职责、效能三方面的专业角色与职业特质。教师专业发展理论认为,教师职业正在完成由技术熟练者模式向反思性实践者模式转变,继而发展成研究探索者模式。判断教师专业程度的标准主要看教师具有的教师专业的核心特质、衍生特质及其专业成长能力。

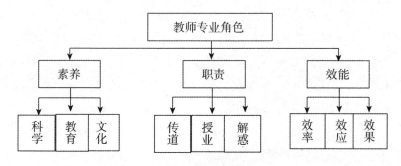

图3　教师专业角色

(3)发展途径——学习、实践、反思

教师专业发展途径由"习(学习)、行(实践)、思(反思)"三维结构性途径构成。美国心理学家波斯纳提出的教师成长公式:成长 = 经验 + 反思。可将其衍生为"学习 + 实践 + 反思 = 成长",这是因为经验是结果,过程是学习与实践体验。将教师专业发展途径概括为"四字经",即学(学习理论)、行(教育实践)、思(自我反思)、述(著述立说),作为教师专业自主发展的行动指南。

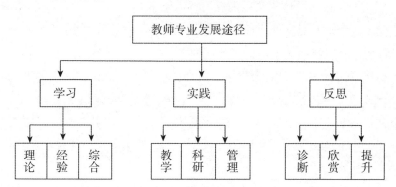

图4　教师专业发展途径

以上教师专业发展的三维体系建构以来,在浙江等地区域性教师专业发展培训和中小学校本培训实践中,起到导向作用。以此形成的课程标准及项目指南,对提升教师专业发展产生了积极影响,诸如"校本培训余杭模式""仁和经验"等,都是其引领下的产物,对教师群体专业化成长新格局具有划时代意义。

3. 学科化

教师专业发展有着阶段性的特征,其发展阶段可以简单地分为初级专业化、中级专业化和高级专业化。而教师的职业生涯需要经历一个从新手教师,到成熟教师,再到骨干教师,最后到专家型教师的漫长道路,这个漫长的道路就是教师专业化发展的过程,是人们的主观意志无法抗拒的。除了一般的通识教育的基础之外,我们的教师不仅是综合教育专家,也应该是学科教育专家。综合教育专家需要通识教育课程和教育专业课程奠定基础,学科教育专家需要学科专业教育课程和教育专业课程奠定基础。因此我们的教师专业发展不仅仅简单地追求满足师范生当下胜任某学科或多学科教学的需要,更关注其职业生涯的持续发展,关注专家型学科教师的成长,为新手教师成长为专家型学科教师奠定基础。

因此,项目实行之初,刘堤仿教授及其专业团队,就站在教师职业生涯全程的视角,鸟瞰教师的专业发展历程,通观教师职业生命的成长,才能把握住教师专业成长与发展的规律,科学地、系统地、优化地建构教师专业化发展标准化体系,使教师教育成为"在其他学科基础上来进行的专业教育"。没有学科专业的基础,教育专家型教师的养成是难以想象的。只有专家型学科教师,才能高屋建瓴地设计和实施学科教学教育工作,高瞻远瞩地开展教育工作,才能引领中小学教育健康发展。"余杭模式""仁和经验"都从侧面印证了这一点:学科化是中小学教师专业发展标准体系建构与发展的逻辑结论。

(二)提升研训教一体化深刻内涵与行动策略

现代区域教师专业发展管理体制正是顺应教师研训教的需求,大中城市普遍将教育科研、教师培训、教学研究三家机构融为一体,真正使"研训教一体化"在制度上得到保障,中小学更可有效推进。研训教三位一体的体制将引领教师专业化发展,"研训教一体化"将从三个方面来对教师专业发展体制进行定位。这个体制是一个复杂的系统工程,其结构就像构建一幢"大厦",有基石、主体、平台。其中"研"是"大厦"的基础,"教"是主体,"训"是平台,它们在教师成长中各起作用。

1. 研是基础

"研"即校本教研,是促进教师专业化成长的基础。"教而不研则浅,研而不教则空"。在"研"的基础上教师应逐步成长为"研究型实践者",也就是说教师不仅仅是教育实践者,同时也应是一个研究者。许多教育工作者缺乏"研"的意识:他们认为自己作为一线教师,只要把课上好就行,教学研究是专家们的事情。甚至有些教师的教育研究仅仅是为了应付上级的任务,因此只停留在嘴上的汇报。这种思想观念和做法是完全错误的,伟大的教育家苏霍姆林斯基曾说:"凡是感到自己是一个研究者的教师,则最可能变成教育工作的能手。"因此,我们教师要提高对教育研究的理性认识,在"教"中反省,在"教"中研究,走出教师专业成长的新路子。

2. 教是主体

"教"即教育教学,是教师专业成长的立足点,也是教师发挥自己才能的最大舞台。要成为一位优秀的教师是不能脱离一线教学实践的。促进教师专业成长的"研训"活动都是"来之于教学,作用于教学,回归于教学"。如果抽离了"教"这个主体,随后的研训工作就会成为"无本之木""无源之水",教师的专业发展更不知从何谈起。

没有"教"的研训工作会让教师感觉自己是一名旁观者的身份,没有得到真正的实践,是纸上谈兵,空谈理论。教学实践是"肥沃的土壤",为研训工作补给必要的养分,教师才能更坚实的成长。

3. 训是平台

"训"即校本培训,是提高教师教育教学能力和教育科研能力的重要手段。"大厦"有了基石,有了主体框架,现在我们要开始搭建平台了,这个平台就是以专业发展为标准的培训体系。平台以项目制为大载体,构建了校本培训的"余杭模式",形成了"学习在线 + 互动平台 + 反思空间"的、不断促进教师专业发展的校本培训模式。除了大载体外,学校也可以进行课程开发、课堂教学、教研、科研以及讲座、论坛、评价的培训工作,真正促进教师的专业成长,有效建立一支素质优良的教师队伍。

这种"研训教"一体化的培训模式,为全面提高教师素质,促进教师专业发展提供了一个新路子。只有将教学研究、教师培训和教学实践紧密结合在一起,在教师成长中发挥各自的优势,才能有效促进教师专业发展。

(三)共创校本培训项目管理体制与运行机制

1. 校本培训的历史渊源

校本培训是指在教育行政部门、教师培训机构的规划指导下,以学校为单位自主开展,紧密结合学校工作实践,以提高学校教学质量和办学效益、促进教师专业发展和职业修养为目的的教师在职培训形式。它是伴随我国的跨世纪园丁工程的实施而推广的,目前已成为中小学教师专业发展的必经之路。

2. 余杭模式的产生

浙江省的校本培训都是实行项目制,即以校本培训理论为指导,教师专业成长为目标,以行动研究为载体,以行动教育为形式,形成教师群体互动场理论、教师职业智慧体验理论、教师专业成长能力与素质理论、教师培训研训一体化理论等一系列理论。

杭州市余杭区独创的"校本培训项目制"培训模式,是在对上述背景的分析、理论体系的建立和本区域中小学现有的校本培训现状的调研后做出的选择。余杭区中小学一直将工作的重心放在面向学生的教育和教学工作上,从未涉足或很少涉足面向教师展开培训工作,缺乏经验、缺少机制,没有形成以校为本的培训方法和资源。针对这样的实际,首先要考虑采取一种"简单、可行"的推动方法,使中小学的培训运行起来,只有各校的校本培训工作全面展开,才可以形成"在实践中研究,在研究中提高,在提高中深入"的局面。于是,选择了类似于"工程项目"方式的校本培训,即具有余杭特色的"校本培训项目制"。

3. 项目制的外延

余杭"校本培训项目制"实施后,很快向其他领域扩展,于是校本研修、校本研训、校本教研、学校管理也纷纷实行项目制。

二、新格局:六维五步教师专业发展微观评价的实践

在刘堤仿教授的教师专业发展三维体系理论指导下,2011 年 9 月刘堤仿教授与其专业团队根据仁和中学教师在课堂上存在的问题,构建起了课堂观察的六个维度,即认知才能、预设才能、操作才能、专业素养、专业职责、专业效能,以教师专业发展的微观评价来推进仁和中学教师的专业成长。最终在余杭区仁和中学形成了"六维五步教师专业发展微观评价"的教师专业成长新格局。

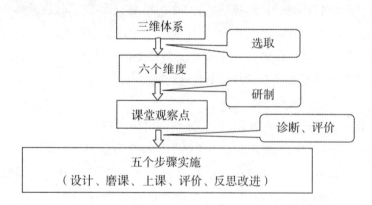

(一)六个维度

1. 认知才能

教师的认知才能是指教师运用自己的知识与心理结构解决问题的智力与能

力,是教师区别于其他职业的专业表现能力。

认知才能的理论依据是比格斯SOLO分类评价理论。SOLO分类理论是对学习者个体的学习结果进行分类,通过判断学习者在某一具体问题中的SOLO水平从而间接地判断学习者的认知发展水平。具体判断标准如下:(1)前结构水平:学生对学习任务本身不能进行恰当的处理,例如学生只是对学习任务进行同义重复,或者只是重复问题,处于这一反应水平的学生还不能理解问题;(2)单点结构水平:处于这一反应水平的学生,能够提出与学习任务有关的一个方面,但在诸要素之间或思维之间没有联系,学生只能理解问题的很少一部分;(3)多点结构水平:学生能提出与学习任务有关的几个独立方面,或者能够理解任务的许多方面,但是,这些方面之间都不是相互关联的;(4)关联结构水平:处在该反应水平的学生能把相关的方面整合成一个前后一致的整体结构;(5)拓展抽象水平:学生能把连贯的整体概括为或再概念化为一个抽象的更高水平。

在具体实践过程中,观察者通过该理论来有效地观察课堂上教师的表现,通过对教材、教学、学生学习方式及结果观察,来评价教师、确定教师的教学行为是否高效、低效及无效等,以促进教师教学行为的不断更新。

2. 预设才能

教师的预设才能是指教师为达到一定的教学目标,在课前对教学进行有目的、有计划的设想和安排的能力。

具体地说,教学预设重点要完成以下四个方面的任务:(1)设计合理而全面的教学目标,"知识、技能和情感"或者说"知识与技能、过程与能力、态度与情感"制定的目标要恰当,不能太高也不能太低,应在学生的最近发展区,跳一跳能达到的程度;(2)设计有效呈现实施课堂教学的内容,包括诠释教材,充分考虑学生学习教材可能发生困惑的问题,进行通盘设计;(3)设计得当的教学方法,对于合作交流、启发式、探究和讲授法要灵活运用,不同内容选择不同方法;(4)设计良好的课堂文化,这是一种新理念,着重要在营造教师和学生的课堂行为方式的氛围上下功夫。

观察者可以从内容与目标、重难点、过程的预设三个视角出发,观察教师课堂的生成,评价教师,促进课堂教学的改进。

3. 操作才能

教师操作才能主要是指教师对课堂教学进行组织与协调、操作与应变、监控与评估等才能,这是能否取得良好的教学效果的关键才能。从内容上看,教师操作才能包括:

（1）课堂组织管理才能，如学生学习动机的激发、课堂教学环境的营造、教学活动形式的组织、课堂教学中学生学习行为与纪律的管理、课堂教学的反馈与调控、偶发事件的应变处理等等；（2）教学评价才能，即教师按照目标多元、方式多样、注重学习过程的原则，将量化评价和质性评价相结合，构建一个多元、连续、注重表现的评价体系，从知识与技能、过程与方法、情感态度与价值观等方面对学生进行全面评价的能力，包括：选择或编制评价工具的能力、实施评价的能力、及时获取反馈信息的能力等；（3）教学监控才能：是指教师为了保证教学的成功，达到预期的教学目标，而在教学过程中，将教学活动本身作为意识作用的对象，不断对其进行积极、主动的计划、检查、评价、反馈、控制和调节的能力，包括三大方面：一是教师对自己教学活动的事先计划与安排，包括明确教学目标、分析教材、了解学生状况、设计课程等方面；二是对自己实际教学活动进行有意识的监察、评价和反馈，即教师能客观地认识和评价自己的教学活动及教学效果；三是对自己的教学活动进行调节、校正和有意识的自我控制，在教学成功的基础上提出新的任务，或者查找教学失败的原因，确定改进措施。

4. 专业素养

教师专业素养指的是教师应有的专业修养，包括教师原有的素质和职后的修炼，教师所必须具备的教育理念、职业道德、专业知识和教育教学能力。

观察者在具体教学中，可以结合教材、教师的素养构成（科学、教育与文化）和形成（行为、习惯、品质）来观察、评价教师的专业素养，促使教师改进自己的教学行为。

5. 专业职责

教师的专业职责指的是教师从事其行业应具备的责任。主要包括学习环境创设、模范执行规定、正确价值观等。

观察者可以从传统（传道、授业、解惑）、素质教育（思想道德、科学文化、生理心理）、三维目标等视角观察执教教师行为，评判他是否真实履行了教师的专业职责。

6. 专业效能

教师专业效能是指教师对自己专业能力的认知，以及在教学过程中，建立并维持良好的师生关系、有效地执行教学工作、激励学生上进意志，促使学生获得学习的成功，并树立完美的身教榜样，影响学生在行为上有良好表现，以达成学校教育目标的信念。

教师专业效能，即教师有效执行教学活动的行为所产生效率、效应和效果的综合。它是教师专业角色的终结要素。教师的教学行为应当包括对教材的分析行为、对学生学习特点及认知水平的分析行为、设计教学的行为、知识传授的行为、语言表达行为、课堂组织管理行为等,以及由教师自我效能观点衍生而来的,教师相信自己能够有效达成教学工作的信念。评价教师效能除了教师信念的层面外,还必须从学生学习效果来衡量。

(二)五个步骤

1. 设计

每一次教师专业发展微观评价活动开始前,为使研训活动能正常发挥其重要的教育作用,教研组成员们在教研组长引导下,根据课程标准,针对学生中易出问题、班级情况和学校工作总体要求等,精心确定适合师生共同发展的课题。然后由执教教师独立思考,依据自己的选项,钻研教材,了解编者意图;从学生的学习准备出发,确定教与学的起点和目标,设计出最佳的教学方案。而教研组其他成员也开始独立备课,为磨课做准备。

教学设计的过程,其实是一个理论联系实际的过程,是新、旧观念在思想深处撞击、扬弃的过程,是抛弃旧观念和方法构建新理念体系的过程,是自我学习、比较、反思、升华的过程。

2. 磨课

在个人钻研的基础上,执教教师围绕自己的教学设计在备课组内进行说课,而教研组成员则围绕"目标(这节课究竟要干什么?)、教材(课堂需要怎样的文本?)、环节(怎样设计教学活动?)、学生(如何最大限度地解放学生?)、细节(该设计什么问题,如何反馈?)"这五个方面互动交流,比较研究,资源整合,不断优化教学设计,这实际上就是"磨课"。

磨课的过程,把教研组所有教师"捆绑"在一起,群策群力,共同为一堂好课的诞生出谋划策,既体现个人风格,又能体现团队的实力。由于有"独立思考"的基础,这个过程"人人为师",充分发表自己的见解,这样既加深教研组成员对课题的理解与认识,又不断提高大家对现实问题的洞察和分析能力。

3. 上课

完成磨课环节后,执教教师按照备好的教案上课,所有的教研组成员都会参与。而且听课教师在进行听课时有明确的任务分工,每位教师会根据自己的教师专业成长选项(认知才能、预设才能、操作才能、专业素养、专业职责、专业效能)认真做好听课记录。

这个过程实际上就是一场"磨课"活动的成果展示,教师在这个过程中,不仅展示自己的课堂教学技巧,也在与教研组成员"分享"集体的智慧。在这种展示、"分享"中,促使执教教师专业技能不断提升。

4. 评价

在执教教师上完课后,教研组所有成员在课后马上围绕课堂观察的六个维度(认知才能、预设才能、操作才能、专业素养、专业职责、专业效能)进行课堂评价。大家都有备而来,自然能有感而发,各抒己见。这个过程,努力创设民主开放的研讨氛围,是互动沙龙式的集体反思的过程,教师主动将教师专业发展的理念融入自己的意识中,使潜意识中的观念凸显出来。执教教师既上课,又评课。

在这环节中,教研组成员强化合作研究,在倾听、思考,甚至争辩中,建构起自己的知识与能力的增长点,充分运用集体智慧,攻克课堂教学中的难关,促进自身的专业成长。

5. 反思

教师要自主发展,必须学会反思,让反思成为一种生命自觉。所谓的反思,就是教师以自己的职业活动为观察、思考对象,对自己在职业中所做出的行为以及由此所产生的结果进行审视和分析的过程。教学反思被认为是教师专业发展和自我成长的核心因素。

因此每一次教师专业发展微观评价活动结束后,每一位教师,既包括执教教师,也包括听课教师,都要围绕自己的选项进行教学反思。反思的过程,不仅能使教师直观、具体地总结教学中的长处,发现问题、找出原因及解决问题的办法,再次研究教材和学生,优化教学方法和手段,丰富自己的教学经验,而且有助于提高教师的教学评价和总结能力。这是一个将实践经验系统化、理论化的过程,有利于提高教学水平,使教师的认识上升到一个新的理论高度。

三、新常态:二十字模式的有效运作与推广

在刘堤仿教授及其专业团队的"教师专业发展微观评价"项目推行过程中,典型案例就是"余杭仁和中学经验":专业引领——自主选向(项)——学科套餐——群体互助——滚动发展。

(一)专业引领

专业引领,即教师专业发展标准和教师教育专家引领。如:仁和中学依托特级教师工作室,对照教师专业发展的三维体系,选取适合每位教师专业发展的微观层面,制定教师行为评价标准与细则,在教师专业发展标准和特级教师的专业引领下,各教研组共同探讨、共同学习、共同发展,从个体有效到系统高效,提高教

师课堂教学水平,推动仁和中学教师的整体专业成长。

(二)自主选向(项)

自主选向(项),教研组根据本学科教师的专业发展水平,有针对性地选取六个维度(认知才能、预设才能、操作才能、专业素养、专业职责、专业效能)进行教师行为观察,每个成员再根据自己的喜好、特长选取其中的一项,研制出课堂行为观察点进行观察、评价、反思,让每位教师有一个良好的认知起点。

(三)学科套餐

套餐是一种形象的说法,即根据学科内不同教师的需要和对六个维度(认知才能、预设才能、操作才能、专业素养、专业职责、专业效能)的综合研究,针对每一节研究课,制定符合不同教师人群的一套评价与研究项目的组合。比如"认知才能 + 预设才能 + 专业素养 + 专业效能"课堂评价套餐等,按照"学习(在线)——互动(平台)——反思(空间)"的模式运行,从而形成科学的课堂评价体系。

(四)群体互助

通过特级教师的授课示范,教师从预设才能、认知才能、操作才能、教师效能、教师素养、专业职责等所选取的六个维度观察课堂,深入反思自己的教学行为,教研组评课探讨,同伴互评,在教研组内形成一种"场效应"。具体是以课堂教学评价教师的教育教学行为、以教师专业发展三维体系为主要理论依据,从教师效能、教师素养、教师职责、认知才能、预设才能、操作才能等六个维度,在专家引领下发挥教研组团队的力量,进行"设计、磨课、上课、评价、反思改进"等五步式评价反思,查找教师课堂教学的"短板",进行有效的发展跟进,从而达到评价促发展的效果。

(五)滚动发展

学校在教师专业发展周期内,每年根据教师专业发展标准体系,在原有选向(项)的基础上增加新的选向(项),采取递进式实践活动与反思,连续经过三年或五年规划和运行,以此带动教师群体专业发展。

通过这种教师专业发展的模式,增强了教师"教"和"研"的能力,促进了教师素养的提升,整个教师群体时时感受到成长,处处感受到更新,形成教师专业发展的新常态。由教师发展联动学生发展,学校通过这种"治本之举"自然到达"治标之效"。这种教师专业发展模式在余杭区仁和中学形成,又在余杭区乔司小学得到了验证。

四、新结局:互动场效应的产生

(一)温室效应

温室效应是指透射阳光的密闭空间由于与外界缺乏热交换而形成的保温效应,就是太阳短波辐射可以透过大气射入地面,而地面增暖后放出的长波辐射却被大气中的二氧化碳等物质所吸收,从而产生大气变暖的效应。

刘堤仿教授及其专业团队,借助高校与地方教育部门、中小学合作的平台,构建的"两化一制"教师专业成长模式,就如同为教师专业发展构建了一个"温室"。在这个温室中,刘教授与他的团队如同阳光,将教师专业发展标准化理念注入每一个实行学校教师心里,薄弱农村学校教师就在这个具有一定系统性的参与性、实践性、操作性的"温室"中获得了相应的理念、技能、策略等,提升了教师自身的素养与教育教学能力,有效带动了所在学校、片区的教师队伍的专业化建设,从而快速、有效缩小城乡教师的师资水平差距。

以余杭区仁和中学为例,与刘堤仿教授及其专业团队合作以来,仁和中学由一个区域性三类学校发展为一类名列前茅的优秀学校,而学校教师在工作中越来越顺手,越来越有成功感,对教育教学工作有了更多的激情,能理论联系实际,实现育人效应,受到社会、家长、学生的好评。近六年有 85 位教师在区级及以上教科研论文、优质课、专项技能评比中获奖。在区、市年会、科研论文评比中获一、二、三等奖共 181 篇,省级国家级刊物发表 26 篇;省级立项课题 1 项;市级立项课题 6 项;区级立项课题 28 项。2015 年,学校评为余杭区教育科研先进单位。

(二)共振效应

共振效应原是物理学中的一个概念,是指钟摆以一种固有频率摆动时,如受到外界的干扰(影响)而被激励,它相应的摆动规律则依赖于干扰(影响)振频是否和它所希望的一致。

我们的学校、教师就如同钟摆,在社会各界对教育要求不断提高的情况下,要最大限度地优化课堂教学,提高课堂教学效益,实现教师、学生、学校的全面发展。由于有着相似的理想信念,薄弱中小学与刘堤仿教授及其专业团队走在了一起。在教师专业发展标准化理念的指导下,通过"专业引领——自主选项——学科套餐——群体互助",大家亲如姐妹,抱团取暖。常常是在轻松温暖的氛围中,大家群策群力,每个人的经验与思想在不断碰撞。各种形式的活动,有智慧,有温度,有实践,有理论,每每让大家受益匪浅,实现了"1 + 1 > 2"的共振效应。

以仁和中学为例,与刘堤仿教授及其专业团队合作以来,69 位教师被评为省、市、区各类先进、骨干教师、教坛新秀和岗位能手。先后 2 位教师被评为区学科带头人,新增杭州市教坛新秀 2 人、区骨干教师 9 人、区教坛新秀 9 人、区岗位能手 5 人。

"二化一制"教师专业发展模式是否真正促进了教师的专业发展,还要看学生是否能获得更优质的教育和教学。我们希望通过"二化一制"项目的实施将教师专业发展的新理念、新技术等应用到实际教育教学中去,并能解决实际的教育教学问题,提高教育教学效果,这也正是"二化一制"提升教师专业发展水平的真正意义和价值所在。令人高兴的是,六年来,仁和中学教育教学质量全面提升:中考省一级重点高中上线人数从 2012 年的 5 人,到 2013 年的 11 人,到 2014 年的 37 人,到 2015 年的 50 人,到 2017 年的 54 人,实现上线人数大跨越,并受到区政府的表彰。显而易见,"两化一制"打造教师群体专业成长的智慧家园,帮助众教师获得成功,成为高效能的教师,也就自然影响他们所教的每一个学生,这也是此项目"共振效应"的魅力。

通过仁和中学的实践,可以说"二化一制"教师专业发展模式是提升学校教育质量,促进教师专业成长的有效途径,也可以说是教师专业成长的摇篮。

(三)极光效应

在地球南北极附近地区的夜间,常会出现灿烂美丽的光辉,它轻盈地飘荡,同时忽暗忽明的发出红的、蓝的、紫的、绿的光芒,这种壮丽动人的景象就叫作极光。极光是美丽的,极光也是遥远的、捉摸不定的。

刘堤仿教授及其专业团队构建起教师专业化发展科学体系的三维视角就如同极光,高、大、上,很难让人相信能在薄弱的农村学校落实。但仁和中学的经验告诉我们,即使是高大上、如同极光一样遥不可及的理论也可以在薄弱学校落地、生根、发芽,这就是"极光效应"。

六年来,刘堤仿教授及其专业团队通过"帮、扶、带"的策略,帮助仁和中学渐渐找到了教师专业发展的有效载体,即在教师专业发展标准化三维体系引领下,借助六维五步教师专业发展微观评价系统,通过"专业引领——自主选项——学科套餐——群体互助——滚动发展",使教师不断"学习——实践——反思",让教师在参与性、操作性、体验性较强的环境中参与培训、实践、研究,促使实践真正能与理论相结合,有效促进教师专业成长,从而实现育人效应,促进学生发展。

十年来,从余杭区仁和中学到仁和街道中小学、到余杭区、杭州市,不断有各类学校纷纷引进刘堤仿教授及其专业团队创建的"两化一制教师专业发展体系"。经过十年的实践、反思，我们设计的"二化一制"教师专业发展体系的实施途径和操作策略是现阶段较为系统、完善、成熟的，但是不是最为合理的，还需要专家们进一步的论证，也需要在与别人交流过程中不断完善和思考。同时，我们希望在后面的深入研究中，能发掘出更多的适合一线教师专业成长的新途径、新策略。

第一篇 **01**

| 课堂教学平台 |

01   语文:一颗小桃树^①

授课教师:杨 靓   授课时间:2017 年 5 月 19 日

教学设计

一、教材分析

1. 专题要求

《一颗小桃树》是人教版新教材七年级下册第五单元的自读课文。本单元主要学习托物言志的手法,体会如何用生动形象的语言写景状物,寄寓自己的情思,抒发对社会人生的感悟。

2. 文本解读

《一颗小桃树》是贾平凹写的一篇托物言志的散文。本文描写了一棵在逆境中诞生、在逆境中成长的小桃树,历经风雨仍顽强生存,赞颂了小桃树顽强同命运抗争的精神,揭示一个生活的哲理:不屈不挠的奋斗,定会战胜磨难,创造出美好的未来。小桃树实为作者本人的化身,他从小桃树身上找回昔日战胜困难的勇气,找回了原来的自我,得到了终身拼搏的勇气。

二、学情分析

学生在经过《短文两篇》的学习后,对托物言志的手法有了基本的了解。此外,经过《老王》和《紫藤萝瀑布》的学习,学生对"文化大革命"的时代背景也有了解。但是七年级学生概括和赏析的能力还有待提高,因此要引导学生从品析语句中体会作者情感,学习小桃树的品质。

---

① 教材来自人教版《语文》(2016 版)七年级下册第 109—113 页。

三、学习目标：

1. 知识与能力：自读课文，了解主要内容，梳理小桃树的生长过程。

2. 过程与方法：勾画品析描写小桃树的语句，体会作者对小桃树的独特情感。

3. 情感态度价值观：进一步体会托物言志的写法，培养坚强不屈、勇于和困难作斗争的品质。

四、重难点：

重点：1. 品析描写小桃树的语句，体会作者对小桃树的独特感情。

2. 比较小桃树的成长和"我"的人生经历，领会小桃树的深刻内涵。

难点：理解课文蕴含的人生哲理。

五、教法和学法

1. 朗读法、讲授法与点拨法结合，带领学生鉴赏散文。

2. 讨论法和提问法相结合

六、教学过程：

（一）导入

在诗人笔下，春天的桃花往往是美丽娇艳的。"西塞山前白鹭飞，桃花流水鳜鱼肥"，"满树和娇烂漫红，万枝丹彩灼春融"，这是何等的灿烂！桃花、桃树、桃木就是春天和美好的代名词。然而当代作家贾平凹却一直对一棵弱小的、可怜的小桃树念念不忘，这是为什么呢？让我们一起来学习他的作品《一颗小桃树》。

（二）命途多舛添怜意

师：在作者眼中，这是一棵怎样的小桃树？作者多次用了一个词来形容："可怜"

1. 浏览课文，请在文中找出描写小桃树"可怜"的语句，并做简要批注。（提示：外形、生长环境、人们的态度和它的经历）

明确：（1）小桃树的外形：小桃树长得很委屈，样子很猥琐，花儿单薄——弱小

A. 它长得很委屈，是弯了头，紧抱着身子的。（拟人）

B. 第二天才舒开身来，瘦瘦儿的，黄黄儿的，似乎一碰，便立即会断了去（脆弱）。

C. 它长得很慢，一个春天，才长上二尺来高，样子也极猥琐。

D. 却开得太白了、太淡了，那瓣片儿单薄得似纸做的，没有肉的感觉，没有粉的感觉，像患了重病的少女，苍白白的脸儿，又偏苦涩涩地笑着。（单薄，病态）

（2）生长的环境：角落里，不被人重视

因为它长得太不是地方，谁也再不理会。

（3）态度和经历：人们对它的态度：被人鄙视、孤独寂寞，遭受风雨摧残

A. 他们曾嫌长的不是地方，又不好看，想砍掉它，奶奶却不同意，常常护着给

它浇水。(被人嫌弃)

　　B. 大家都笑话它,奶奶也说:"这种桃树是没出息的,多好的种子,长出来,却都是野的,结些毛果子,须得嫁接才成。"

　　C. 我每每看着它,却发现从未有一只蜜蜂去恋过它,一只蝴蝶去飞过它。可怜的小桃树儿!(遭遇冷落,孤独寂寞)

　　D. 那桃树被猪拱过一次,要不早就开了花了。

　　(三)抗击风雨悟精神

　　师: 在作者的笔下,小桃树面对风雨时一直都是这么"可怜"、这么弱小的吗?它有没有做出一些反抗呢?在哪一自然段?请自己先读一读,说说你觉得哪些词用得好?

　　品析13段:雨还在下着,我的小桃树千百次地俯下身去,又千百次地挣扎起来,一树的桃花,一片,一片,湿得深重,像一只天鹅,眼睁睁地羽毛剥脱,变得赤裸的了,黑枯的了。然而,就在那俯地的刹那,我突然看见那树的顶端,高高的一枝儿上,竟还保留着一个欲绽的花苞,嫩黄的,嫩红的,在风中摇着,抖着满身的雨水,几次要掉下来了,但却没有掉下去,像风浪里航道上的指示灯,闪着时隐时现的嫩黄的光,嫩红的光(顽强的精神,遭受摧残却不认输,"天鹅"隐含作者对小桃树的赞美,"指示灯"给予作者希望与信念。)

　　师: 虽然小桃树不遭人待见,但是它在饱经磨难之后,依然要绽放花苞。从小桃树的身上,我们能看到什么精神?

　　明确: 敢于克服困难,在逆境中顽强拼搏,坚持不懈的精神。

　　小结: 单薄弱小却又顽强的小桃树,它不屈不挠的奋斗,最终战胜磨难!它是那样的可怜,又是那样的可敬!看着这朵欲绽的花苞,作者不禁想象到花开的情景:

　　"你那花是会开得美的,而且会孕出一个桃儿来的":"我"对小桃树充满信心,相信它会耐得住风雨,经得住挫折,最终会成为大桃树,结出果实的。

　　(四)句句爱语寄真情

　　师: 一棵在逆境中诞生,在逆境中成长的小桃树,历经风雨仍顽强生存,它的精神令人动容。然而这似乎并不足以说明作者为何偏偏情系这一棵小桃树。那么,满篇深情缘何而来呢?小桃树对作者而言究竟意味着什么呢?请同学们在文中找一找相关语句。

　　明确: 小桃树是梦的化身、梦的精灵。小桃树就是"我"的化身。

　　所以说,作者表面上在写小桃树的"身世",实则暗写"我"的人生遭遇。请同学们联系文本和作者生平,说一说"我"和小桃树的相似之处。

插入作者简介：

贾平凹家境贫寒，外表木讷，相貌平平，体质羸弱，性格自卑。他出生在一个有 22 口人的大家庭里，自幼便没有得到什么宠爱。长大体质差，在家里干活不行，遭大人唾骂；在校上体育，争不到篮球，所以便孤独了，欢喜躲开人，到一个幽静的地方坐。

"文革"期间，他的父亲被诬为"反革命"，贾平凹迫于无奈，中断学业回家务农，只有七十来斤的他被迫承担繁重的劳动。青年时代，被选入编辑部进城后，常被人嘲笑。1980 年代末，文学造诣不断加深，却患上了肝炎，父亲去世、妹夫早逝、婚姻突变。

明确：

小桃树蓄着我的梦——说明孩童时代的"我"就对未来有着美好的向往。

小桃树长在院子角落里——就像"我"生长在偏僻的小山村。

小桃树的梦是绿色的，绿色象征希望和生机——说明作者想要"奋斗"，"轰轰烈烈地干一番事业"。

小桃树长得瘦小，不能健康苗壮成长——此时"我"也感到自己渺小，未能成为大材。

小桃树受风雨摧残——"我"在生活道路上经受风风雨雨，有过种种遭遇。

小桃树含苞待放——象征"我"的梦想终将实现。

穿插赏析句子：

1."人世原来有人世的大书，我却连第一行文字都还读不懂呢。"

明确：自己对人世的认识还十分肤浅，表现了社会的错综复杂和自己的幼稚天真。正因"我"读不懂人世的大书，所以"我"遭遇了如此多的坎坷。而这种心情在看见小桃树时得到了安慰，让作者重燃斗志。因此，当作者看见那欲绽的花苞时，脑海里所想象的还仅仅是单纯的桃花开放的情景吗？

2."你那花是会开得美的，而且会孕出一个桃儿来的"：尽管经历了生活的磨难，但是"我"坚信，只要不屈不挠地奋斗下去，定会创造美好的未来，实现自己的理想。作者的身上也有着小桃树坚强不屈、顽强奋斗的精神。

作者期盼着小桃树开花的样子，实际上也就是期盼着自己实现梦想的样子。他借小桃树表明自己的理想和情趣，这是一种什么写作手法呢？托物言志。

（五）小结

小桃树就是作者的一个梦，一个追求美好生活的梦。一个柔弱的生命，在经历生活坎坷的时候，在梦想濒临破灭的时候，是坚守还是放弃？学了这节课，你有答案了吗？请动笔写一写你的感悟。

看似单薄的、积蓄着梦想的小桃树，竟然可以爆发出顽强的生命力，几经挫折，几经磨难，依然要开花、要结果，百折不挠地追求着成长的幸福和美好的理想。愿同学们都能以小桃树一样不屈不挠、顽强奋斗的精神面对困难，勇往直前，创造美好未来！

（六）板书设计

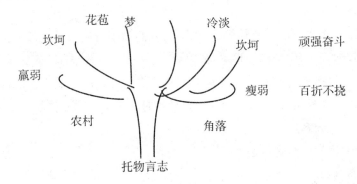

课堂实录

师：春天的桃花，往往是美丽惊艳的。西塞山前白鹭飞，桃花流水鳜鱼肥；满树和娇烂漫红，万枝丹彩灼春融。这是何等的灿烂啊！桃花、桃树、桃木往往都是春天和美好的代名词，然而，当代作家贾平凹却一直对一棵弱小的、可怜的小桃树念念不忘，这是为什么呢？今天就让我们一起来学习贾平凹的作品《一颗小桃树》。（PPT：题目及作者）

那么，在作者的眼中，这是怎样的一棵小桃树呢？作者反复用了一个词来形容，是什么呢？（PPT：这是一棵怎样的小桃树？）

生：我的小桃树。

师：还有呢？一个形容词。

生：可怜的。（PPT：这是怎样的一棵小桃树？可怜）

师：好，那接下来就请同学们浏览全文，在文中找出描写小桃树"可怜"的语句并做上简单的批注，可以从后面提示的几个角度来写。（PPT：浏览课文，请在文中找出描写小桃树"可怜"的语句，并做简要批注。提示：外形、生长环境、人们的态度和它的经历）

生：（浏览课文，找语句，做批注）

师:好,我看同学们都写了很多,哪一位同学能来分享一下?

生1:我找的是第四自然段。"它长得很委屈,是弯了头,紧抱了身子的。第二天才舒开身来,瘦瘦的,黄黄的,似乎一碰会立即断了去。"写它刚生长的时候,外形很瘦弱,不健康,就跟奶奶说的一样,是个野的,没出息的。

师:哦,你找到了小桃树外形瘦弱的特点来写出它的可怜。那么,为了更好地体现小桃树的瘦弱,你觉得怎样改进你的朗读会更好一点?

生:(朗读)

师:嗯,比刚才读的有感情多了。其实,我们为了有感情的朗读,有一个很简单但很有效的方法,就是你去想象,去感受,把你自己当做作者。假如说你面前有这么一棵小桃树,你会是怎样的感觉呢?调动你全方位的感觉去读。例如,刚才这位同学读的这两句,我们可以想一想作者当时的动作。"一碰"是什么意思?

生:轻轻地相触。

师:我们读的时候是不是可以轻一点?

生:(齐读)

师:那么接下来的同学在找句子的时候,希望能够运用这种方法,第一遍读就能够把感情给带上。(板书:瘦弱)

生2:我找的是第五段。"春天花市一盛,附近的人多来观赏,爷爷便每天一早喊我们从屋里一盆一盆端出去,天一晚又一盆一盆端进来,却从来不想到我的小桃树。"这里把爷爷对他养的那些花的态度与对小桃树的态度形成了对比,突出了别人对小桃树都不重视。

师:也就是对它的态度很冷淡,很冷漠。哪一个词可以突出这一态度呢?

生2:"却"。

师:还有呢?

生2:"从来不"。

师:那你再试着读一下。

生2:(再次朗读)

师:(板书　冷淡)

生3:第二自然段:"我闭了柴门,倚窗坐下,看我的小桃树,枝条被风雨摇撼着,花一片片落了,大半陷在泥里,三点两点地在黄水里打着旋儿。"写出了小桃树的凄楚。

师:它在遭受什么?

生3:遭受风雨的洗礼。

师:是啊,遭受风雨带给它的洗礼,遭受风雨带给它的磨难。

生4:我找的在第四自然段。"大家都笑话它,奶奶也说:'这种桃树是没出息的,多好的种子,长出来,却都是野的,结些毛果子,须得嫁接才行。'"写出了小桃树被人否定。

生5:第八自然段:弟弟说:"那桃树被猪拱过一次,要不早就开花了。他们嫌长得不是地方,又不好看,曾想砍掉它。"写出了小桃树本来长得就不是很好,还被猪拱了,它的遭遇很惨。

师:不仅遭受自然界带给它的摧残,还有动物、人对它的折磨,说明小桃树是非常坎坷的。(板书　坎坷。)小桃树的生长环境是怎样的呢?

生6:长在角落里,难得被人看见的地方。

师:哦,生长环境很差(板书　角落)。我们找到了这么多,这真是一棵可怜的小桃树。然而,这棵小桃树在作者笔下,它面对风雨的时候一直是这么可怜的吗?它有没有尝试着去做一些反抗呢?这主要体现在第几自然段?

生:第十三自然段。

师:请同学们读一读这一段,你觉得哪个词用得好呢?把它圈出来,并写一写批注。

生:(读并做批注)

师:哪位同学先来分享一下你对这段话的理解?

生7:两个部分。第一部分写小桃树它千百次地俯下身去,又千百次地挣扎起来。它在生长环境很恶劣的情况下,一直在挣扎,也希望开得很好。运用了比喻的修辞手法,把小桃树桃花落下的时候比喻成天鹅的羽毛渐渐剥脱,写出了小桃树当时很可怜的样子,表达了作者对它的怜惜,也使作者感受到了失望。到了后面,笔锋一转,写到了花苞在雨中开了,他又重新燃起了希望。

师:你刚刚讲到作者在前面运用了比喻的修辞,把它比作天鹅。你们想象一下,天鹅带给你们什么感受?

生7:高贵、美丽。

师:把小桃树比作天鹅说明在作者心中小桃树既高贵又美丽,然而天鹅的羽毛却渐渐剥脱,"剥脱"和"脱落"有什么区别呢?

生7:"剥脱"是一种行为,"脱落"是自然的转移。

师:"脱落"相当于自己掉下来,"剥脱"有外界的力量强硬使它掉落下来。"剥脱"比"脱落"显得更加残忍。想象一下当时的情景,你把这个比喻句再读一下。

生7:(读)

师:其他同学还有什么别的看法,刚刚这个同学分析了其中的比喻句,其他的词怎么样?

生8:我找到两个词,一个是挣扎,一个是欲绽。我觉得挣扎写出了小桃树在面临风雨的打击时不屈服,一直在努力,写出了它的坚强。欲绽写出了它将要绽放的情态,花苞虽然很娇小瘦弱,但却是在风雨中开出的花,也写出了它的坚强。

师:它的挣扎是一次两次吗? 为了突出小桃树的坚强,我们可以将什么重读?

生8:千百次。

师:那你把第一句再读一下。

生8:(读。)

师:其他同学还有吗? 在风雨中小桃树还有怎样的情态,怎样的动作呢?

生9:摇着、抖着、闪着。用了拟人的手法,写出了小桃树的顽强。

师:摇着、抖着、摇来摇去,那和其他植物面对风雨有什么区别? 比如说松树。

生9:说明小桃树虽然很瘦弱,但是它仍然没有掉下来。

师:还有哪位同学接着来分析下这段话呢? 你可以对刚才同学们的分析做一个点评、补充。

生10:这段话运用了比喻的手法,把小桃树比作指示灯闪着嫩黄的光,写出了小桃树微弱的生命力,但是它还是坚强地活着,写出了小桃树不向困难挫折屈服的精神。

师:指示灯是用来干什么的?

生10:指明方向的。

师:那把小桃树比作指示灯说明了什么?

生10:说明了在小桃树身上找到了启示,找到了方向。

师:光是微弱的,时隐时现的,却一直有,一直闪着,一直存在着。小桃树不像青松那样苍劲有力,也不像岩石坚硬不屈,它瘦小却不逃避,它柔弱却不低头,纵然风雨加身,纵然千疮百孔,也要释放光芒,从这里你读出了小桃树怎样的精神?

生(齐):顽强、不屈服的精神。

(PPT:这是一棵怎样的小桃树啊? 不屈不挠、顽强奋斗的精神。)

师:纵然有这么多的风雨,它还要绽放一朵花苞。(板书 花苞)那么这一棵单薄弱小却又顽强的小桃树,它不屈不挠的奋斗最终战胜了磨难。我们可以说它不仅是一棵可怜的小桃树,它还是一棵可敬的小桃树。面对这一朵欲绽的花苞,作者不禁想到了花开时的情景。我们来一起看一下最后一个自然段。(范读)在作者的想象中,桃花开放的情景是怎样的?

生:灼灼的,香香的,美的。

师:还会孕出一个桃儿来,在作者的想象中,不仅开花还要结果。作者对小桃树充满了希望,充满了信心。那么,我们带着希望和信心齐读一遍。

生(齐读。)

师:我觉得同学们的感情已经非常充沛了,但还要再注意一个小细节:你开得是灼灼的吗? 灼灼是什么样子?

生:明亮美丽。

师:桃花的香味是清淡清幽的,读的时候应该稍微轻一点、慢一点。请大家再读一遍。

生(齐读):你开得是灼灼的吗? 香香的吗?

师:那么这一棵在逆境中生存、在逆境中成长的小桃树历经风雨之后,仍然顽强生存着,它的精神令人动容。然而,这似乎并不足以说明作者为何偏偏对这一棵小桃树念念不忘? 那么满篇深情缘何而来呢? 小桃树对作者而言究竟意味着什么呢? 请同学们在文章中找一找相关出处,小桃树是作者的什么?

生11:和作者的经历是差不多的,是作者的梦想。第三自然段写道:将桃核儿埋在院子角落的土里,想让它在那蓄着我的梦。

师(板书　梦):作者表面上在写小桃树的经历,其实在写自己的人生经历。请同学们结合文章内容以及我找到的贾平凹的一些生平,比较一下"我"和小桃树的经历有什么相似之处? 可以参考我们刚才分析小桃树的角度。

(PPT:贾平凹家境贫寒,外表木讷,相貌平平,体质羸弱,性格自卑。他出生在一个22口人的大家庭里,自幼便没有得到什么宠爱。长大体质差,在家里干活不行,遭大人唾骂;在校上体育,争不到篮球,所以便孤独了,欢喜躲开人,到一个幽静的地方坐。

"文革"期间,他的父亲被诬为"反革命",贾平凹迫于无奈,中断学业回家务农,只有七十来斤的他被迫承担繁重的劳动。青年时代,被选入编辑部进城后,常被人嘲笑。1980年代末,文学造诣不断加深,却患上了肝炎,父亲去世、妹夫早逝、婚姻突变。)

师:看完之后,小组讨论一下,可先在小组内交流下自己的想法。

生:(分小组讨论。)

生12:这棵小桃树非常的瘦弱,就像贾平凹一样自小体质就很羸弱。小桃树生长在角落里得不到关注,就像作者一样自幼便没有得到什么宠爱。

师(板书　羸弱):好,谁再补充一下?

生 13：贾平凹经常一个人到一个幽静的地方坐，小桃树生长在容易被人遗忘的地方。

师：贾平凹生长在哪里？

生 13：农村。

师（板书 农村）：生长环境是相似的。

生 14：患上了肝炎，父亲去世、妹夫早逝、婚姻突变这些经历就跟小桃树经历千百次磨难是一样的。

师：贾平凹的经历也是很坎坷的（板书 坎坷）。当贾平凹经历了很多坎坷的时候，他又回到了故乡，他又看到了这棵小桃树。当他看到小桃树在风雨中搏斗的情景也让他重燃了斗志，重燃了希望。所以当他看到小桃树上欲绽的花苞的时候，他看到的还仅仅是花开的情景吗？

（PPT：你到底还有一朵花呢，明日一早，你会开吗？你开的是灼灼的吗？香香的吗？我亲爱的，你那花是会开得美的，而且会孕出一个桃儿来的；我还叫你是我的梦的精灵，对吗？）

师：别忘了小桃树象征着作者的梦，不仅开花还会结果，说明了什么？

生：梦想成真，梦想终究会实现。

师：所以他的身上也有着小桃树一样的精神，是什么？

生：顽强奋斗，百折不挠。

师（板书 顽强奋斗 百折不挠）：他对小桃树的未来充满希望，也就是对自己的未来充满希望。让我们带着这种信念，带着这种希望再把这一段读一遍。（师生齐读）。

师：他期待着小桃树花开的样子也就是期待着自己梦想成真的样子。他在小桃树身上寄托了自己的理想和情趣。这种写作手法叫作？

生：托物言志。

师（板书 托物言志）：这一棵瘦弱的小桃树也终究能绽放自己的花朵，小桃树就是作者的一个梦，一个追求美好生活的梦。一个柔弱的生命在面对生活坎坷的时候，在梦想濒临破灭的时候，是奉献还是坚守，学了这一节课，你们有答案了吗？请各位同学动笔写一写你的感悟。

生：（写感悟。）

生 1：小桃树虽然经历了磨难，但是它从不畏惧，敢于同命运抗争，体现了它百折不挠的精神。

生 2：人生总是会遇到挫折的，重点不是挫折对你的打击有多大，而是你面临它的勇气有多大。

师总结:这么一棵看似单薄弱小的小桃树,虽然几经风雨几经挫折也依然要绽放花朵。希望同学们也能像小桃树一样以顽强奋斗、百折不挠的精神来面对生活中的磨难。

同伴互助

李鸽:认知才能

《一颗小桃树》是一篇自读课文,无疑会增大难度,因为网上没有丰富的设计来供自己参考借鉴。但是杨老师展示的这堂常态课非常棒。

杨老师将这篇文章的教学目标设定为:

1. 自读课文,了解主要内容,梳理小桃树的生长过程。

2. 勾画品析描写小桃树的语句,体会作者对小桃树的独特情感。

3. 进一步体会托物言志的写法,培养坚强不屈,勇于和困难作斗争的品质。

教学目标是教学的出发点和归宿,直接影响教学的质量。然而我们对教学目标的设定又会出现各种纰漏,比如空洞、宽泛、笼统等,在教学目标的阐述中,往往也存在不能用合适的语言将教学目标表述清楚的现象。本篇文章设定的教学目标层次清晰、由浅入深、循序渐进,这是杨老师深入文本、精细备课的体现。在目标的陈述上,杨老师选用合适的、简洁明了的语言来表述。教学目标的设定和陈述是极为关键的,它是教学活动的前提和基础。在这个重要环节,杨老师在根据学情、分析文本的基础上,将目标完美呈现。

从课堂实施来看,教学目标达成度极高。杨老师这堂课设计的大体走向是从一棵树再到一个人,我觉得这个设计不但由浅入深,层次清晰,环环相扣,而且特别新颖,让人耳目一新,兴趣浓厚。

首先,让学生快速阅读文本,思考小桃树在成长的过程中经历了怎样的生命历程。这一环节主要以诵读赏析为主。接着,扣住"可怜"这个词,从小桃树的生长环境、外形、遭遇三方面更深入的解读文本。然后,介绍贾平凹的成长经历,让孩子们找出小桃树的成长经历和贾平凹成长经历的相似之处。同时引出对"奶奶"这一人物形象的解读。这时,课堂达到一个高度。最后"在梦想濒临破灭的时候,是坚守还是放弃? 学了这节课,你有答案了吗? 请动笔写一写你的感悟",使孩子们的情感得到升华。

杨老师让学生反复诵读相关语句语段,在读的基础上感悟思想。其实这篇文章明写的是小桃树的经历,暗写的是作者的经历,作者借一颗小桃树抒写自己的理想和情趣,小桃树就是作者自己的化身,小桃树的遭遇就是作者自己的遭遇,二者同病相怜。作者受到挫折,陷入迷茫,觉得自己的幸福是那么渺茫,心情十分愁苦,又恰逢爱自己的奶奶去世了。他看到了他的梦的种子长大,寄托着自己的梦想的小桃树在历尽风雨的磨难后还保留着一个花骨朵,他就仿佛看到了希望,看到信心,又重新燃起了斗志。杨老师在课堂教学中以教学目标为导向,循序渐进地将学生引导到这个主旨上来,教育学生,人虽然几经磨难,但要百折不渝地追求人生的幸福和美好的理想。

欧阳芸芸:预设才能

"预设"是指教学设计,是教师在对教材深入钻研和对学生准确分析的基础上,对教学目标、教学内容、教学过程及教学策略所做的设计。

"生成"是指课堂教学中不完全根据教师的预设按部就班地进行,而是随着教学活动的展开,教师、学生的思想与教学资源不断碰撞,创造火花不断迸发,学生新的学习兴趣和需求不断产生,认识和体验也在不断加深,思考和困惑时有形成。教师以学生有价值的、有创见的问题与想法为契机,及时调整或改变预设的计划,使教学目标、教学内容、教学策略在相互作用中达成。

我觉得杨老师这堂课的教学目标非常清晰准确,《一颗小桃树》是人教版新教材七年级下册第五单元的自读课文。本文描写了一棵在逆境中诞生、在逆境中成长的小桃树,历经风雨仍顽强生存,赞颂了小桃树顽强同命运抗争的精神,揭示一个生活的哲理:不屈不挠的奋斗,定会战胜磨难,创造出美好的未来。小桃树实为作者本人的化身,他从小桃树身上找回昔日战胜困难的勇气,找回了原来的自我,得到了终身拼搏的勇气。杨老师结合专题要求、文本内容、学生情况,有机结合语文素养的工具性与人文性,精心设计了以下三维目标:

(一)知识与能力:自读课文,了解主要内容,梳理小桃树的生长过程。

(二)方法与过程:勾画品析描写小桃树的语句,体会作者对小桃树的独特情感。

(三)情感态度价值观:进一步体会托物言志的写法,培养坚强不屈、勇于和困难作斗争的品质。

同时,准确地确立了本课的教学重难点,教学重点是:

1. 品析描写小桃树的语句,体会作者对小桃树的独特感情。

2. 比较小桃树的成长和"我"的人生经历,领会小桃树的深刻内涵。

教学难点:理解课文蕴含的人生哲理。

从教学效果来看,以上教学目标都得到了非常有效的落实。同时,教学重难点明确,并进行了有效的突破。

在整个学习过程中,杨老师做到了预估学情,及时捕捉课堂的生成。在课堂上杨老师总是适时、恰当地对学生进行点拨,使课堂的即时生成更为丰富和多彩。除了杨老师非常出色的个人素质以外,她在课前充分的预设起到了功不可没的作用。整个课堂丰富起来了,生成也非常精彩。从这堂课中我们可以看到杨老师的预设、调控生成能力。我觉得一堂好的语文课既要有预设性,也要有生成性。而课前非常充分的预设可以让我们更有底气来面对课堂的生成,从而使这样的一堂语文课充满一种生命的气息。

方秋香:操作才能

操作才能主要是指教师在教学中为实现教学目标而解决教学问题的才能,这是取得良好的教学效果的关键才能。操作才能主要包括:课堂教学的思维才能、表达才能以及组织管理才能。教师课堂教学的思维才能又包括:思维的准确性、条理性、概括性、发散性、变通性、独创性。教师课堂教学的表达才能包括:口头语言表达能力、文字表达及板书能力、身体语言的表达能力、善于运用传统教学媒体与现代信息技术媒体的能力。教师课堂教学的组织管理才能包括:善于与学生交往的能力、善于发动学生积极参与学习活动激发学生学习动机的能力、营造课堂教学环境的能力、组织形式多样的教学活动的能力等。

首先,我们来看看杨老师思维才能的体现。杨老师这堂课所要教给学生的知识点表述科学、准确。例如,这个单元的一个重要知识点——托物言志,学生准确地掌握了。整个教学过程由“导入—感知—品质分析—托物言志”构成,符合学生的认知过程,思维科学精细,因此体现了思维的准确性。杨老师这堂课让我印象最深刻的是,她在课堂上思路清晰,有条理,因此很好地发挥出了思维的条理性。这篇文章较长,但是要一节课上完,为此杨老师定了三个教学目标,这三个教学目标可以看出是杨老师认真备课、精心筛选后的目标。个人觉得,通过这三个目标,可以看出杨老师对教材内容的处理非常恰当,能够反映文章教学的全貌,又能突出重难点,体现了思维的概括性。在杨老师的详案中,可看出杨老师在备课时已经预设很多种情况,足以见得她能多方向、多层次思索问题开展教学,思路开阔,体现了思维的发散性。但是在课堂上,当生成与预设不一致时,杨老师的表现还是有些许局促,因此思维的变通性需加强。杨老师的思维具有一定的独创性。在这篇文章教学中,她能产生新颖的、别人未能想到的思路、方法或措施。例如,杨老师的板书设计既能简洁明了的展示主要教学内容,又能带给看者有一棵树的意境之感,非常独特,让人印象深刻。

接着,我们来看看杨老师表达才能的体现。很明显,杨老师口头表达科学准确,简洁易懂,逻辑严密,生动能吸引学生。无论是导入、过渡语,还是课堂的提问,杨老师起伏高低的优美嗓音非常的吸引学生。例如,新课导入时,杨老师一番激情的朗读一下子深深地吸引住学生,使学生瞬间进入课堂,全场鸦雀无声。整个课堂中,当学生回答问题时,杨老师的评价语言似乎有些许缺失,因此这方面应注意。杨老师文字功底好,能写一手好字。板书结构好,既能反映全貌,又能突出重点,而且给人一种有一棵树的意境之美。因此,杨老师的文字表达及板书才能是极强的。身体语言能够很好地帮助课堂教学,因此要充分恰当地运用身体的位置、姿势、动作与表情来表达自己的思想感情和教学内容。杨老师的课堂表现虽然非常坦然,但是在教学中不妨适当的用上身体语言,可能效果会更好,当然这是精益求精了。此外,杨老师在教学时还能将传统教学媒体与现代信息技术媒体结合。总之,杨老师在表达才能方面是非常突出的。

最后,我们来看看杨老师的组织管理才能的表现。整一堂课下来,杨老师的组织管理才能是有目共睹的。例如,她能很好地与学生交往,能管理课堂教学中学生学习行为与纪律,能调控课堂教学等等。杨老师最突出的优点是:她的朗读非常优美动听,富有感染力。正是因为这样,她能很好地让学生瞬间进入课堂,因此杨老师能够很好地营造教学课堂环境。但是也有些许瑕疵。例如,杨老师在教学当中用到的提问法经常是对同一位同学一问一答,一问到底,一答到底,在这过程中似乎只和这位同学交流而忽视了班里的其他同学。教学方法有些单一,学生积极性不够,课堂气氛稍显沉闷。因此,杨老师应在组织形式多样的教学活动方面多多努力,发动学生积极参与学习活动,激发学生学习动机。

总而言之,杨老师在这堂课的教学当中,很好地展示了自己操作方面的才能。作为一位入职一年的新老师极其厉害,而入职了三年的我自惭形秽,要向杨老师学习!

侯会会:专业素养

我主要从专业素养的维度去观察并评价杨靓老师的《一颗小桃树》。所谓教师专业素养是指教师从事教育教学工作所必须具备的特质。教师的专业素养可以大致体现在人文素养、学科素养、教育素养三个方面。人文素养主要体现在教师课堂上听说读写情况;学科素养体现在本节概念相关的学科知识,应用本学科的基本方法等;教育素养体现在教学所采用的方法、教学策略、课堂评价的应用等方面。

首先来谈一谈人文素养。人文性是《语文课程标准》在语文课性质认识上的一个显著特点,并作为一条红线贯穿于整个《课程标准》之中。人文性意味着我们语文教学不仅要教会知识、培养能力,充分发挥它的工具性,还要体现人文关怀,体现对学生文化个性的培养和尊重。语文教师既是语文知识的传授者,更是学生德育培养、情感孕育、意志砥炼的精神引领者,应具有较高的人文素养。

其次是学科素养。语文教师的学科专业素养是其用于教学工作的基础要求,教师必须具有深厚的语文专业知识。一是精通语文学科的基础性知识和技能:教师应该对语文学科的基础知识能广泛而准确地掌握,对基本的语言技能熟练运用,对语文的基本结构能深入理解;二是要了解语文学科领域的思维方式和方法论:教师要不断学习语文教学理论,扩充思维,为语文教学内容和教学活动形式的创新思维训练提供可能。

最后是教育素养,即教师在教育学理论方面的知识素养。这些知识能帮助语文教师更好地把握语文教育和学生发展的基本规律,对教学问题做出科学解释和处理。

那么作为一名语文教师,直接体现自身专业素养的方式莫过于在课堂上的行走。下面针对杨老师的这堂课,谈一些我个人的看法:

1. 人文素养

语文教师在课堂上给学生呈现知识的形式,更多来自语言表达。教师语言是学生学习与模仿的对象。语文老师语言的诗意,能让学生获得语言的浸润与文化的陶冶。当学生从语文教育中获得享受的时候,学生就会自然的喜欢,甚至热爱。如果教师的语言不打动人心,无法让人有倾听的欲望,怎么能要求学生好好地感受语文,学习语文呢?下面我着重从语言表达方面来谈谈课堂上教师的人文素养。

杨老师的导入堪称惊艳,腹有诗书气自华,杨老师一番熟极而流的诗文朗诵创设了一个优美的情境,学生在美好的诗词中感受到了浓浓的语文味,自然而然地引出了本文的学习内容,不可谓不妙!其次环节间的过渡语衔接自然,如整节课的升华部分"一棵在逆境中诞生、在逆境中成长的小桃树,历经风雨仍顽强生存,它的精神令人动容。然而这似乎并不足以说明作者为何偏偏情系这一棵小桃树。那么,满篇深情缘何而来呢?小桃树对作者而言究竟意味着什么呢?"这里既总结了小桃树的"可怜",也引导学生对小桃树深层内核的品质进行思考,为之后归纳出小桃树其实不仅仅是作者梦的寄托更是作者自己的化身做好准备。

语文课堂上,既要有运用课堂语言讲解的声音,也要有面对教材书面语言朗读的声音。在这堂课中,杨老师通过对重点句的朗读指导,使学生从朗读中更真切直观地感受到小桃树的可怜,从而对它在面对逆境仍能表现出勇敢和无畏的品格有更加深刻的理解。加上杨老师声情并茂的范读也有效地传递出文章的情感,为静止的文字赋予生命的活力,使七年级的学生更容易把握本文的情感。

杨老师对课堂上的每一处的讲解语、小结语、提示语都做了精心地准备,将课文当作一个重要的研究对象,反复品读其中的滋味,熟读甚至成诵,这值得我们大家学习。

2. 学科素养

知识是连接教师与学生的中介和纽带。语文教师不仅要熟悉教材内容,而且要有自己独到、准确的理解。并且,语文教师的专业知识总量要远远高于语文教材所包含的分量,还要不断更新知识内容,吸收语文教学的新成果。

《一颗小桃树》是现代作家贾平凹的一篇文章,新近收入教材。作为一代文学大家,贾平凹笔力老辣,虽然这篇文章非常清丽,但意蕴丰厚,文中可赏读潜玩的点非常多,在这样的情况下,就需要教师静下心钻研教材,适当取舍。杨老师删繁就简,以"这是一棵怎样的小桃树?"为主问题,带动整个课堂,由"可怜"到"可敬",再由此引出作者与小桃树的关联,问题由浅入深,既有表象的,又有内核,符合学生的认知规律,避免了面面俱到、浅尝辄止的状况。

在课堂教学中,教师既要放得开,古今中外的各种素材能广征博引,又要收得拢,教学目的清晰,教学思路明确。这种素养是教师在对语文长久的修养与训练中逐渐养成和发展起来的。从这堂课来看,我们认为杨老师已经基本具备了这种素养。

3. 教育素养

在学习方式上,《课程标准》强调必须"积极倡导民主、合作、探究的学习方式"。这种在教学及学习方式上的变革,要求语文教师必须具备良好的教育素养。教师要与学生建立起"和谐互助式"的教学模式,具有开放的心态,具有协作奉献精神。

在这堂课中,杨老师充分发挥了学生的自主性。在分析"这是一棵怎样的小桃树"时,她把大量的时间交给学生,通过追问,逐步引导学生找到关键句之后如何分析,从而得出作者对小桃树的情感。这就将学生的思考与教师的引导结合起来。

生活是语文学习的源头活水,生活有多丰富,语文学习资源就有多丰富。除教师自身的资源外,我们还要充分发掘学生本身的课程资源和学生生活世界中的课程资源。在这堂课最后,杨老师让学生谈谈学习本文的感受,其实也是告诉他们要善于从身边的普通事务中得到启发,汲取到前进的勇气与力量,这样就将课堂与生活贯通了起来。通过交流与倾听,学生能从同伴那里获得信息和启示,进而丰富个体的情感和认识,在交互中整合,在交往中探索生命意义、感受不同的人生体验。

国运兴亡系于教育,教育兴亡系于教师。教育的成败关键在教师的素养。语文教师不仅是语文知识的传授者和语文能力的训练者,而且是学生智力的开发者和美好灵魂的塑造者。要成为一个合格的、适应现代发展的语文教师,就必须努力提高自己的语文素养。语文教师应当向君子看齐,"君子不器",博采众长;"君子怀德",常思常新。期待我们都能按照君子的标准要求自己,将最好的一面展现在学生面前,引导他们健康成长。

裘一冉:专业职责

就阅读课而言,老师的专业职责是在课堂上引导学生如何阅读一篇文章。这是一篇散文,读散文,要学会抓住散文的线索。这篇散文,杨靓老师引导学生抓住两条线索入手,明线:小桃树的成长过程和暗线:我的成长经历。有了这两条主线,学生自然可以理清文章的结构和叙述顺序:眼前事→回忆→眼前事。

读一篇散文,也要引导学生去品味文章语言。杨靓老师有意在这堂课上培养学生炼字功夫。如用同类词语替换文中句子里的词,比较其表达效果的区别。如文中写道:"我的梦是绿色的……"如果换成"我的梦是黄色的……"会有怎样的表达效果,从而提高学生使用书面语的能力。

另外,杨靓老师也着意培养学生自学的能力。她从学生的学情出发,根据具体的学情来定教学内容。在学生自己能完成的前提下,让他们自己去读,去理解和感悟,老师只给他们一些提示,促使他们对课文主题和作者对家乡的土地的感情理解更深刻一步。

而且杨老师也非常注意引导学生抓住文章重点去重点感悟。老师要会"舍",善"舍"才能保证精讲多练,一课一得,提高学生自主分析的能力。分析一篇散文,老师自己要先多读多悟,在比较中感悟文章主题。

这堂课上,杨老师对自己的教育职责很明确。她知道,语文课,应该引导学生去自学,去学会根据题材阅读文章。通过不断地训练,学生才会在以后的阅读中,更加游刃有余。

付晓慧:专业效能

杨靓老师今天为我们呈现了一堂"语文味"十足的语文课。整堂课的教学很有设计感,可操作性也很强,值得我们借鉴。课堂上的她条理清晰,思维缜密,情感充沛,朗读到位,点拨恰当。下面我就从教师专业效能维度评一下杨老师的这堂课。

教师效能主要指教师能够有效地运用教学原理、执行教学活动以达成教学目标。也就是教师有效执行教学活动的行为所产生效率、效果和效应的综合。效率是单位时间内学习的知识量或一堂课上全体学生的参与度,突显的是充实性。效果是指学习的结果与目标的吻合度,体现的是扎实性。效应体现了一堂课的价值取向,表达的是一种情怀。下面我从效率、效果和效应三个视角来评价下杨靓老师的《一颗小桃树》。

首先，从效率这一视角看，杨靓老师这一节课还是比较充实、有效的。整堂课围绕三维目标有序展开，文章篇幅虽然较长但做了比较合理的安排，压缩在一节课完成，学生紧紧跟随着老师的引导层层深入。在时间分配上，新知掌握所用时间过多，难点突破用的时间相对较少，科学探究用的时间也较少。新知掌握的时间主要用在"了解小桃树的'可怜'与小桃树的'可敬'"这一环节上，这一环节的目标定位在"了解"，实际授课却花了许多时间在赏读上，这不仅与目标定位不符，也不符合这篇文章的自读性质。杨老师将这篇文章的难点放在了比较小桃树的成长和"我"的经历，以此来领会小桃树一文所蕴含的深刻内涵上。也就是作者为什么不惜重墨来写这棵小桃树呢？这篇文章有两条线，这两条线先是平行后又交叉。杨老师又借用了贾平凹的背景进行了比较，涉及的角度是外形、环境、经历和现状。比较阅读是一种很好的方法，能直观地让学生透过表象触摸到作者与小桃树的内在联系，小桃树寄寓了作者的梦，小桃树就是作者的化身。其实文中每次描写完小桃树后都会有一段作者感悟的语句，这些语句如果用心分析是能够体会到作者与小桃树的内在联系的，但在这节课中，这一问题的分析更多的还是借助于写作背景，而没有深入到文本之中。老师应该引导学生从面对挫折的态度上来比较小桃树与作者的内在联系。比如作者原来说自己是个"孱头"，脾性一天天地坏了，常常发呆，心境垂垂暮老，后来受到小桃树的启发鼓舞。如果从这一个角度分析的话，学生应该更容易理解，对于文本的解读也比较深入。杨老师将理解课文蕴含的人生哲理设定为科学探究环节，其实就是让学生梳理本课的思想感情。这一练笔其实重复了前面的内容，只是关注了文章的思想主旨，而没有打开学生的思维，其实这节课既然注重了赏析和朗读，完全可以让学生放开手脚从其他方面谈谈本节课的收获，学生感悟的、想写的，自然就多了。

其次，从效果这一视角看，杨靓老师制定的三维目标清晰、有梯度，并且将三维目标与学段目标和课型目标融合在一起，使课堂教学的实施更有明确性和操作性。这篇文章篇幅较长，杨靓老师很好地把握住了文体特点，利用以读串讲，删繁就简。总的说来，学生在教师的引导下较为成功的达到了预定的学习目标。

最后，从效应这一视角看，生本对话的次数还是比较多的，做到了从文本出发，没有脱离文本；师生对话也较多，但基本上都是一问一答的形式，只是一种点对点的单向输出；生生对话缺少。生生对话不仅能活跃课堂的气氛，更能充分挖掘学生的潜能，提高学生对语文课的感悟能力。伯纳说过："你有一个苹果，我有一个苹果，我们彼此交换，每人还是一个苹果；你有一种思想，我有一种思想，我们彼此交换,每人可拥有两种思想。"当今语文教学十分重视主体间的互动关系,它鼓励学生畅所欲言,各抒己见,彼此对话、相互交流。通过学生个体之间、学生个体与群体之间思维的碰撞和交融,来共享知识、共享经验、共享智慧、共享情感、共享语文世界的精彩与美妙。因此,关注生生对话,才能起到"一石激起千层浪"的效果。

专家点评

吴丹青(杭州市上城区语文教研员、初中语文特级教师):

今天这节课总的来说还是比较细致的,比如勾画描写小桃树的语句,了解小桃树的可怜,托物言志,还有坚强不屈、勇于和困难作斗争等,都比较具体,不空泛。不过这个"独特情感"到底是什么? 还有"小桃树的深刻内涵到底是什么?"却是没解出来,不过在课堂教学中我们知道授课教师自己其实是清楚的。杨老师的文本解读能力很强,基本素养非常强。下面我就这节课具体谈谈我的一些感受:

首先,教学目标如何表述? 教学目标的表述是不是要分为知识与能力、过程与方法、情感态度与价值观? 与学院派不同,我们教研系统及一线教师一般是不分开的,我们称之为教学目标,课程标准里写的是三维目标整合。我举一个例子:第三个目标"托物言志"这个词语放在这里合不合适?"托物言志"里面有情感态度与价值观,但最重要的是一种知识,即语文知识里面的一种写作方法,应该放在"知识与能力"里面。但是我要教给学生懂得什么叫托物言志,我要教他一种方法,如这节课里面老师用的方法就是把小桃树的特点梳理出来并与作者的生平经历做比较,引导学生去读出这个"托物言志",这又是"过程与方法"的内容。所以我是不太赞成把三维目标割裂开来,课程标准也明明白白告诉我们三维目标要整合。那么"了解主要内容"要不要写到教学目标里面去? 不要。初中生自己把文章读一遍就能够了解主要内容,因此这不是我们这节课的教学目标,而是一个基础的教学环节,是为后面达到教学目标服务的,所以大家在写教学目标时不要太随意。

其次,教学目标如何确立? 杨老师在教材分析和教学设计上写了三大点,第一,选择最重要、能让学生有共鸣的内容——这个非常好,能吻合我们学生的心理认知。我们上城区就一直在做一种教学模式——"基于学生的阅读期待",我们的问题、我们的教学资源有时候从学生中来的。不过我要补充的一点就是:我们千万不能仅停留在能引起学生共鸣的内容上,有些东西,学生没有这些共鸣,但是我们要想办法让他有共鸣。因此在教学内容的选择上，我们既要基于学生的阅读期待，又要高于学生的阅读期待。所以"到底什么是最重要的?"是值得我们思考的。第二，杨老师分析学情时注意到学生已经学过什么，比如"托物言志"，这是基础。如果学生没有学过"托物言志"，那么我们这节课就要有一个教学内容告诉学生"什么叫托物言志"，但是已经学过了，学生就应该有自学的能力去学习这种托物言志的手法，这种学情分析非常好。在我们上城区优质课评比时就要求参赛教师的教案要有学情分析：一是学习这篇文章需要学生具备什么知识、能力和方法；二是学生已经具备了什么知识、能力和方法，他缺少的又是什么知识、能力和方法；三是他缺少的这部分知识、能力和方法，哪些是自学可以学会的，哪些是通过同伴互助学习可以学会的，哪些必须由老师精心设计才可以学会的——这三点分析了以后再去写教学目标。那么教学目标意味着什么呢? 就是学生懂的，我不教；学生能自己学会的，我们老师不用说；学生不懂又必须学会而且难的，才是我们教学的重点和难点。杨老师在教学设想时讲到自己朗读和批注的方式，我觉得很好，她有阅读方法指导的意识，比如说朗读法、批注法，这是我们很好的、常用的阅读方法。但是我在比对她的教学目标时发现：在教学目标中，她没有写出"教学生朗读方法"的目标点。但在课堂教学过程中我们显然是看到了她在教学生朗读，这就是目标跟过程不对应。"批注法"确实在这节课让学生练了，教学目标中也没有"批注法"，但有"勾画法"。"圈点勾画法"和"批注法"是不一样的，"圈点勾画"是把重要的字词勾出来，但"批注"是要在旁边写批注的。如果这节课重点是"朗读法"和"批注法"，那么教学目标里面就应该有"朗读法"和"批注法"。如果教学目标有、又是重点的话，那么教学过程中就必须教得彻底，比如说将"批注"作为一个教学内容的话，那么"批什么?""注什么?"学生一定要有空间和时间在书上写。有一次我教学生批注法，我就跟学生说："你们看看我的书跟你们的书，你们的书是白的，我的书呢，旁边密密麻麻写满了我在上面做的批注，你们也要在旁边写起来。"至于写什么，有时是找出细节描写，圈画出来给它加一个小标题，其实这就是概括内容的批注；而有时候你去赏析具体的语言，指出它的修辞手法、表达效果，这就是从语言的角度去赏析。当然像金圣叹，他有时候就是一个字"妙"，那是很个性化的，但是你要教他方法，如批注的角度、批注的内容，要教彻底。

再次，教学过程中存在的问题。第一个是导入，营造了诗意的情境，很有感染力，我也被老师优美的语言所感染，很多老师评课的时候都对她这点大加赞赏。杨老师说完春天的桃花很美很美之后，用了一个"但是"，引出贾平凹写的小桃树，春天的桃花很美和贾平凹写小桃树之间有没有转折关系呢? 没有。他们是顺接关系而不是转折关系,桃花很美所以贾平凹也写了文章,这是第一个问题。第二个问题,我们一开始就把很优美的语言给学生,假设学生从来没有看过这篇文章,我激发他学习的兴趣,起到的效果是好的,但是我明显感觉到学生在课前已经充分地预习了,那么我这样的导入是不是有些多余? 第三,这是一篇自读课文,自读课文我们应该尽可能少给学生一些暗示。我在这里展开一下,课堂一开始老师把课文的内容、思想情感就告诉学生,这不是很合适,今天这位老师没有。我有一个徒弟教《范进中举》和《孔乙己》,第一句话是"同学们,这是一篇批判封建科举制度的小说。"你们觉得这样告诉学生好不好? 非常不好,学生的思维就被你框限了。那么今天这节课呢? 很明显,这是一节教读课的思路,第一个问题是"小桃树的可怜之处表现在哪里?"后边又教"小桃树又值得可敬",这都是老师给的思维。问"小桃树不只是可怜吗?"学生一读,他读出的就是"可敬"吗? 上海的一位老师上《麦琪的礼物》,一节课读下来的就只有一个词"爱情",这是一篇关于爱情的小说,而且是对于爱情的教育。但是我徒弟上这一课,读出来的是一篇关于穷人的小说、关于聪明人的小说、关于奉献的小说、关于牺牲的小说等很多很多内容。前提就是上海那位老师第一句话就是"这是一篇关于爱情的小说,大家到文中去找写关于爱情小说的句子"。而我的徒弟课前教学就是自己充分去读,读了以后说说这是一篇关于什么的小说,小说主题的多义性就突出来了。不过我们今天这位老师蛮好,没有局限于"可怜"这一点上,但由此引发了一个什么问题呢? 就是"教读课"与"自读课"的区别。老师们刚刚对这堂课的优点也做了一些点评,都是从"教读课"的要求去点评的,但是这是一篇自读课文。我们老师的专业职责是:指导学生如何阅读一篇文章,就是我们要指导学生阅读的方法。但是新课程实施以来,我们走入了一个误区,从杨老师的反思中我们可以感觉得到一直还处于这个误区。实际上,这个课上得不错,课堂里教的和她的反思比较,我喜欢她的课,我也很喜欢这位老师。你们听听她的反思,"第一,课堂气氛活跃",这是优点。课堂气氛活跃当然很重要,不过有时候让学生安安静静的进行思考,也是很重要的。"学生对文本的解读到位",学生放在首位是好的,但是后边这句话"学生对文本解读到位,但是对文本的挖掘还显肤浅,对语句的分析还显肤浅",它的着力点、关注点就只有学生对文本的理解是否深刻到位,你们觉得这有没有问题? 我们语文教学教的内容主要是什么? 阅读课让学生读懂文章的思想内容是不是唯一的教学价值取向? 比理解一篇文章思想内容更重要的是什么? 教学有三种教学内容的取向:第一,上完以后学生对文中讲了什么思想内容理解了;第二,不但理解文章的思想内容,还要理解表现思想内容的语言形式,也就是我们的语文知识,比如写法"托物言志"这些东西;第三,读懂思想内容和语言形式的方法能力。大家思考一下,你的教学主要是一、还是二、还是三? 这个误区是怎么造成的呢? 像我们读书的时候,很关注语文知识的字、词、句、篇、语、修、逻、文,很讲究这是什么修辞手法? 那是什么写作手法? 后来新课程实施以后,更关注的是人文性,就是它表现了什么思想内容。2003 年刚入局的那批老师第一次新课程实施以后范例的课往往都是:一读课文,这篇文章你读了有什么感受? 然后联系生活,找一个话题进行讨论,读的是爱情主题,读的是战争主题……就是关注文章的思想内容。但是现在拨乱反正了,新教材和以往教材很不同的就是强化了编教材有一个人文的线索,它还有一条线,特别强调的是方法的线索。比如说一开始七年级上教朗读、教浏览,后来呢有细读的、有圈点批注的、有略读的、有精读的……是不是? 每个单元都有这种方法,这是我们语文教学的一个核心的东西,所以,我们在理念上要转变过来。那么今天这位老师,她其实有的,方法都教了,知识也都教了,但她反思的时候却只关注了思想内容。我们语文老师确实要承担起对学生精神成长的作用,但你不能把它当作唯一的职责。我们看这节课最后结束的时候,叫学生写感悟,只是指向思想内容方面,为什么? 因为老师的潜意识中,我读了这篇小桃树,我主要是接受一种精神上的感染教育。但如果指向的是知识、能力、方法的话,那就不是这样的感悟,你可以叫学生说自己在这节课上的收获。那他的收获是什么? 如托物言志的方法、阅读的方法、朗读的方法、点评评注的方法等等。

再者,有关课型的问题。我们老师目前对自读课文还没有概念,现在的教材有教读课、自读课,还有课外阅读课。教读课是教学生学会阅读的方法;自读课呢,是让学生用学会的阅读方法自己读课文,然后,再用课内学到的方法课外进行拓展阅读。今天这节课,是典型的教读课,不是自读课。自读课该怎么设计呢? 要注意以下几个环节:第一,学生自读课文,自拟学习目标,自定学习方法,提出疑难问题:学生自拟学习目标,就是你读这篇文章,你觉得要学习什么。自定学习方法,就是你读这篇文章,大概可以用哪些方法;还有这篇文章读了,你有什么问题,写出来。如果公开课的话因为学生读要很长时间,可以把这个环节提到课前。第二,课堂展示学生的学习目标、学习方法和学习问题:你可以抽几个同学来展示,可以在幻灯片上展示,也可以用实物投影去展示。我们预设一下,学生已经有小学、初中前一阶段的学习基础,你觉得他会设定什么样的学习目标? 读了这么多年了,他肯定会说要理解作者的情感,对不对? 知识能力方面呢? 如果他学了前面《紫藤萝瀑布》,他就会拟一个学习目标"了解托物言志",对不对? 还有他从小学到现在,对这种写事、状物写景、状物又写事的文章,可能就会有"学习什么作者如何运用生动形象的语句描写景物的方法"。学生不是一片空白的,他可能就会学到这里,如果你前边已经教过学生一些阅读方法的话,像我们上城区的学生,可能就会写阅读方法,如批注法、思维导读法、朗读法、对比法……学生都会写出来。当学生展示的时候,你可以实物投影,或者把学生发言的关键词写在黑板上,一块黑板写学习目标,一块写方法,一块写问题。这个同学关键词写"托物言志",另外一个同学可能会写"生动、具体、形象的、联想的阅读方法",这边批注或者思维导读。抽三四个同学,黑板上差不多了,这堂课的学习目标基本上都有了、方法也够了、问题也出现了,这时老师要补充也可以,其他同学来补充也可以。第三,以小组为单位,确定一到两个学习目标和学习方法进行再读,读了以后再讨论。因为学习目标可能比较多,分到小组后就只有 1 - 2 个,由于学这个内容的阅读方法和那个内容的方法是不一样的,可以让学生自选学习方法和需要讨论的问题。前提也是先自读,自读以后再小组讨论。这时教师巡视教室,如果有些学习内容必须在这堂课要教,但是没有小组选,教师可以私下沟通,适当调整一下;接下来教师要下小组进行个别指导,可以重点指导一两个组,有多少时间,就指导几个组,这是第三个环节。第四个环节,小组成果展示:小组派代表来说自己的学习目标以及方法,可以让一个学生说,一个学生在黑板上板书;也可以学生说,老师板书。学生说了以后,教师进行适时点拨。比如当学生讲到"托物言志",有的学生很聪明,他会猜想贾平凹是不是有小桃树一样的经历的时候,教师就可以适时地把贾平凹的生平经历以及其他文章做印证。关于学习方法,如果用思维导读,可以把小桃树的特点和作者的情感变化都写出来,一边小桃树,一边"我",也是蛮好的;如果采用批注法,教师要关注学生的书旁边有没有字,当学生展示以后,学生可能说的不透,那么让其他学生补充,教师适时点拨,话要精到,不用多说;如果学生没有讲到贾平凹的经历,老师再展示贾平凹的经历,就是在教学生们一个方法——"知人论世"和对比方法。这节课以学生自学为主,展示学生的自学成果为主,老师只是适时点拨,最后让学生来小结这堂课,让他们来说一说学习的收获。你如果这样教下来,学生的收获,肯定不只是说"我要学习小桃树的 xx 精神",那就成了思想品德课;他一定会从语言形式、阅读方法等方面去理解比较。当然还可以用"今天我们学习了小桃树,那么课后请同学们去读其他相关文章,大家读的时候可以读什么? 用什么方法?"对这节课的学习收获进行小结,然后拓展到课外。

最后,散文教学的特质问题。今天杨老师在课堂上花了很多时间分析小桃树的特点,分析很到位,非常好。但是散文教学一定要注意:散文的特点是什么? 是形散神不散吗? 你们自己去研究下,这肯定不是散文的特点,尤其不是现代散文的特点,"形散神不散"肯定不能囊括所有的散文。比如《一颗小桃树》的形散不散?作者贾平凹自始至终就是写这棵小桃树,形根本不散。所以散文就是作者直接说自己的话;读散文,就是和作者对话,这跟小说完全不一样。所以读散文,不仅要关注散文所写的人、事、景、物,更要关注作者对这个人、事、景、物的情感、态度、看法。比如,你说小桃树"可怜",请注意,是作者眼中的可怜,对不对?你看到一个景物,你会不会觉得它可怜?不一定。怎样的小桃树是作者眼中的小桃树?可怜。所以你始终要扣住作者对小桃树的情感——这一点在今天的教学中稍有缺失,散文的特质没有抓住。

最后一句小结:老师素质非常好,不久的将来可以成名师。但是作为自读课教学、作为散文课教学,有问题,可以引发这么好的一个教研组深入研讨活动,非常有意义!

教学反思

周五上午,我讲授了贾平凹的《一颗小桃树》,这是新教材七年级下第五单元的一篇自读课文。本单元主要学习托物言志的手法,体会如何用生动形象的语言写景状物,寄寓自己的情思,抒发对社会人生的感悟。《一颗小桃树》描写了一棵在逆境中诞生、在逆境中成长的小桃树,历经风雨仍顽强生存,赞颂了小桃树顽强同命运抗争的精神,揭示一个生活的哲理:不屈不挠的奋斗,定会战胜磨难,创造出美好的未来。小桃树实为作者本人的化身,他从小桃树身上找回昔日战胜困难的勇气,找回原来的自我,得到终身拼搏的勇气。

这篇文章涉及的内容较多,有小桃树的经历、作者的经历、托物言志的手法、对奶奶的情感、特殊时代背景下的青年一代等,而授课时间只有一课时,必须选择最重要的且学生最能理解、最能共鸣的内容。结合单元要求,我将本课的重点放在了小桃树和"我"的经历的相似之处以及小桃树顽强不屈的精神上。在品析语句时,我主要采用批注和朗读相结合的方式,分析对句子内容和修辞手法,还通过有感情地诵读来加深学生的学习体会。

整节课下来,我感觉课堂气氛比较活跃,学生对文本的解读也很到位。不足之处在于对文本的挖掘还稍嫌浅薄,对学生的追问还不够,导致对语句的分析比较浅,作者寄托在小桃树上的情感还应当多挖掘。

课后,语文组老师从六个维度出发,指出了我这堂课的优缺点,为我以后教学水平的提高提供了宝贵的意见和建议。特级教师吴丹青老师和刘教授的发言也让我深深感受到自己和名师的差距,明确了日后改进的方向。总的来说,我的这

节课主要存在以下问题:

1. 就课堂类型来看:这篇文章是自读课文,但我采用了教读课的上法,与自读课要求不符。自读课要求学生用学会的阅读方法自己读课文,自己定目标、方法、问题,然后在课堂上展示;接着小组合作确定目标、方法再读,再讨论,老师进行个别指导;最后小组展示成果,谈谈收获。

2. 课堂时间没有控制好,在难点突破上花时间太少,可以多些时间比较"我"和小桃树面对挫折的态度,分析写完小桃树后联系到自己的语句。这样更有利于学生理解文本。

3. 教师问题过多,有时对着一个学生一问到底,缺少生生对话,学生容易产生疲劳。

4. 理解文章思想内容不应该是语文教学的全部,应当思考比理解思想内容更重要的是什么,如文章表现思想内容的语言形式。新教材更加关注人文性,学生不仅要学会阅读内容,更要学会阅读的方法。读懂思想内容与语言形式之间的能力才是对学生最有帮助的。

针对以上不足,我认为在以后的教学中应当做到:

1. 多观摩名师公开课、优质课,向名师学习。我应当利用好各个教学平台,消化吸收各堂课的优点,寻找适合自己和学生的教法学法。针对不同的课型开展不同的教学实践,充分发挥学生的主动性,体会语文学习的乐趣。

2. 充分准备、精心设计每一堂课的内容,每个环节要花多长时间? 学生能跟上、能理解吗? 做到换位思考,站在学生的角度上去设计问题、设计教学环节。

3. 提升对文本的熟悉度,能根据学生回答灵活调整教学过程。由于现在水平所限,在课堂教学中往往按部就班,这不利于发挥学生的自主性。我要学着从学生的角度出发,看待问题。学生会怎么回答? 我应当如何引导? 让他们感受到是老师顺着他们的思路在解读课文,而不是一味要求学生跟着我的思路去分析。

4. 增强对学生能力的锻炼。通过作业批改、课堂反馈等,增加对学生语文水平的了解,明确学情后再去制定教学目标和重难点,做到有针对性地教,而不是简单地根据单元要求或者教学参考书来制定重难点。只有老师先做到针对性地教,学生才能针对性地学。在教学中,不能仅仅关注学生对文本的理解,还要注重方法的指导。

通过这次公开课,我明白我还需要更多的磨炼和积累。在备课时,不仅七年级语文组,连八九年级语文组的老师都给我提供了帮助,并且花费时间陪我磨课,这让我感受到教学需要不断地思考、钻研。我会再接再厉,取得更大的进步!

02 数学：认识不等式①

授课教师：林 斌 授课时间：2013 年 10 月 16 日

课堂实录与评析

【教学目标】

1. 知识目标：感受生活中的不等关系，理解不等式的意义，会根据给定条件列出不等式，正确理解一些常见的表示不等关系的数学术语和词语。

2. 能力目标：经历由生活实例建立不等式模型的过程，进一步发展符号感和数学化能力，渗透数学思想方法。

3. 情感目标：养成探究、交流的意识和习惯，激发学习数学的热情和自信，体会数学与生活的紧密联系，在问题解决的过程中获得成功的体验。

【重难点分析】

重点：理解不等式的意义以及根据给定条件列出不等式

难点：准确应用不等号以及探究应用问题中的不等关系

【教学方法】

自主探究，学会在实践中思考、探索、交流、合作，主动获取数学知识和能力。

【教学过程】

教学片段 1. 提出问题，引入新知

师：同学们，你们相互间在课余扳过手腕吗？

生：扳过。

师：力气一样大吗？

生：不一样大。

① 教材来自浙教版《数学》（2013 版）八年级上册第 90—93 页。

师:相互间比过身高吗?

生:比过。

师:一样高吗?

生:有一样高,也有不一样高。

【评析】从生活入手,营造轻松的学习氛围,体现数学的生活化,拉近师生距离,激发学生的学习兴趣,同时为引出课题做准备。

师:事实上,在日常生活中,同类量(如刚才说过的力气与力气、身高与身高)之间常常存在不等关系。老师还带来了几幅反映不等关系的图片,请同学们观察。(投影)

体积:大小　　　长度:长短　　　高度:高矮　　　重量:轻重

【评析】让学生从直观上来感受同类量之间存在的不等关系,认识会更深刻。

师:通过观察图片和刚才的问答,(PPT)请同学们来说一说,生活中还有哪些具有不等关系的实例?

生1:同学们之间的体重可能不一样重。

生2:我手中的两支笔不一样长。

生3:他上次的数学测验分数比我高。

生4:讲台比课桌高。

生5:我手中的两本书不一样厚……

师:同学们刚才举的例子都是教室内的,能不能把眼光投向室外,看看外面还有哪些不等关系呢?

【评析】当学生举的例子都是室内时,老师很机智,一句"能不能把眼光投向室外",让学生茅塞顿开。

生6:室外有些树木的高度不等。

生7:马路上这辆汽车比那辆汽车行驶的速度快。

生8:汽车的速度比自行车快,飞机的速度比汽车快。

生9:这条路和那条路不一样宽。

生10:这幢房子比那幢房子高……

师:同学们的举例丰富多彩,说明生活中具有不等关系的实例真的很多,为了

能够更好地刻画生活中的不等关系,我们需要学习新的知识"生活中的不等式"。(板书课题:生活中的不等式)

【评析】让学生自己举例,亲身体验生活中的不等关系无处不在,意识到新知的学习是必需、必要的,使课题的引入水到渠成。

教学片段2. 师生互动,学习新知

师(PPT):在你记忆中,表示不等关系的符号(即不等号)有哪些?(请学生板书。)

生1:">","<"。

生2:"≥","≤"。

生3:"≠"。

生4:"≈"。

师:同学们的记性不错,常用的不等号有五种:">""<""≥""≤""≠";另外"≈"既不是等号,也不是不等号。(老师板书表格如下)

常用不等号		
">"		
"<"		
"≥"		
"≤"		
"≠"		

师:请分别说出这五种不等号的读法?(学生回答,老师板书)

常用不等号	读作	
">"	大于	
"<"	小于	
"≥"	大于等于	
"≤"	小于等于	
"≠"	不等于	

【评析】常用的不等号在学生的脑子里已经记忆不全了,通过复习可以让学生清晰、完整地了解哪些常用不等号,为后面正确选用不等号列不等式奠定了基础。

师:下面请同学们做练习。(PPT)下列问题中数量之间的关系能用等式表示吗? 若不能,应该用怎样的式子来表示?

(1)小颖今年 x 岁,小丽今年 y 岁,她们的年龄和不大于 29 岁。

(2)根据科学家测定,太阳表面的温度不小于 6000℃,设太阳表面的温度为 t℃。

小聪　　　　　　　　　　　小明

(3)一辆 48 座的客车载有游客 m 人,到一个站点又上来 2 个人,车内仍有空位。

(4)小聪和小明玩跷跷板,大家都不用力时,跷跷板左低右高,小聪的身体质量为 p(kg),书包的质量为 2kg,小明的身体质量为 q(kg)。

(5)小张和小王在体检时测出的身高数据不同,小张为 a cm,小王为 b cm。

(学生独立思考,逐题交流补充,老师板书答案。)

师:通过刚才的列式,我们发现"不大于"和"不小于"分别用的是什么不等号? 它们的意思分别代表什么?

生:"不大于"和"不小于"分别用的是"≤"和"≥",分别指"小于等于"和"大于等于"。(老师把学生的回答板书在表格中相应位置。)

常用不等号	读作	
">"	大于	
"<"	小于	
"≥"	大于等于(即不小于)	
"≤"	小于等于(即不大于)	
"≠"	不等于	

【评析】本题设计的五道小题用到了五个常用不等号,目的是让学生亲身体验每一个不等号的用法,为得出不等式的定义做准备。

师:(PPT)刚才列出的 5 个式子用的都是什么符号? 都表示了数量之间的什么关系?

生:用的都是不等号,表示了数量之间的不等关系。

师:(PPT)那么这几个式子能叫等式吗?

生:不能。

师:(PPT)那你能给这样的式子取个名字吗?

生:不等式。

师:(PPT)还记得什么叫等式吗?

生(纷纷动脑回忆):用等号表示相等关系的式子叫等式。

师:你能结合等式的定义和列出的这五个式子的特征,总结一下什么叫不等式吗?

生(情绪高涨,积极举手发言,通过交流补充完整):用不等号表示不等关系的式子叫做不等式。(板书:不等式:用不等号表示不等关系的式子叫做不等式。)

【评析】引导学生回忆等式的定义,通过观察、交流、类比得出不等式的定义,既渗透了数学的"类比"思想,培养了学生的观察能力、表达能力,又突破了重点和难点,充分体现了新课程的理念。

教学片段3. 典例示范,应用新知

师:(PPT)例1. 说说下列数学式子中哪些是不等式?

(1)$0 < 1$　　　(2)$a + b = 0$　　　(3)$a^2 + 1 > 0$　　　(4)$3x - 1 \leqslant x$

(5)$x - y \neq 1$　　(6)$3 - x = 0$　　　(7)$4 - 2x$　　　(8)$x^2 + y^2 \geqslant 0$

生:(1)　(3)　(4)　(5)　(8)

【评析】通过识别不等式,检测学生是否掌握不等式的定义。

师:(PPT)例2. 用不等号填空.

(1)-1 _____ 0　　　　　　(2)$-(-2)$ _____ $-|-3|$

(3)$|a|$ _____ 0　　　　　　(4)$-b^2$ _____ 0

(学生独立思考,交流解答;其中第(3)、(4)题有学生回答错误,经交流得到正确答案。)

师:$|a| \geqslant 0, b^2 \geqslant 0$ 说明一个数的绝对值,一个数的平方是什么数?

生1:正数和0。

生2:非负数。

师:同学们回答得很好,是正数和0,简称非负数。顺便问一下,非正数是指什么数?

生:负数和0。

【评析】通过两数比大小,达到不等号的简单应用;其中第(3)、(4)小题设计得很好,因为经常有学生把"一个数的绝对值与零的大小关系"和"一个数的平方与零的大小关系"误解为"一个数的绝对值 >0"和"一个数的平方 >0"。因此,在这个时候再次纠正学生脑子里固有的错误认识是很有必要的,同时还复习了"非负数"和"非正数"的概念,为例3的正确解答埋下了伏笔。

师:(PPT)例3. 用不等式表示

（1）a 是正数　　　　　　　（2）b 的相反数是负数

（3）c 与 1 的差是非负数　　（4）d 的 2 倍与 3 的和是非正数

（由学生独立思考，交流解答。）

师：通过这个例题的解答，（投影）请你说说列不等式的基本步骤？

（允许学生左右讨论，1 分钟后请学生相互交流．）

生：分两个步骤：（1）确定不等式两边的代数式；（2）根据所给条件中的不等关系，选择合适的不等号．

师：例 3 中出现了哪些表示不等关系的数学术语，请对应填入表格：

常用不等号	读作	常见的表示不等关系的数学术语或词语
"＞"	大于	正数
"＜"	小于	负数
"≥"	大于等于（不小于）	非负数
"≤"	小于等于（不大于）	非正数
"≠"	不等于	

【评析】有了例 2 的铺垫，本题解答比较顺利；通过本题的解答，使学生熟练掌握"正数、负数、非负数、非正数"这四种常见数学术语对应的不等号，突破了难点。

师：（PPT）例 4. 用不等式表示下列问题中数量之间的关系

（1）班内比小杨高的人数（x）不足 5 人；

（2）某校男子跳高纪录是 1.65m，在今年的校田径运动会上，小敏的跳高成绩是 h（m），打破了该校男子跳高纪录；

（3）小陈的体重（x）至少 100 斤；

（4）这支铅笔的价钱（y）至多 3 元；

（5）一辆轿车在某公路上的行驶速度是 x km/h，已知轿车在该公路上行驶的速度不超过 100km/h；

（6）一块正方形的苗圃地，边长为 y（m），周长不少于 36m；

（7）某隧道限速 60km/h，一辆在隧道中行驶速度为 v（km/h）的轿车因超速被交警处罚；

（8）某城市某天最低气温 −2℃，最高气温是 6℃，该市这一天某一时刻的气温是 t℃。

（学生独立思考，交流解答；其中第（8）题的处理实录如下。）

师:请第(8)题会列不等式的同学上黑板写。

生:$t℃ \geqslant -2℃$ 和 $t℃ \leqslant 6℃$。

师:还有不同的写法吗?

生:$-2℃ \leqslant t℃ \leqslant 6℃$。

师:因为这一天的气温应该在最低和最高气温之间,所以既要满足 $t℃ \geqslant -2℃$,又要满足 $t℃ \leqslant 6℃$,应该表示成 $-2℃ \leqslant t℃ \leqslant 6℃$,这种形式的不等式叫"连立不等式"。(板书:连立不等式。)

师:(PPT)在这几道题目中又出现了哪些表示不等关系的词语,请对应填入表格:

常用不等号	读作	常见的表示不等关系的数学术语或词语
">"	大于	正数、超速
"<"	小于	负数、不足
"≥"	大于等于(不小于)	非负数、至少、不少于、最低
"≤"	小于等于(不大于)	非正数、至多、不超过、限速、最高
"≠"	不等于	

(其中第(2)题中的"打破"也反映了不等关系,但没有填入,师生问答实录如下。)

生:"打破"是表示不等关系的词语,对应的不等号是">"。

师:同学们,在本题中"打破"用的不等号是">",但是能不能归纳为在任何情况下"打破"用的不等号都是">"呢?

(学生纷纷一愣,继而开始积极思考,举手发言。)

生:不是,例如"某校男子100米跑的纪录是12秒,小明在今年的运动会上100米跑的成绩是 t 秒,打破了该校男子100米跑纪录。"在这个题目中,列出的不等式应该是 $t < 12$,用的不等号是"<"……

师:同学们举的例子非常好,说明"打破"这个词语在不同的情况下选用的不等号是不同的。

【评析】通过以上探索和归纳,使学生进一步巩固了列不等式的基本步骤,较好地理解了不等式的意义,掌握了一些常见的表示不等关系的数学术语或词语对应的不等号,为今后学好列不等式(组)解应用题奠定了基础,同时强化了本节课的重点和难点。

教学片段4. 深入探究,拓展新知

师:(PPT)例5. 有5个同学 A、B、C、D、E,他们的身高情况如下:D 同学比 C 同学矮,A 同学比 B 同学高、但比 E 同学矮,E 同学比 C 同学矮,B 同学比 D 同学高,你能将这5个同学按身高从低到高排列吗?(用不等号连接)

(学生兴趣浓厚,纷纷动笔思考,老师请举手的学生上黑板写出答案。)

生:D < B < A < E < C。

师:这位学生列得很好,请你当一次小老师,向同学们说说你是如何得到这个答案的?

生:由"D 同学比 C 同学矮,A 同学比 B 同学高、但比 E 同学矮,E 同学比 C 同学矮,B 同学比 D 同学高。"这五句话,我得到了五个不等式:D < C,B < A,A < E,E < C,D < B,这五个不等式我均采用"<",这样就很容易得出 D < B < A < E < C。

师:这个同学用的方法很好,讲解也很清晰,为什么他会很容易地写出答案呢? 原因就在于他使用了同一种不等号"<",这样他就自然地(也是无意之中)运用了不等式具有的一个重要性质"不等式的传递性"。同学们,我们为他鼓掌。

【评析】本题来源于学生身边的实例,有一定的难度,不仅能很好地考查学生根据题中较为复杂的不等关系列出"连立不等式"的能力,还拓宽了学生的知识面,渗透了数学思想"不等式的传递性";让学生当小老师讲解推理过程,不仅可以锻炼学生的能力,大大激发学生的学习热情,还很轻松地突破了难点。

师:(PPT)例6. 阿凡提给巴依老爷放羊,羊越来越多,羊圈装不下了,阿凡提问巴依老爷建设扩大羊圈,可小气的巴依老爷却不愿多出做羊圈的栅栏,他让阿凡提自己想办法。阿凡提想出了一个好办法:他将正方形的羊圈改建成圆形的,这样羊圈就能把羊装下了,人们都夸阿凡提聪明。同学们想知道阿凡提这样做的根据吗?

问题1:小气的巴依老爷不愿多出做羊圈的栅栏,这表明阿凡提将正方形的羊圈改建成圆形的过程中什么量没变?

问题2:羊圈又能把羊装下了,表明改建后的羊圈与改建前相比什么量变大了?

问题3:为什么在周长不变的情况下会出现改建后的圆形面积比改建前的正方形面积大呢? 你能说出理由吗?

问题4:通过这个故事和问题的解答,你从中得到了一条什么结论?

(学生兴趣高涨,纷纷举手发言,教室气氛热烈。问题1、2、4采用口答,问题3请全体学生动笔思考,教师走下去和学生探讨并进行指导,2分钟后请一位已经完成的学生上黑板板书,学生板书后,师生共同点评。)

【评析】本题取材于学生熟悉并且喜欢的阿凡提故事,可读性强,能极大地激发学生的求知欲;设置的四个小题,不仅环环紧扣、探究性强,而且具有很好的梯度;第3小题具有一定的难度,能较好地培养学生的探究能力,让学生上黑板板书,有利于暴露学生的思维过程,也有利于规范学生的解题格式;第4小题要求学生得出结论,渗透了"从特殊到一般"的数学思想,有效地培养了学生的思维能力。

师:(PPT)例7.春光明媚,某班的26名同学到公园参观,公园的票价是:每张5元;一次购票满30张,每张票4元。下面有一段对话:

班长说:"我去买票了!"

聪明的小支急忙提醒说:"班长,买30张团体票合算!"

小赵同学吃惊地说:"买30张怎么会合算?不是浪费4张吗?应该买26张!"

问题1:小支和小赵两人的建议,到底谁的建议花钱少呢?为什么?

问题2:买30张票,我们不仅省钱,而且多买了票,那么剩下的4张票如何处理呢?

问题3:买30张票比买26张票付的款还要少,这是不是说任何情况下都是多买票反而花钱少呢?如果你们一家三口人去参观,是不是也买30张票呢?

问题4:当参观的人数大于或等于30人时,买哪种票花钱少?当人数小于30人时,至少要有多少人去参观,买30张票才花钱少?

师:小支和小赵两人的建议,到底谁的建议花钱少呢?为什么?

生:小支的建议花钱少。因为小支买30张团体票花费120元,小赵买26张票花费130元,120<130,所以小支的建议花钱少。

师:买30张票,我们不仅省钱,而且多买了票,那么剩下的4张票如何处理呢?

(刹那间,教室内气氛空前高涨,学生畅所欲言,相互启迪。)

生1:退给公园卖票处。

师:这位同学很节约,不浪费。

生2:便宜一点卖给想进公园的游客。

师:很有经济头脑。

生3:等公园门票都卖掉了,想进去的游客买不到票时,高价卖给他们。

师:这个想法不太好,谋取暴利不可取。

生4:把票送给老师您。

师:你真懂事,谢谢你!

生5:把票送给任课老师。

师:是个尊敬老师的好学生!

生6:把票送给没去的同学。

师:是个团结同学的好学生。

生7:把票送给爸爸妈妈。

师:是个懂事有孝心的孩子。

生8:把票送给敬老院的孤寡老人或者送给福利院的孩子们。

师:这位同学真善良,有社会责任感,富有爱心和同情心……

师:同学们,刚才大家交流了各种各样的处理办法,我们为那些有爱心、孝心、尊敬老师、团结同学、懂事的同学们鼓掌,感谢他们!

师:买30张票比买26张票付的钱少,这是不是说任何情况下都是多买票花钱少呢?

生:不是。

师:如果你们一家三口人去参观,是不是也买30张票呢?

生:一家三口人不买30张团体票。因为买3张票只需花费15元,买30张团体票花费120元,15<120,所以一家三口人不买30张团体票。

师:当参观的人数大于或等于30人时,买哪种票花钱少?

生:显然买团体票花钱少。

师:当人数小于30人时,至少要有多少人去参观,买30张票才花钱少?

生1:因为（30×4）÷5＝24,所以至少25人参观,买30张团体票才花钱少。

生2:设有x人参观时两种方式花钱相同,则有5x＝30×4,x＝24,所以至少25人参观,买30张团体票才花钱少。

生3:设有x人参观时买30张票才花钱少,则有30×4<5x,即120<5x,因为x为整数,试代数字后发现,当x＝25时,满足120<5x,所以至少25人参观,买30张团体票才花钱少。(学生回答,老师板书三种方法)

师:三位同学用的方法都很好。其中第三位同学是通过列不等式求解的,虽然解不等式还没学,但他很聪明,尝试着用代数字的方法同样找到了正确答案,不过这种"试代数字"的方法毕竟有点麻烦,等我们学习了"解一元一次不等式"以后就方便求解了,有兴趣的同学可以先去自学。

【评析】本题是一道对话式的不等式型应用题,是近几年中考的热点,但难度不大而且是学生感兴趣的事例,既有利于让学生提前熟悉中考题型,培养学生的数学建模能力,又有利于激发学生的学习热情。其中第2题不仅有利于培养学生的发散性思维,还很好地把数学和德育结合起来,对学生进行了一次成功的思想教育;第4题可以用三种方法求解,有效地培养了学生一题多解、寻求最优化解法的学习习惯;其中第三种方法中用"试代数字"求不等式解的麻烦让学生意识到学习"解一元一次不等式"的必要性,激发了学生学习"解一元一次不等式"的欲望,为后继学习做了很好的铺垫。本题使这节课达到了高潮,学生的知识和能力在探究、交流中进一步得到了深化。

教学片段5. 自我评价,感悟新知

师:(投影)在这节课的学习中,你学到了什么?你还有什么感到困惑的吗?你对自己的表现满意吗?

【评析】通过学生之间自主地讨论、交流、反思,对所学的内容做全面的总结,不仅培养了学生的数学语言表达能力和对知识进行自我整理、反思的学习习惯,而且体现了"评价目标多元、评价方法多样"的理念,并能"帮助学生认识自我,建立信心",充分体现了"学生是课堂的主人"的新课程理念。

同伴互助

尹国萍:预设才能

课堂是一个充满活力的生命整体,处处蕴含着矛盾,其中生成与预设之间的平衡与突破,是一个永恒的主题。预设体现对文本的尊重,生成体现对学生的尊重。

我从三方面观察:预设目标、预设过程与方法、策略和预设结果。

1. 预设目标:包括知识目标、能力目标、情感目标。

知识目标:本节课从生活中遇到的不等关系,引出不等号,然后归纳出不等式概念,再用辨析题巩固新知,达到了预设效果。但预设 $8 > 9$ 不等式时,希望学生提出异议,但学生没有提出,没有生成。

能力目标:预设了学生感知列不等式到例题中列不等式,然后用数轴表示不等式来突出重点,用数轴表示不等式是难点。林老师归纳找关键词,第一类和第二类不等式关系,归纳口诀,从学生反馈来看,学生达成度较好。但有一个学生把"一个正数a的算术平方根是非负数"写成 $+\sqrt{a+1}$,林老师对这个生成解决的太仓促,可以问问学生这么写的意思,然后引导正数a怎么表示。对难点,林老师用了合作学习,然后讲解、归纳,学生通过说一说、画一画,从数到形、从形到数,较好的突破了难点。但合作学习,没有很好的展开。

情感目标:从生活中的不等关系引出不等式,让学生体会数学源于生活,领悟数学价值。

2. 预设过程与方法:

在拓展第 3 题,让学生体会了利用数轴解决问题的直观性和优越性。整节课,学生学的比较轻松,体会到了成功感。

3. 预设结果

整节课较好完成了预设,同时渗透数学结合思想、分类思想、从特殊到一般的归纳法。

曾宪学:认知才能

我是从教师认知才能这个维度来观察林老师这堂课。我观察的工具是 SOLO 分类法。SOLO 意指可观察的学习结果的结构,是由澳大利亚教育心理学家比格斯(Biggs)于 1982 年首创的一种学生学业水平分类法。SOLO 分类理论基于学生对某一具体问题反应的分析,对学生解决问题所达到的思维水平进行了由低到高的五个基本结构层次的等级划分。

水平层次	特点
前结构层次 (Prestructural level,P)	完全错误或者不相关的答案。学生不具备与所要解决的问题相关的知识,没有真正理解问题;或者与所问的问题完全不相关;或者使用了与问题要求相比过于简单的方式回答问题。
单一结构层次 (Uni–structural level,U)	只使用了所给问题的某一个相关信息。学生只抓住或者使用了回答问题的某一方面信息,然后就直接跳回了问题;或者仅仅是靠记忆进行回答,而没有真正理解。
多元结构层次 (Multi–structural level,M)	连续使用所给问题的多个相关信息。学生抓住或者使用了回答问题所需的所有方面或其中几个方面的信息,甚至能够在其中建立起两两之间的联系,但是对于这些信息的使用仍然是孤立的,没有形成所有方面的有机联系。

水平层次	特点
关联结构层次 （Relational level，R）	综合所给问题的全部相关信息，形成唯一的结论。学生能够抓住并使用回答问题所需的全部信息，并进行综合和概括，形成统一的整体。这个水平就是一般意义上的对问题的充分地理解，能回答或解决较为复杂的具体问题。但是这个水平的学生在回答问题时使用的信息仍是与问题直接相关的，不会使用没有直接涉及、但又与问题本身有联系的其他信息，不会将问题置于更一般的、更广阔的情境中或者对问题提出质疑。
拓展抽象层次 （Extended Abstract level，EA）	综合使用各种相互影响的信息，以形成对问题的反应。学生能够在关联的基础上，联系与问题相关的所有影响因素（包括问题中没有直接提到，但是有影响因素），将问题置于更广阔的情境中，对问题进行全面思考以及更高水平的概括和归纳。这个水平的反应最终可能形成一个一般的假设、开放性的答案或者一个新的主题。这一层次的学生表现出更强的钻研和创造意识。但是，并不是每个人在每个领域上都可以达到抽象拓展水平。

举例来看，如图：用火柴从左往右摆成框形图案，四根摆一个框，七根摆两个，等等。按照 SOLO 理论，各结构层次的学生能够回答的问题是：

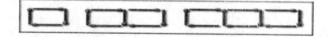

（1）多少根火柴能摆三个框？（单一结构）

单一结构的反应只需运用一种策略，看看题图的相关部分，数一数火柴的根数即可。

（2）摆五个框比摆三个框多用多少根火柴？（多元结构）

多元结构的反应需要学生做三件事：计算摆 5 个框需要多少根火柴，再数一数摆 3 个框需要多少火柴，最后计算两者的差，所有这些计算都需要对问题的基本理解，但不必理解问题的整体。

（3）用 31 根火柴能摆多少个框？（关联结构）

关联结构反应的学生必须理解到：摆第一个框需 4 根火柴，但以后每摆一个框就要利用前框中的一根火柴，所以每加一框只需用 3 根。这样，可以取 31 根火柴中的 4 根摆成第一个框，剩余部分用 3 去除，得到 9，所以最终答案是 10。

（4）如果摆成了 n 个框，则用去了多少根火柴？（扩展抽象结构）

扩展抽象反应则避开具体数字,直接归纳出所有的情形:$3(n-1)+4$即$3n+1$。

观察学生认知水平的SOLO单

课题:3.1 认识不等式

学校:仁和　　　　班级:807　　　　观察的学生数:6人

任课教师:林斌　　　观察者:曾宪学　　　观察日期:2013.10.16

问题载体:合作探究(1)$x_1=1$,$x_2=2$,请在数轴上表示出x_1,x_2的位置;(2)$x<1$表示怎样的数的全体? 如何用数轴表示?

SOLO 水平	关联结构及以上解答		多元结构及以上解答		单一结构或前结构及以上解答	
典型回答						
人数比例	4	66.7%	5	83.3%	6	100%

| 分析 | 对于初学者,第(1)小题属单一结构水平;第(2)小题属于关联结构水平。
　　教学中林老师着重通过合作探究,引导学生如何在数轴上表示不等式,及应注意的地方,将问题的解决提升为一种方法,然后让学生课堂练习进行及时反馈,强化知识点,突出了教学重点。数轴是研究数和数量关系的重要工作,不等式在数轴上的表示更是解不等式组的重要基础,也是本节课的难点。如何突破教学难点,是本节课成功的关键。根据学生的认知结构和思维方式,林老师设计:先让学生回顾数轴及实数1、2在数轴上的表示——属于单一结构水平,学生应该很容易就能在数轴找到一个相应的点进行对应,由观察结果可知:被观察的6位学生全对,全班学生都处于单一结构水平。
　　对于第2小题,林老师先让学生尝试不等式$x<1$在数轴上的表示,让学生产生了知识上的冲突和探索的欲望。由观察结果可知:被观察的6位学生5位做对了,从而估计全班有80%的学生处于比较高级的认知水平,他们对这个问题的理解非常充分。
　　林老师再引导学生跟$x=1$在数轴上的表示进行比较,让学生逐步感受$x<1$在数轴的表示是点汇集成一条线的过程,从而突破了教学难点,从学生后面练习三个不等式在数轴上表示的自我探索的结果来看,学生的正确率100%,可见,这一设计是符合学生的认知方式的。最后例2不等式的应用,学生做起来并不困难,重要的是教师通过问题的解决向学生渗透一种数形结合的数学思想。
　　可见,林老师对这个环节的处理,是建立在学生的认知水平上,让学生学到了新知,学生的认知水平得到了发展。现在,如果对学生进行后测,对于用数轴表示不等式这个问题,学生的思维水平到了关联水平以上。同时,也说明了林老师的这个环节教学设计合理且有效。 |
|---|---|

SOLO分类认知理论认为,学生的学习认知过程是由单一、多元水平走向关联、拓展水平的发展过程。因此我们数学组达成共识,并形成以下教学设计模式:

教学流程图:

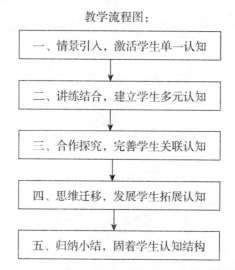

这是我们数学组的尝试,今后的教学设计应"学为中心,以学定教",在理论层次上还需拓宽视野,在教学实践上向深处挖,力求从根本上更好地解决学生学习中的普遍性问题。

朱培培:操作才能

教师操作才能主要从三个方面来评价:一是组织才能;二是调控才能;三是评价才能。

首先,从教师组织才能方面来说:

1. 教师对教材的组织才能,即教师是怎么处理教材的,怎么把教材变成课堂教学。

本节课的教学目标中要求"根据具体问题中的大小关系了解不等号、不等式的意义。"林老师通过姚明的身高以及一些来自实际生活的情景直接让学生用不等式来表示,再观察式子的特征,引入了不等式的概念以及意义,很好地落实了这一教学目标,同时培养学生的数学情感,让学生学习生活中的数学,做到让数学生活化,使学生从生活开始、在生活中进行概念强化。

引入概念之后,林老师通过例题、练习题来落实"会根据给定条件列不等式"的教学目标。整个过程体现了以生为本、学为中心的思想理念。先让学生练习,再让学生讲解并投影展示,最后才是自己点评、总结归纳。并且在讲解"根据数量关系列不等式"时,林老师用红色方框标出了关键词,渗透了学习数学的方法。

接下来通过合作探究的例题来引出"如何在数轴上表示出不等式",最后通过一系列的练习基本上达成了"会用数轴表示'$x \geq a$''$b < x < a$'这类简单不等式"

的教学目标。总的来说,林老师基本具备处理教材的能力。

2. 课堂管理方面的组织能力:课堂是我们学习的主要场所,是师生互动交流的重要场所。随着新课改的推行,课堂管理就显得越发重要。林老师通过设置探究活动,营造了一个平等、民主、开放自由的课堂环境,使课堂教学紧张有序地进行。课堂上,学生的学习方式多样,有生本、生生、师生合作;学生发言形式多样,有举手发言、上台板书、作业展示等,真正把课堂还给了学生。

二是调控能力:林老师事先对自己的教学活动进行了非常完备的计划,包括明确教学目标、教学环节等。在课堂上,林老师善于调节气氛,把握好了教师讲解和学生自主学习的时间,有较好的调控能力。遇到学生回答不上来时,慢慢引导;在叫学生回答问题时,也不只是关注某几位学生。通过调控,使教学流程紧凑有序、张弛有度、充满情趣。当然,也有些微瑕疵,如在例 2 的处理上比较仓促。但瑕不掩瑜,从整堂课来看时间把控还是比较到位的。

三是教师的评价才能。本节课教学评价主要是教师的口头评价,基本都是"好"、"好的"、"非常好"、"很好",评价语言比较单一、笼统。我们老师在评价学生时应该给出具体评价,如:好在哪里? 怎么好? 为什么好? 或者说他错在哪里?

吴应琴:教师专业素养

教师的专业素养归纳起来为德、识、才、学、体五个字。"德"是指教师的品德和个性心理素质;"识"是指教师的见识、胆识、识别能力和谋略;"才"是指教师的教育教学经验、教育教学能力和教育教学艺术;"学"是指教师的学问、业务知识和知识结构;"体"是指教师的身体健康状况。下面我结合这堂课从这五个方面进行点评:

一、德

1. 林老师上课沉着冷静、娓娓道来;

2. 林老师关注学生的进步,关注学生的心理感受。当学生回答出 $2a < a$ 的两种情况时,他鼓励学生给以掌声祝贺,让学生获得成功的体验。

二、识

1. 教师有较强的组织能力:本节课教学环节组织严密,如:(1)让学生感受不等式概念的发生过程,引出概念;(2)辨析不等式;(3)能根据数学语境列出不等式,强化抓关键词语;(4)能用数轴表示不等式(这个是难点,用了一半课堂时间,特别是从数抽象到字母);(5)用所学的知识解决实际问题;(6)课堂拓展;(7)课堂小结;(8)作业布置。这样的设计,条理清晰,又能遵循学生的认知规律。

2. 设计的教学活动很丰富,如:有教师讲解、学生练习、师生交流、生生交流、生答师写等。不过,学生的气氛没有调动起来。我觉得可把关于不等式的辨析题改成口答或抢答,可能气氛要好一点;若把列出不等式或画数轴表示不等式,改成学生板演,可能会发现未知的错误,可以把出现的错误当成错析教学。

三、才

1. 教师的课件做得很好。特别是把不等式用数轴表示时,什么时候用空心圆,什么时候用实心圆,很明确;数轴上的点既有整数,又有分数,其实是有理数和无理数的一个集合,让学生形象直观的在数轴上感受到数的集合。

2. 教学中教师讲解分析到位。

(1)在关键词中,学生对"至少""至多"这类词,觉得较难,教师运用语文学科知识帮助学生理解;

(2)在"练一练和提一提"中,教师在渗入分类思想、数形结合思想时,非常适时、贴切、自然、不生硬。不过,例2(2)也可很好的体现数形结合思想,这时可见机渗入。

3. 教师在教学中严谨治学。

在画数轴表示不等式时,教师尺规作图很标准,因此学生在做练习时也非常注意尺规作图。所以,从小处着眼,教师的这种举动是关注细节;大处着眼,这是学习规范的教育。

4. 教学时间安排合理。本课重点是认识不等式、列出不等式,由于学生已有小学知识储备,所以教师用时18分钟,很恰当。剩余的22分钟,教师则用于突破难点。

5. 讲练结合,精讲多练。每一环节都有讲有练,整堂课单独练习的时间就有16分钟。

四、学

课堂上,要求我们教师的教学用语要严谨、科学,而且上课时做到眼到、口到、心到。在教学中,当学生说到 $2a < -a^2$ 时,学生把 $-a^2$ 读作负 a^2,教师应该及时纠正为 a^2 的相反数。

五、体

林老师身强体壮、阳光,有朝气。

严浩:教师效能

大家好,我是八年级数学备课组组长严浩,我们备课组将从教师效能这一维度对林斌老师的课堂教学进行评价。

我认为教师效能是指教师在课堂教学中的教学效应、教学效率和教学效果。

所谓教学效应,即我们通常提到蝴蝶效应、青蛙现象、鳄鱼法则、鲇鱼效应、羊群效应、刺猬法则、手表定律、破窗理论、二八定律、木桶理论、马太效应、鸟笼逻辑、责任分散效应、帕金森定律、晕轮效应、霍桑效应、习得性无助实验、证人的记忆、罗森塔尔效应、虚假同感偏差等。为了更好地量化课堂教学,我们备课组从师生对话、生生对话和生本对话的次数对课堂教学效应进行评价。林老师的课堂教学中,全班提问 17 次,师生问答 29 次,教师自问自答 4 次,生生互动 1 次,生本对话1 次(个别现象)。根据这些数据,我们认为林老师在这节课的教学中教学手段比较单一,教师讲得多,不敢放手让学生做。如:在例 2(1)的教学中,林老师说:"$12 \leqslant x \leqslant 20$ 在数轴上表示应该是这样的",接着教师课件展示答案。我们建议这里还是要让学生自主完成。

效率(efficiency)是指有用功率对驱动功率的比值,同时也引申出了多种含义。效率在字典中的解释是单位时间完成的工作量。所谓教学效率是指有效教学时间与实际教学时间之比。比值越大,课堂教学效率就越高,反之亦然。林老师的课堂教学中,共解题 36 题,其中基础题 28 题、拓展题 8 题,分配勉强合理,但考虑到这节课是在 807 班开设的,面向的是数学成绩较优秀的学生,应该加大拓展题的比重。在时间分配上,林老师前后用 27 分钟建立新知并巩固,用 4 分钟让学生对在数轴上表示不等式这一知识点进行探究,难点突破花了 7 分钟,所以林老师在时间分配上较合理,效率较高。

我们备课组从教学的三维目标对林老师的教学效果进行评价。从知识目标的达成情况来看,列不等式的新知建立时,我观察了 12 位学生的完成情况,8 人全对,3 人均错 1 题,1 人错 3 题;通过教学,在后面的巩固练习中,12 位学生中 7 人全对,5 人错 1 题。对比列不等式的新知建立和巩固练习中学生的表现,学生进步明显。在课堂教学的拓展环节,12 位学生,11 人 5 题全对,1 人错 2 题。所以综合来看,知识目标的达成度是非常高的。从过程目标的达成来看,教师经常归纳解题技巧与注意事项,为学生后面的解题提供思路。从情感目标的达成来看,林老师注重数学思想方法的渗透,教学语言非常到位。在学生回答正确后,林老师根据题目的难易,表扬学生"很好""非常好"等。当然我们备课组建议林老师在合作探究环节应多花点时间,让学生探究更深入。

以上就是我们备课组从教师效能维度评价林斌老师的课堂教学,谢谢大家给予斧正。

高建成:教师专业职责

教师职责主要是指教师应当承担的责任、完成的任务及其达到的目标和标准;教师素质主要是指教师应当努力履行的各种职责、完成各项任务,最终具备学校整体工作目标所应具备的思想品格、专业知识、业务能力、文化知识水平以及心理品质等;教育效能主要包括工作效果诊断标准和育人效率诊断标准两类指标体系。这三大要素是相互联系、相互作用、相互制约的,其中教师素质标准体现了从一个合格教师向优秀教师发展过程中不同时期、不同阶段的基本素质要求,对于创新教学的开展及教学方案的选取和确定起决定性作用;教师职责标准,反映在创新教学活动中不同时期、不同环节的职能和责任要求,对促进教师采取有效措施培养人才的职责有着优化作用;教师效能标准,反映教师按照学校指挥系统、执行系统、反馈系统、监督保证系统运转效果和效率的要求,对专业化发展有着极其重要的作用。

对于教师职责,唐代韩愈早有论述"传道、授业、解惑",这其实是一种大教育,针对的是社会、社区、家庭及学校等,是一种广义上的教师职责。狭义上的教师职责根据时代不同往往又有不同的含义,如上世纪七八十年代,社会上有一个口号"学好数理化,走遍天下都不怕",这时教师职责就定位在教好数理化。随着时代的推移,人们发现这样培养的学生缺乏人文关怀、缺少同情心、偏执而难以融入团队,总之,就是学生的综合素质不高。

于是,20世纪90年代,教育家提出了素质教育,这时教师职责就是对学生进行全面的素质教育。由于教师对素质教育理解肤浅,往往把美术、音乐、舞蹈、运动等作为课堂的必需,导致"课上热热闹闹,课后啥都不知道"的假素质。

到了二十一世纪,教育回归到了本质,教师的职责就是帮助学生有效地达成"三维目标",即知识与能力、过程与方法、情感态度价值观。

今天,我将从三维目标的角度来阐述林斌老师这堂课在教师专业职责上的得与失。

首先,从知识与能力目标上看,这节课很好地让学生认识了不等式,会将数学文字顺利地变换成不等号,快速地列出了不等式,画出了数轴,同时,还能用不等式解决生产、生活中的简单问题,预设目标有效地达成。

其次,从过程和方法目标上看,学生经历了"生活——问题——理解——抽象——不等式"等数学化的过程,也经历了"不等式——数轴——解释——应用"等生活化的过程。在这个过程中,课堂上有效渗透了分类讨论思想、数形结合思想、归纳概括思想、转化与化归思想、特殊到一般思想等,培养了学生的符号感,即不等号。

最后,从情感态度价值观上看,学生的数学思想产生了又一次革命,即由以前的等式过渡到了不等式。通过小组合作,培养了学生合作探究、数学交流意识;通过用不等式解决实际问题,培养了学生的数学应用意识和数学兴趣,再一次让学生感受到了数学的价值。

但本节课也有两个地方不足:

一是教师的评价单一而乏味,整堂课都是"好""很好",这显然达不到对学生的激励和反馈作用。从问题创设的合理性来看,这节课,问题创设的基础被抛弃,层进太给力,综合很混乱,开放成纠结。的确,这节课设计的问题很多,而恰恰这多达37个的问题,导致课堂成了单向和单调的问与答,学生的能力和思维就像一只趴在玻璃上的苍蝇,前途光明一片,出路没有。德国教育学家第斯多惠说过:"教学的艺术不在于传授本领,而在于激励、唤醒和鼓舞。"因此,为了达到以上效果,建议林斌老师多用一些有针对性、实效性的评语,如"你的思维很严密""你的方法很独特""你解法很精彩""你的答案很创意"等等,这些赏识和认同性的评语会让学生感到满足与自信。

二、从学生活动和参与度来看,小组合作流于形式。两三分钟的小组合作只是一种形式和点缀,看似全员参与,但只有小组,没有合作,小组内部既无分工也无合作、更无争辩,实际上是优生"一统天下",差生"袖手旁观",没有对问题生成深层次的理解。问题式教学的教学过程应是以学生自主探究学习为主,自学思疑、横向疑议,始终围绕着一定的学习内容,自主而自觉展开的有效自学、小组讨论、合作探究。而这节课,学生的一切活动都是在被要求被自愿被操控下进行的,老师一声更比一声急的"完成了吗?""看完了吗?""可以了吗?"的话语不绝于耳,师者威严,顺从的孩子们纷纷举起了无奈的手臂,从而造就了这貌似高参与度的所谓的快乐课堂。苏联教育家苏霍姆林斯基说:"在人的心灵深处,有一个根深蒂固的需要,希望自己是一个发现者、研究者、探索者。"因此我对小组合作的理解是让学生做数学,真正让学生成为数学的发现者、研究者与探索者,从而体验到学数学的乐趣。因此,建议林老师在小组合作探究中要大胆地放开。

最后,我想说的是数学教育真正的目标不是成就大批考试成绩优秀的人,而是发展学生的数学素养,即"能看清和理解数学本质上一个个模式,能在生活中提炼出模式,并用模式解决问题"。什么是教育? 就是"当学生离开了校园,什么都忘记了的时候,最后剩下的东西"。对于数学,我认为学生剩下的东西应该是数学的理性、数学的美,这就是我们数学教师职责的终极目标。

专家点评

柴玉宏（初中数学特级教师、杭州市十三中教育集团副总校长）：

仁和中学数学教研活动很有特色，根据专业发展的六个维度来评课，教师评课既有重点，又互不干涉，并且又互相联系。

本节课是第三章的第一节，虽然看似简单，但却不易，可以说是最不好上的一节课。为什么这么说呢？认识不等式很简单，但是难在哪里？难在等式到不等式的转化，学生思想理念的转化是最难的。知识教育是非常简单的，但是转化是比较难的。其实这个也是初中数学的一次革命，在思想认识上的一次革命。比如说初一从原来的正数、分数，一下引入负数，看似简单，但它确实是一场革命。再比如说在有理数中一下引入无理数，它绝对也是一次革命。也就是说，等式到不等式的过渡，引入不等式这个过程的体验是这节课的难点，也可以说是一个重点。所以说这节课不好上。

林老师的课第一个特点是情境融入概念，姚明的图片能激发学生的兴趣，通过比身高来引入，这个情境来自实际生活，学生也是比较喜欢的。同时林老师还给出了 5 个书本上的例题。通过呈现生活中的一些不等式的简单应用，直接让学生用不等式表示。因为不等式的一些符号，在小学里已经学过，学生已经有初步的认识。然后通过引入得出一些简单的不等式以后，就开始引出不等式的概念。第一个环节情景引入，联系实际生活，和学生的实际来进行概念的引入，这个处理非常好。

第二个特点是引入概念以后有一个判断题，我们一般叫辨析概念。辨析概念经常是判断题的形式。因为概念尽管实际生活里有，但它还是数学化的定义，但是怎样来辨析概念？通过反例来辨析概念，强化概念。这道题就很好地进行了体现。一个是等式，一个是代数式，还出现了 $8 > 9$，特别是 $8 > 9$ 这个问题更有利于学生理解概念。它确实是不等式，却是不成立的不等式。从概念上理解绝对是不等式，因为不等式的定义是用不等符号连接起来的式子。因此，它肯定是不等式，但是是一个矛盾、不成立的不等式。如果写成 $3 > 2$，这种不等式叫恒成立不等式。凡是带着字母的不等式，才是咱们真正要学的不等式，叫条件不等式，是能求解的不等式。这个问题说明这个概念辨析能用反例来强化概念，这是数学中讲述概念的一个很有效的方法。正反两个方面，都能把概念进行强化。或者还能联系上其他一些知识点：等式、方程、代数式。能把这些知识点也放在一起进行比较，所以说用反例来强化概念是一个很好的方式。

第三个特点也是最主要的一个特点,数学中渗透数学思想方法。第一是转化思想,三种语言转化:文字语言,如大于小于;符号语言,如不等式不等号;图形语言,如数轴。这节课把这三种语言有机地结合起来。还有一种思想是由特殊到一般思想。如探究合作的题里面,先确定 $x_1=1,x_2=2$ 是一个点,在数轴上表示实数是一个点。后来就变成了一个不等式了,再后来就变成字母了。这是从特殊到一般的数学思想。第三种是符号感,在数学思想方法里边有一种意识叫符号意识。这节课林老师体现的数学思想方法非常到位,也比较明显。

另外有一题很好地体现了数形结合,先用数轴来表示不等式,反过来,给出不等式再在数轴上画。一反一正体现了数形结合,形数结合。整堂课林老师的数学思想方法很到位。

从整个教学设计来看,通过情景创设,引入不等式的概念,然后强化概念,课堂练习,列不等式表示,数轴上表示,突破难点,还有例2实际应用,最后拓展提高。整个过程由浅入深,符合学生的实际。有重点有难点,设计非常合理。融入了新课改的理念,先让学生练习,再让学生做,再投影展示,体现了以生为本,学为中心,也体现了数学上的"少讲多练"思想。

尽管体现了新课改的理念,但是也存在不少问题。最典型的合作探究,其实没合作,时间也不够,目标也不明确。学生可能低声在交流,但是这种合作交流的效果在时间程度上还是不大的,也就是充分让学生讨论交流合作探究的氛围没有形成,所以整堂课听起来比较沉闷。原因是没有真正合作起来,没有探究起来。还有例2,这是个应用难题。其实可以先让学生交流一下,然后再提问,最后老师点评。林老师直接PPT打出来了,估计有的学生不一定清楚,尽管有学生回答,是不是大多数学生学会了,这个确实还是不一定的。这个环节的合作探究还不够大胆。如果合作探究的时间多的话,可能后边来不及讲。其实来不及讲,讲多少算多少,而林老师就是在赶进度。可能是因为省时间,要尽快完成预设的任务,预设太严重了,生成也就没有机会了,所以为了赶教学进度,例2处理得不够好,直接PPT打出来了。这是我注意到的第一个问题。

第二就是在合作探究最关键最难的题上,其实要把不等式 $x<1$ 在数轴上表示,说说很简单,但是讲起来很难。林老师说 $x<1$ 表示一串点,那么问题是为什么要用直角呢?既然不等式在数轴上表示,那一串点画个横线,行不行呢?表示 $x<1$,由个别点到无数点,点就在数轴上,假如有的学生说就用这些点画 $x<1$,行不行?你为什么要向上画?为什么都是在上面画,不是在下面画?为什么画直角,不能画圆或弧线?对,这些问题不是数学上的规定,但一般情况下是这样的。但

是对学生而言,由一个在数轴上表示无数的点到这个符号需要一个体验的过程,给他一个小小的体验过程:怎么来的。体验单向之后,进一步体验双向的。有了这样的体验,就能让学生很自然地过渡到在数轴上表示不等式。

第三点,林老师沉稳大方,文质彬彬,他的语言很清晰,普通话很标准,但课堂没气氛与老师的调动是有关系的,因为林老师太严肃了,自始至终没有一点笑容,没笑过一次。另外一点没有幽默的语言,包括手势,动作可以再优美一点,要是把学生幽起来,把气氛调动起来。他们胆子大了,你也幽默了。另外老师的位置基本是在讲台左右,后边老师坐得比较多,基本上没涉及学生的交流,基本上还是在前面。也就是说讲和练比较,确实是少讲多练。从学生的点评来看,学生讲的和你比较,还是你讲的比较多。

刘堤仿教授(中学数学特级教师、杭州师范大学教师教育研究所教授):

今天给大家展示的是教师专业发展微观评价活动,关于教师专业发展的活动可以怎么去看它?我觉得有3点:

一点就是关于这个活动的平台,实际上我们今天所展示的是教师专业发展的其中一部分环节,不是整个活动。因为整个活动平台包括3个载体来开展这个活动,一个是大的载体即项目制。我们整个余杭区,项目制是一个特点。当然,这个教师专业发展和我们这个项目包括校本培训和集中培训,我们所做的今天这个活动就是校本培训。项目制是这个活动的大载体,而中心的载体是我们教师的群体互动,因为教师的专业成长活动是过程化的,所以这个过程是大量的教师专业发展的互动活动,即包括我们搞的课程开发、课堂教学、教研活动和科研活动。在这一系列的活动中我们所开展的互动,都是教师专业发展活动的中心载体。小的载体就是大家平时开展的讲座、论坛、评价、诊断等等这些具体的活动,都是我们教师专业发展活动的载体。所以这个活动平台通过这样一些载体来实现。其中我们仁和中学所开展的项目是教师专业发展的微观评价。这个方面研究一共是20个字,叫作"专业引领——自主选项——学科套餐——群体互助——滚动发展"。所谓专业引领,就是在教师发展专业标准和专家的引领下面所开展的活动。二是自主选项,我们今天发言的每一个老师都有选项。第三个是在选项下面,学科或学段形成一种套餐。也就是说我们今天所展示的5个方面就相当于我们去吃饭带了5个菜,以此形成这种套餐。中学是以学科,到了小学或者幼儿园可能以学段,开展学科或者学段套餐。第四个是我们今天实际上就是一个群体活动过程。5个维度评课加上我们专家之间的这种讨论、研究、评价,就是群体互动。第五个是滚动发展,就是我们所做的选项,每一年都有新的选项进去,过去做过的这些选项还可以继续去做。这样一年一年做下去,就是一种滚动发展。我们用这样一种模式来操作仁和中学的教师专业发展的微观评价项目。

第二个大的方面就是关于这个活动的内容:活动内容怎么去组织? 我们教师专业发展活动中的内容,就像中小学幼儿园的教学围绕课程标准来展开一样,也是围绕教师专业发展的标准体系去做的,这个标准体系在余杭的校本培训项目制的组建中已有充分体现。教师专业发展的框架,包括教师的专业是什么(教师专业结构层次)、为了什么(履行教师职业角色)、怎样发展(教师发展途径)三个大的方面。而每一个方面又包含三个小的方面。我们仁和中学所开展就是其中的三级选项,如认知才能、预设才能和操作才能,是"专业结构层次"中"专业才能"方面的选项;专业素养、专业职责和专业效能是"专业角色"里的内容。也就是说我们是在教师专业发展标准的框架下面去组织活动内容。不知道外来的老师注意到这点没有? 我们这几个维度的发言,与过去的交流活动和培训活动不同——这就是我们余杭在项目制下面的具体体现,即我们的发言与过去的评课不同:过去是综合性评课,大家听课时由于选项不明确,就像中医看病一样,不能分层诊断,而是笼统概括;而今天这个活动中 6 个选项更微观,更有一种标准体系在支撑。

第三个是活动主体的认识。活动主体有 3 个:一个是作为教师专业发展评价蓝本的授课教师;第二个主体是参与教师,今天发言的 6 位教师就是参与者的代表;第三个是专家,如今天的柴校长。在教师专业发展活动中的 3 个主体,也与过去传统的教研活动不一样。在过去的教研活动中,主体集中在授课教师身上,其他参与教师是旁观者,大家评价的也是授课者。但是今天的教师专业发展微观评价活动评价授课者只是其中一个方面,授课者的教学只是活动的一个载体或蓝本,课程开发与其他的教研项目也都可以作为载体或蓝本来评价。所以今天活动的核心或主体应该是 6 个维度的评价是否恰当? 也就是说,我们看教师的专业发展可以放在评价的专业性上面,即通过 6 位教师的发言透视他们的教师专业发展状况——这是一个创新的地方。我们刚开始做的时候这些发言人的压力都比较大,因为我们首先要求发言必须要有理论体系:今天这几位老师都有他自己的理论体系,在相应理论体系指导下做定性和定量分析;第二要有典型案例的研究:在你的选项维度下,这位老师在课堂教学中有哪些比较典型的案例可以进行研究? 所以我们看出这几个发言代表,他们是一个群体,发言代表他们专业发展状况,他们的专业结构、他们的专业角色或他们发展的途径应当说还是体现得比较充分的。第三个主体是专家的参与:柴校长是仁和中学引进的数学特级教师,两年多来,他参与我们这个活动不下 10 次,所以柴校长在评课中也逐渐地适应了我们仁和中学专业发展的这些选项,他很注重六个维度中一些观察点的评价,包括对前面两个载体的评价。因此专家在这里起到了引领作用。

我作为这个项目的具体负责人,全程参与各项活动。如果我们前面不做长期的探究和学习,这些老师的发言是讲不出这种水平的。所以前面我们给他们指导以后,他们都进行了充分的学习,包括理论学习,包括相互之间的交流,包括他们自己的反思,所以我们就从这些方面来看教师专业发展。我想仁和中学教师专业发展,特别是在这些选项上面,如果他们今后走出去,到其他地方听评课,他们的这种评价已经远远超过现在很多市区教研员的水平。这种活动继续要在这个地方推行,也是能够使我们这种活动在区域性校本培训项目制余杭模式的基础上,更进一步在中小学教师专业发展中具体化、深入化,进而生根发芽。因为近十年来我跟踪了余杭区整个中小学的教师专业发展的过程,从区域性的到过程性的案例研究,应当说我们整个余杭区教师专业发展活动是走在全国前列的,特别是项目制在全国推广。我想给在座的外校负责校本培训的老师一个建议:今后你们要做这种展示活动,不一定要整节课整节课的去听,可以听部分课的片段,或者利用视频,让老师针对这个视频进行分析,这样就节省我们听课的时间。因为我们这个教师专业发展活动不同于以往的教研活动,它不是做个别教师的活动,而是教师群体的活动。所以我建议展示时尽量把听课的时间缩短一点,因为这个活动中听课的老师可能不是这个专业的,你让他坐在那里听一节课或两节课,可以说非常耽误时间。所以在做校本培训的时候,有些环节可以简化,将教师专业发展活动的核心环节展示给别人;而平时的理论培训,可以一个选项搞一次讲座或者交流、论坛。

教学反思

"授人以鱼"不如"授人以渔",数学学科的教学重在引导学生积极参与教学过程,走自主学习、交流合作、勤于探究之路。综观本节课,采用"提出问题,引入新知——师生互动,学习新知——典例示范,应用新知——深入探究,拓展新知——自我评价,感悟新知"五个环节展开教学,整个过程层层递进,设计合理,气氛活跃,跌宕起伏,处处洋溢着新课程理念的气息。下面就这节课的特点做如下评析:

1. 生活气息的课堂

本课紧扣"生活"二字,从问题情境、基本例题到拓展应用,都是以学生熟知的、感兴趣的生活问题为背景,充满生活气息,让学生亲历解决问题的同时,感受到数学就在我们身边,数学在生活中有很大的作用和魅力,人人都离不开数学,因此人人都学有价值的数学。

2. 探究交流的课堂

《数学课程标准》指出:"有效的数学学习活动不能单纯依赖模仿和记忆,动手实践、自主探究与合作交流是学生学习数学的重要方式。"本课始终以"提出问题、自主探究、师生交流"为主线,以"解决问题、掌握知识、提高能力"为目的,给学生营造了一个宽松开放的探究空间,有效培养了学生自主探究的精神、独立思考的能力、合作交流的意识。

3. 有度实效的课堂

数学课堂需要潜心思考,精炼于心、处理有度,正如郑毓信教授所说:我们需要找到新课程改革与传统数学教育之间的平衡点。本堂课在教材的处理上灵活有度,在设问的技巧和例习题的难易上把握有度,在知识点的讲解上详略有度,在对学生的教学方法上扶放有度,在学习和练习的时间上安排有度。由于处理有度,本节课的讲解清晰、自然,教学目标明确,重点难点突破,学生的知识得以拓展,能力得以提高,课堂教学极具实效性。

4. 渗透思想的课堂

《数学课程标准》指出:数学学习的总体目标之一是"获得适应未来社会生活和进一步发展所必需的重要数学知识以及基本的数学思想方法和必要的应用技能","学生通过数学学习,形成一定的数学思想方法,应该是数学课程的一个重要目的"。因此,在数学教学中,数学思想方法应与学科知识融为一体、相互渗透,才能更好地提高学生的数学能力,形成良好的数学素养。本节课着重于学生的终身发展,有效、自然地渗透了数学中的"类比""从特殊到一般""不等式的传递性""数学建模""一题多解"等数学思想,还不失时机地对学生进行了思想道德教育。

5. 师生和谐的课堂

古人云:"亲其师则信其道"。教师在课堂上只有充分尊重学生,学生才会积极思维,踊跃发言,质疑问难,才会真正有效地参与学习,课堂的效益才会提高。本节课充满了民主和谐的对话氛围,教师教态自然、语言亲切,给学生以鼓励、自信、亲近,尊重学生在解决问题过程中所表现出的不同水平,虽然有很多老师听课,但学生没有紧张或恐惧的心理,而是轻松、快乐地学习,学生的潜能得到了发挥,能力得到了锻炼,个性得到了张扬。

03 英语:Unit 6 I'm going to study computer science. ①

授课教师:贾伊能   授课时间:2016 年 11 月 1 日

教学设计

Unit 6 I'm going to study computer science. Period 1		
Teaching objectives	Knowledge objectives	By the end of the class Ss will be able to master some new words such as "engineer, cook, doctor, violinist" and so on. They will be able to use the expression "I'm going to..." to express their willingness and resolution of their future jobs.
	Ability objectives	Ss will be able to improve their ability of listening and speaking by listening comprehension and discussing their dream jobs. Ss will be able to improve their ability of cooperation by working in pairs and groups to complete the tasks.
	Emotional objectives	Ss will be able to know that they should try their best to achieve their dreams no matter how difficult they are.
Teaching key points		1. — What do you want to do when you grow up? I want to be... 2. — How are you going to do that? I'm going to...

----

① 教材来自人教版《英语》(2013 版) 八年级上册第 41 页。

续表

Teaching difficult points	The methods they're going to adopt to make their dreams come true.

Teaching procedures	Purpose
Step 1:Warming – up Ss watch the trailer of the game Tropico 5 (a simulative city building game). T introduces Able's dream and asks Ss to help her to achieve it.	Ss can get interested in the class as the background is set in a game.

Step 2:Presentation

Activity 1:Worker Selection

Ss think of the profession in different buildings while they are helping to build the city. The clue comes from people's needs (reference to Maslow's hierarchy of needs).

Ss think about the ways

of being different characters at the same time by using the expression "I'm going to. . ."

1. food,water ⟶ restaurant ⟶cook

If Able wants to be a cook,she is going to <u>learn cooking</u>.

2. Ss choose the correct one from several buildings.

health ⟶hospital ⟶doctor

If Able wants to be a doctor,she is going to <u>learn medical science</u>.

safety ⟶police office ⟶policeman/policewoman

If Able wants to be a policewoman, she is going to <u>exercise every day</u>.

3. education ⟶school ⟶teacher

T:If you are going to be a teacher, what subject do you want to teach?

S:If I'm going to be a teacher I want to teach _____.

4. car ⟶driver

plane ⟶pilot

Ss select the best pilot among three students. From the most suitable one they know that a good pilot should have good eye – sight and is the strongest.

If I want to be a pilot,I'm going to <u>do eye exercise,play sports every day and learn how to drive a plane</u>.

Purpose (right column, continued):

Ss can think of the certain jobs in various buildings according to people's needs, which also helps them to learn the new words in this period.

Ss can practice using the key point-the expression "I'm going to. . . " and they can also know some methods for different jobs.

Ss could know more methods for different kinds of jobs. They can also know that the verbs "take", "study/learn", and "practice" are frequently used when expressing the ways.

5. art ——→theater ——→pianist, violinist, actor/actress

Ss select the suitable ones to work in Able's theater by listening to their self – recommendation.

T:If she wants to work well, what is she going to do?

She is going to <u>practice playing the piano/violin every day</u>.

Activity 2:Listening comprehension

T:We've known the way to be a good pianist and violinist. Then what are you going to do if you want to be an actor or an actress?

Ss listen to the recording of a conversation about actor and fill in the blank.

She is going to <u>take acting lessons</u>.

T:What else can we do to be an actor/actress?

S1:Learn from good actors or movies.

S2:Practice acting.

T:Yes, no matter what you are going to do, you should keep on doing it. Because "Practice makes perfect".

T:How about other jobs?

Ss listen to the recording and finish 1b on the textbook.

T:So all of them are not so easy to do. If you have a dream job, you should try your best to practice, study, or take lessons. Because "Rome was not built in one day".

Step 3:Practice Activity 3:Pair work Ss work in pairs and talk about what they want to be in Able's city and how they are going to do that. The new words and some key verbs are given for reference. A:What do you want to be in Able's city? B:I want to be... A:How are you going to do that? B:I'm going to... Activity 4:Group work T:Hangzhou is going to hold the Asian Games in 2022, which is the time you grow up. So what do you want to be by then? Ss discuss about the jobs they can do when they grow up, which is also the time Hangzhou holds the Asian Games. They are supposed to talk about their dream jobs, the reasons, and the ways to achieve them from the angles of methods and personalities. e. g. A wants to be <u>a teacher</u> when she grows up, because <u>she likes children a lot</u>. To make her dream come true, she is going to <u>learn how to teach</u>. Also, she is going to <u>be more patient and hard – working</u>... Ss listen to a clip of the song Flying Without Wings:You have to fight for your every dream. Because who's to know which one you let go would make you completed.	Ss can practice using the new words of different jobs and the expression "I'm going to". Ss can practice the new words and expressions more. And they can present their dream jobs in a more detailed way. Ss can sense the importance of trying their best to achieve their dreams.

Step 5:Homework Ss are supposed to write a passage about their own dream jobs. The reasons, methods, and the personalities they are going to have are required to be included.	Ss can review the new words and expressions in this period.
Blackboard design Unit 6 I'm going to study computer science. engineer math cook cooking doctor I'm going to. . . medical science driver/pilot (learn/study, take, practice) how to drive. . . pianist/violinist play the. . . actor/actress acting lessons computer programmer computer science	Ss can acknowledge the language focus and difficulties in this period clearly.

课堂实录

T:OK, class begins.

S1:Stand up.

T:Good morning, boys and girls.

Ss:Good morning, Miss Jia.

T:Sit down, please.

Ss:Thank you.

T:OK, today I'm going to share a story about a little girl. And her name is Able, OK? And she has a big dream, OK? But? she is just a little girl, she doesn't know how to do it, so she needs your help. OK, first let's have a look at it. OK. What is her dream?

(Ss watch a video.)

T:OK, what did you see in this video? Did you see anything?

S2:Many old buildings.

T:Many buildings, any more? A big. . . ?

Ss:City.

T: Yeah, it's a big city, right? Yes, that's what she wants to do, but how to do that, OK. Here, OK, this is Able and she wants to build a big city on this island. OK. ?

(Tape recording voice: Nice to meet you. I want to build houses. I have built a lot of buildings in the city. Do You know who I am?)

T: Here comes a man. Do you know who he is? He is an ...?

Ss: Engineer.

T: OK, can you spell it?

Ss: E-N-G-I-N-E-E-R.

T: Engineer. (T repeats one more time.)

Ss: Engineer. (Ss repeat one more time.)

T: Very good. What can he do? He can build ...?

Ss: Buildings.

T: Build buildings. Very good. He can help us build so many houses, OK? So first we should know the face what we should build. OK, do you have any ideas? What does Able need to build here, OK? Maybe we can think in this way. What do people need most? Let's try to fill in the blanks. OK. Art, food, water, sleep, education, safety, health. OK, what is the most important? For people.

Ss: Food, water, sleep.

T: Oh, food, water, sleep. Then next?

Ss: Safety, health.

T: Yeah, safety and health. Then?

Ss: Education.

T: Education.

Ss: Art.

T: OK. When we have enough water, food and we are safe and healthy, and we have education now, then maybe sometimes we need to go to some places that are very far away from us. ?

Ss: Cars.

T: OK, we need some cars, planes. And at last, we can finally enjoy ...?

Ss: Art.

T: OK, so let's go in this order. OK. First for food and water, what kind of buildings should we build? For food and water.

Ss:Restaurant.

T:Yes,restaurant. OK,but you know Able is just a little girl,right? OK,can she work here?

Ss:No.

T:Maybe it's very difficult. OK,so who does Able need?

Ss:Cook?

T:Yes,cook. Spell "cook".

Ss:C-O-O-K.

T:C-O-O-K. cook,OK. And do you know if she wants to be a cook,OK,what is she going to do? Do you know what is a cook good at?

Ss:Cooking.

T:Yes,is good at cooking. So she is going to ... ?

Ss:Learn cooking.

T:OK,so a good cook is good at cooking and he also knows how to cook cookies. OK,can you say it very fast?

Ss:A good cook. (T plays the next slide by mistake.)

T:Sorry.

Ss:A good cook cooks good cookies.

T:Faster.

Ss:A good cook cooks good cookies.

T:A good cook cooks good cookies.

Ss:A good cook cooks good cookies.

T:Helen. Helen. (Ask the girl to read.)

Helen:A good cook cooks good cookies.

T:Good. Vivian.

Vivian:A good cook cooks good cookies.

T:OK,you please.

S1:A good cook cooks good cooks. cookies.

T:Cookies,OK. A good cook cooks good cookies.

Ss:A good cook cooks good cookies.

T:OK,do you cook good cookies?

Ss:No.

T:OK, you can learn that, OK. now, any more buildings? Now for safety and health, OK. Now let's see. For health, OK, Able needs to build a ...?

Ss:Hospital.

T:Hospital. And who does she need?

Ss:Doctor.

T:Yes, doctors. Spell it.

Ss:D – O – C – T – O – R.

T:OK, now doctors, now if she wants to be a doctor, what is she going to do?

Ss:Learn ...

T:OK, learn, yes, learn something. What? OK, maybe these words can help you. How to read?

Ss:Medical.

T:Medical ?

Ss:Science.

T:She is going to ...?

Ss:Learn medical science.

T: Yes. she is going to learn medical science. Very good. OK. Next one, for safety. Owen.

If we want to be safe, that means we are out of danger. It's not dangerous. What do we need to build?

Owen:Need to build a ...

T:Build a ...? OK do you know? (turn to another boy)

S3:Able needs to build a police office.

T:A police office and who does she need?

S3:Hum...

T:She needs a ...?

S3:A computer programmer.

T:A computer programmer in a police office? OK. Who does she need?

Ss:Policemen.

T:Policemen, maybe some policewomen, right? OK, thank you, both of you. Thank you. OK, she needs policemen, yes. And now if she wants to be a policewomen, OK, what is she going to do? You know policemen are usually very ...?

Ss:Strong.

T:Strong,so she is going to ... ?

Ss:Exercise.

T:Exercise. Once a year?

Ss:Every day.

T:Every day. OK,she is going to exercise every day. Then now.

(Tape recording voice:What are you going to build now?)

T:What are you going to build now?

Ss:School.

T:Yes,school. For education,we need to build a school. And we are at school every day,right?

Ss:Yes.

T:And who do you think are very important at school?

Ss:Teacher.

T:Teachers,OK. Now you have a chance. OK,if you are going to be a teacher, what subject do you want to teach? OK,can you just tell me,Dylan?

Dylan:If I'm going to be a teacher,I want to teach English.

T:Wow,really? Thank you. How about you?

S4:If I'm going to be a teacher,I want to teach math.

T:Math,OK,thank you. How about Emily?

Emily:If I'm going to be a teacher,I want to teach Chinese.

T:Chinese. Robinson.

Robinson:If I'm going to be a teacher,I want to teach science.

T:Because you are very good at it. OK,we all know that. Thank you. How about Jerry?

Jerry:If I'm going to be a teacher,I want to teach science.

T:Science,too. Thank you. So ,hum,if you are a teacher,OK,every day you need to go to school,right? OK,then how do you go to school? By ... ?

Ss:Car.

T:By car. Maybe by car,OK. In Able's city,she also needs some cars or planes, right? And who can drive cars or planes? For cars,who can drive cars?

Ss:Driver.

T：Oh，driver. Spell "driver".

Ss：D – R – I – V – E – R.

T：OK，there are many kinds of drivers like a . . . (Show pictures in PPT)

Ss：Bus driver. Taxi driver.

T：And how about this woman?

Ss：Pilot.

T：She is a . . . ?

Ss：Pilot.

T：OK，pilot.

Ss：Pilot.

T：Pilot.

Ss：Pilot.

T&Ss：P – I – L – O – T.

T：OK，pilot.

Ss：Pilot.

T：And do you know anything about pilots? OK，how to be a good pilot? Please try to choose. OK，who is the best pilot? (Show three pictures in the PPT) Look carefully. Who is the best pilot? Hum，OK，Arthur please.

Arthur：Martin can be the best pilot.

T：Why?

Arthur：Because he. . . hum. . .

T：He? He has . . .

Arthur：The most，the best. . . hum. . . hum. . .

T：Eyesight.

Arthur：Eyesight.

T：Yes，and?

Arthur：And he is stronger.

T：He is stronger.

Arthur：He is the strongest.

T：Strongest. OK，thank you. Any other ideas? Helen，do you have different ideas?

Helen：Hum，I think Martin is the best.

T：Yes，you think so?

Helen: Yes.

T: You think so, too. OK, thank you. So do you all think Martin is the best?

Ss: Yes.

T: Martin, are you happy? Are you happy?

Martin: Yes.

T: OK, so why is Martin the best pilot? Because he has ... ?

Ss& T: Good eyesight.

T: Then he is very ... ?

Ss: Strong.

T: He is very strong. So now if you want to be a pilot, OK, what are you going to do? First, for good eyesight, you should ... ?

Ss: Do eye exercises.

T: OK, do eye exercises. Then how to keep strong?

Ss: Exercise.

T: Exercise every day. And at last, the most important thing is that do you know how to drive a plane.

(Ss shake their heads.)

T: No, is that very important too?

Ss: Yes.

T: So you should learn ... ?

Ss: How to drive a plane.

T: Yes, how to drive a plane. So this is our best pilot. OK.

(Tape recording voice: Alright, what's the next?)

T: What's the next? And at last, we can finally choose art, OK. What can we build? OK, about art, maybe there are some operas, OK, and some concerts. They will play the violin or the piano. Maybe watch movies. OK, what can we build?

Ss: Theater.

T: Yes, theater. OK, so this is Able's theater and she needs someone to work for her, right? OK, so here are four people. Who is good for Able's theater. Listen carefully.

(T plays the tape recording. Ss listen to the tape recording.)

T: OK, who is she?

Ss：Emily.

T：OK，yes. Emily can ... ?

Ss：Play the piano.

T：OK. So she is a ... ?

（Ss response to the teacher. ）

T：Yes，she is a pianist. Can you try to spell it?

Ss：P – I – A – N – I – S – T.

T：Pianist. Next one.

（T plays the tape recording. Ss listen to the tape recording. ）

T：OK，she is a ... ?

Ss：Violinist.

T：She is a ... ?

Ss：Violinist.

T：V – ... ?

Ss：V-I-O-L-I-N-I-S-T.

T：Violinist. （T repeats one more time. ）

Ss：Violinist. （Ss repeat one more time. ）

T：Yes，next one.

（T plays the tape recording. Ss listen to the tape recording. ）

T：He is a ... ?

Ss：Computer programmer.

T：How to spell "programmer"?

Ss：P-R-O-G-R-A-M-M-E-R.

T：Am I right? Yes，right? So，he is a computer programmer. And the last one，he is good at? Okay，let's listen again.

Ac... ac... He is good at acting. So he is an actor. So? who do you think，who do you want if you are the boss? Who do you want for your theater? The pianist，the violinist，and maybe the actor，right So the computer programmer please come again next time. And... if you are the boss，you want your workers to work well，so，if she wants to work well，what's she going to do? She's going to learn... ?

T&Ss：How to play the piano.

T：Now she knows how to play the piano，then she needs to... Does she need to practice?

S:Yes.

T:Okay, so she needs to practice playing the piano every day. How about her? James, what is she going to do?

S:She is going to practice playing the violin.

T:Once a year? Every day maybe, right? So she needs to practice, too. And there is an actor, do you know how to be a good actor? Okay, now, maybe we can listen, and try to fill in the blanks. (Listen.)

T:She's going to?

Together:Take an acting lesson.

T:And she also can learn from? You want to be a good actor, so you can learn from? Who? Okay, maybe some other actors, some other good. . . ?

Ss:Actors.

T:Good movies. And also she should practice, because you take acting lessons, so you also need to practice acting, too. So it means that everything is not so easy for us to do, so we should always keep practicing. So practice makes perfect, right? How about other jobs? Plz turn to page 41. Look at 1b, there are other 3 jobs. Let's listen and try to fill in the blanks. Match and fill in the blanks. How about other jobs? (Listen)

T:So, have you done? So for the computer programmer, what is he going to do?

Together: Studying computer science and practicing basketball every day. Engineer, study math really hard.

T:So you see, all of them are a little difficult, right? So you need to take lessons, and study or learn sth. or practice? Bcz Rome is not built in one day. So if we want to do sth, we must try our best and make efforts. So I want to know, in Able's city, what do you want to do in Able's city? And what do you want to be and how are you going to do that? Just talk with your partners.

T:Okay, who wants to share?

S:What do you want to be when you grow up, I want to be an English teacher.

How are you going to do that? I'm going to study English really hard.

T:I'm so touched that you wanna become an English teacher. So you love English a lot?

Okay thank you.

S: What do you want to be when you grow up? I want to be a cook.

How are you going to do that? I'm going to learn cooking.

T: Okay you are interested in cooking. You two, please.

S: What do you want to be when you grow up? I want to be a science teacher.

How are you going to do that? I'm going to learn science really hard.

T: Do you love children? If you wanna be a teacher, you must love children. Just like I love you so much. Do you like children?

S: No.

T: Try to love them, Okay? Thank you.

S: What do you want to be when you grow up? I want to be a doctor.

How are you going to do that? I'm going to study medical science.

So if Helen becomes a doctor in the future, will you ask her for help, when you are sick?

S: Yes.

T: So you trust her, you believe in her, right? So these are your opinions, this is the city we've just built, with the help of engineer and our ideas. Now, back to our real life, this is the city you live in, this is Hangzhou, Do you know what will happen in 2022? There is going to be an Asian Games in 2022. How old will you be by then? 20? 21? Ok, so that's the time you grow up, right? Able wants to know what are you going to do when you grow up? That will be the time that Asian Games will be hold. And how are you going to do that? Now I want you to think about it. Just now Amy says she wants to be an English teacher, remember? She's going to study English really hard, but if she is very lazy, and she is not hard-working, do you think she can be a good teacher?

Ss: No.

T: So if you want to be a teacher, you should also be hard-working. So now, I want you to think in 2 ways:

How are you going to do that? And then, the qualities. Like hard-working, careful... so now, let's work in groups, so in this group, for example, Eric is going to talk about Sue, Sue is going to talk about neo, and he is going to talk about Nora. Let's talk with your members in groups, and try to introduce. First, tell us, what your dream job is? And why? Why do you want to do this job? And how do you do that? Talk in groups, introduce others' jobs.

(Ss discuss)

T:OK. How about... OK,Robinson,please.

T:Yes,OK. Please. Who's first? OK,Martin,please.

S1:Emily wants to be a Chinese teacher when she grows up,because she Chinese is good,good.

T:Her Chinese is good,right? OK.

S1:To make her dream come true,she's go,going to learn how to teach...

T:OK.

S1:Er. Also,she's going to more... (wrong pronunciation of "patient")

T:OK. Are you talking,saying "patient"?

S1:Oh,patient.

T:OK.

S1:And hard-working.

T:OK. Hard-working. Thank you. Next one?

S2:Martin wants to be a actor when he grows up. (Ss laugh.) Because he like singing and... (laugh).

T:He likes?

S2:Singing and dance.

T:Dancing.

(Ss laugh.)

S2:To...

T:Go on.

S2:To make his dream come true,he's going to learn how to act.

T:How to? Act,right?

S2:Act. Also,she is going to be pa... pa...

T:Patient.

S2:Patient.

T:Thank you. Next one? Yes.

S3:Ivy want,wants to be a... Ivy.

T:Ivy,right? Ivy or Emily?

S3:Ivy. Ivy wants to be a cook when he... she grows up,because she likes eating.

T:She likes eating. OK. So... OK.

S3:To make her dream come true, he is going to learning how to cooking.

T:How to?

Ss:Cook.

T:Cook, right. OK. Thank you. Next one.

(S4 cannot see the screen clearly.)

T:OK. You can stand out.

S4:Martin... Robinson wants to be a science teacher when he grows up, because she is good at science. To make his dream come true, he is going to learn science hard. Also, he is going to more hard-working.

T:He is going to?

Ss:Be.

S4:Be more hard-working.

T:OK. Thank you. So a Chinese teacher, a science teacher, a cook, and a... An actor!

(Ss laugh.)

T:OK. Good! Thank you.

T:How about... OK. You, please. Yes, you four, OK?

S5:Angela wants to be a doctor when she grow up, because he wants to give... health for...

T:To.

S5:To people.

T:OK. Then?

S5: Then, to make her dream come true, she is going to learn medical science. Also, she...

T:That's all? OK. Thank you. And then? OK, Angela, please.

S6:Allen wants to be a cook when he grows up, because he like cooking a lot. To make his dreams come true, he is going to learn how cook.

T:How cook?

S6:How to cook. Also, he is going to be a...

T:To be more...? More creative, OK?

S7:James is going to be a basketball player when he grows up, because she...

Ss：She?

S7：Because he likes basketball a lot. To make his dream come true, he is going to learn how to play basketball. Also, he is going to play basketball every day.

S8：I want to be a teacher when I grow up, because I like to teaches children a lot. To make her... my dream come true, I'm going to learn how to teach. Also, I'm going to be more hard-working.

T：Hard-working. OK. What subject do you want to teach?

S8：All.

T：So a basketball player, a teacher, a cook, and a doctor. So you like basketball very much?

S5：Yes.

T：You watch NBA?

S5：Yes.

T：Who is your favorite basketball player?

S5：LeBron James.

T：A cook. Just now I remember Ivy wants to be a cook, too, right? And I know that Max wants to be a cook, too. So who do you think is the best cook? Max, Ivy, or Allen?

Ss：Ivy... Max... Sue...

T：OK. Sue. Who is the best?

Ss：Sue.

T：Sue. OK. So, so, now we know how to tell others about our dream jobs, right? We can say "I'm going to..." (T write it on the board.) Right? And you know, maybe when it's 2022, when the Asian Games is hole, held. We won't go there to watch the game. But, since we're a member in this city, if we do our job well, OK? If we work well, then we will play a part in the Asian Games. Since we're just middle school students, right? Maybe you'll think your dream jobs are still so far from you, but, who knows what will happen in the future? Who knows, right? Because, since you have a dream, you have a dream job, just try your best to do it. OK? Don't care what others, others think of it. Just try your best, OK? And at last I have a song to share with you. (T play the song.)

T：Yes, that's what I want to tell you. If you have dreams, just try to fight for them. OK? We are still young, OK? Young is... is possibilities. So, class is over. And I hope all your dreams can come true. OK, just try your best, OK? So class is over. And we had a good time today. Bye-bye.

同伴互助

陈凤翎：认知才能

各位老师，大家上午好。本堂课我主要从教师专业发展的认知才能方面谈谈我的看法。在这之前，我先对教师认知的相关概念和定义做简单说明。

所谓教师认知才能，是教师运用自己的知识和心理结构解决问题的智力与能力，是教师对学生学习结果的认知，从学生学习结果的表现推测学生所处的不同认知水平，以此来判断教学效果，决定以后的教学。认知才能是教师区别于其他职业的专业表现能力，它是教师从事教师职业过程中最先具备的才能。

根据 SOLO 认知理论，教师认知才能主要包括以下几个方面：

1. 前结构层次：学生基本上无法理解问题和解决问题，只提供了一些逻辑混乱、没有论据支撑的答案。

2. 单点结构层次：学生找到了一个解决问题的思路，但却就此收敛，单凭一点论据就跳到答案上去。

3. 多点结构层次：学生找到了多个解决问题的思路，却未能把这些思路有机整合起来。

4. 关联结构层次：学生找到了多个解决问题的思路，并能够把这些思路结合起来思考。

5. 抽象拓展层次：学生能够对问题进行抽象的概括，从理论的高度来分析问题，而且能够深化问题，使问题本身的意义得到拓展。

关于 SOLO 理论的几点说明：

1. SOLO 理论是根据学生的已有知识结构、学习的投入及学习策略等多方面的特征，从具体到抽象，从单维到多维，从组织的无序到有序。

2. 从 SOLO 五个层次分类中我们就可以看到，前三个层次是基础知识的积累，后两个层次是理论思维的飞跃。而要实现思维能力的突破，又离不开基础知识的积累，这对教学启发很大。

3. SOLO 分类理论提供了一个清晰的评价系统，该评价系统可以很清晰地看出儿童对某一问题的认识水平，教师可以据此了解学生的学习结果，然后有针对性地改进教学。

4. SOLO 分类理论可以促使学生进行自评，发挥评价的激励作用。在这里，评价不仅是衡量学生学习结果或处理问题的标准,而且也是促使学生进一步改进自己的学习方法和改变思维方式的动力。教学评价既是一个结果,也是一个起点。

下面我围绕这个理论从课程、教学及学生三个视角对这次特级教师进课堂活动中贾老师的课进行分析与反思。

首先,从课程本身来看,这节课是八上的第六单元,也是对"现在进行时"这个新知识点的教学,同时也是对不同工作类型等新词汇的教学。贾老师的教学目标主要包括以下三个方面:1. 知识目标:这节课结束的时候,学生能够掌握以下新单词比如:engineer,cook,doctor,violinist and so on,同时学生能够掌握以下表达方式来描述他们对于未来工作的愿望与决心;2. 能力目标:学生能够改进他们的听说能力,也能够通过小组对话等改进他们小组合作能力;3. 情感目标:学生无论多么困难,都能够尽他们最大的努力去实现他们的梦想。而对新单词与新句型的教学是本节课的重点。

其次,从教学来看,贾老师这节课的教学主要包括以下几个方面:最先导入与热身部分,以一个建筑游戏视频导入,通过这个视频介绍了 Able 的梦想并留给学生一个任务,要求学生来帮助他实现梦想。在第二部分的新知识传授阶段,贾老师在教授新单词与句型的同时结合了心理学上的马斯洛的需要层次理论,使学生能够根据需要层次理论的不同层次想到不同的工作:由食物、水,到餐馆,学生能够想到厨师;由健康到医院再到医生;由教育、学校再到老师;由汽车到司机;由艺术到剧院再到钢琴家、小提琴家、演员等等。第三部分是本节课的听力部分,贾老师能够充分利用学生自己的录音,在训练学生听力、理解能力的同时,也提高学生对英语听力的学习兴趣。从新单词教学过渡到听力,学生自然而然就做好了充分的听前准备。第四部分是小组合作部分,即本节课的产出部分,学生在讨论过程中能够运用新句型:I'm going to be... I'm going to ... 以及不同种类的工作。最后,在本节课结束前,贾老师还有一个情感升华环节。

最后,我围绕学生在课堂各环节的表现来谈谈这节课。第一个环节视频呈现后,我们可以看出学生对本节课的学习充满了浓厚的兴趣,贾老师顺势给学生留了一个问题。从接下来学生的课堂表现可以看出学生都能积极围绕着老师的教学目标去思考与学习。而在第二阶段的教学中,贾老师的设计结合了马斯洛的需要层次理论。设想总是美好的,但学生的表现明显出现了一些问题。学生在学习生单词的时候,过多理论情感的导入反而会让学生云里雾里。因此教师应更多的去了解学生的元认知水平。学生在这个阶段会产生怎样的理解?对于新知识的教学往往要结合学生已有知识基础,而学生对这个心理学上的需要层次理论很陌生,那么教师在教授新单词时是否可以引入需要层次理论？个人认为这是有待商榷的。而在听力教学部分，由于听前融入了学生自己的录音，学生能够在熟悉的语音学习中积极地进入到听力学习中，完成得很不错。个人觉得这是本节课的亮点，说明贾老师对学生听前认知水平有充分的了解与认识。最后的产出部分，从孩子们的表现可以看出大多数孩子都能出色地完成任务，但同时也留给了我一个问题：在英语教学中四人小组与两人小组有什么区别？如果 pair work 能完成的活动我们有必要 group work 吗？这也将是我在接下来的教学中会不断探讨的问题。每次听公开课，老师们包括我自己在最后一个环节都少不了情感升华部分，以此来完成本节课的情感教学目标。这也是我在英语教学中一直比较困惑的地方，英语课中真的需要做到每节课都要有情感教学吗？如果需要，我们就应该很好地完成，而不是为了情感教学而情感教学？这也是我在今后的英语教学中会重点探讨的问题。

很感谢贾老师给了我很多思考的机会，贾老师课堂大胆尝试与创新都是值得我学习的地方。认知能力是指人脑加工、储存和提取信息的能力，即人们对事物的构成、性能与他物的关系、发展的动力、发展方向以及基本规律的把握能力。它是人们成功地完成活动最重要的心理条件。知觉、记忆、注意、思维和想象的能力都被认为是认知能力。贾老师的课堂充分体现了她以及学生对于本节课的认知才能。

丁帅：预设才能

《中国教育报》上登载过这样一则古希腊寓言：有个渔夫，每次出海打鱼之前，都要到市场上去看看，什么鱼的价格高，就去捕什么鱼。开始的几回，老天似乎特别青睐他，他都心想事成，因此比别的渔夫多赚了不少的钱。又一年的春天到了，在出海捕鱼之前，他获得了墨鱼的价格最高的信息，他便决定去捕墨鱼，结果打上来的全是鱿鱼，他毫不犹豫地放弃了鱿鱼，空手而归。等他上岸后，非常懊恼发现市场里墨鱼的价格不再位居榜首，相反是鱿鱼的价格涨到了最高，于是他决定下次去捕鱿鱼。然而第二次出海，他打上来的全是墨鱼，按照他惯有的思维，这又不符合他的初衷与设想，他依然放弃了墨鱼再次一无所获。回到岸上，他更是后悔不已，原来墨鱼的价格又反弹，爬升了。于是他发誓第三次出海不论是墨鱼或是鱿鱼他都要带回来。遗憾的是第三次出海他什么也没有捕到，那个捕捞季节里他一无所获。

寓言说完了，仔细想想寓言中的渔夫之所以一无所获，是因为对市场的前景预设欠缺科学性与充分性。换句话说，就是渔夫对市场可能出现的行情没有做全面、合理而又细致的分析、预设，而且非常刻板，从而导致了两手空空。

客观来说，预设和生成是讲好课的两个因素，二者缺一不可。精巧的预设才会有良好的生成。"凡事预则立,不预则废。"没有课前精心的预设,就难以取得英语教学中的精彩生成。新课程倡导的动态生成并不是弱化或否定预设的重要性,相反,对预设提出了更高的要求。教师只有做到精心预设,在课前对教学目标、任务和过程有一个越清晰、理性的思考和安排,就越能捕捉学生的思维活动的闪光点,也只有这样,当课堂引向精彩,能动地为教学过程中的多样性和不确定性预设出多种"绿色通道"。

　　贾伊能老师的展示课所授内容为八年级下 Unit6 I'm going to study computer science. (Section A 1a - 1c),是本单元的第一课时。每一单元第一课时的重点在于引入新话题,让学生熟悉单词及基本句型,能够用对话来表达相关的话题内容。接下来基于预设才能角度,我将围绕预设目标、预设过程与方法、预设结果三个方面谈谈我个人对这节课的看法。

　　首先,预设目标的达成,需围绕着预设的三维目标(知识、能力、情感)是否符合学生实际,是否符合课标,是否符合教育规律。这节课预设目标中的知识目标主要让学生掌握一些关于职业的关键词(如 pianist、violinist、computer programmer 等)和基本句型(表达自己将来想要成为什么样职业的人,即 I'm going to be an actor 以及如何达成理想职业的句型——I'm going to take acting lessons)。在操练重点句型时,贾老师注意到第三人称需特别强调,对话中进行着重的训练。英语教师都知道第三人称单数一直都是学生易错点,因为中文中并没有类似主谓单复数一致原则,导致学生受母语负迁移影响而容易犯错。贾老师循序渐进地让学生在用中学也符合学生的认知规律。能力目标则是就基本句型进行对话,以及从听力中听取关键信息来理解材料的大意。情感目标则是这节课落实十分到位的地方,基本在每一个环节的末尾,贾老师都用相应的英文谚语来提升情感。但个人对于这样的形式有一点疑惑,情感态度的升华是由教师直接呈现的形式好,还是由老师引导,让学生参与讨论而得出结论好? 这个值得商榷。

　　其次,预设的过程与方法。预设的过程与方法主要围绕以下几个方面:突出重点设置的问题;突出难点设置的问题;课堂预设的教学方法及策略;课堂预设的学习指导。这一课时的教学主要由以下几个步骤完成:Step1. Lead - in and Warming up. 上课伊始,贾老师用相关的英文视频引出话题,吸引了学生的注意力,提高了学生学习兴趣,为关键词的引入做了铺垫。但由于视频是游戏里截取的片段,而我本人并不熟悉游戏,因此在一开始观看视频时容易云里雾里,不知所云,学生究竟有没有看懂? 我表示有疑问。如果贾老师是根据她对班级学生的了解而设计的,那么就没什么问题。观看完视频,贾老师由 buildings 引出 engineer,从学生的反应来看,预设比较成功。Step 2 主要是新单词的呈现。生词引入的方式比较有新意,以一个人物 Able 为线索来呈现不同职业,这部分也与之前所学的地名相结合,以旧知识来传授新知识,让学生更易于接受与理解,同时也帮助学生构建了关联框架,这一点在学习中至关重要。单词引入的同时也不能忘了基本句型的呈现,在这一步骤,贾老师充分利用了贴近学生生活实际的素材,录音材料为学生的声音,照片源于日常生活中的点点滴滴,易引起学生共鸣,激发学生学习兴趣,提高能动性,这是老师细心入微的体现,值得学习,要在生活中做个有心人。第四个环节为操练重点句型,这里主要训练第一人称的表达,为后面的环节打好基础。最后一个活动则是以四人小组为单位,讨论各自的梦想职业以及实现的途径。这个环节的设计主要是对前一个任务的延伸及拓展,侧重于第三人称的运用,一步一步,层层递进,符合学生的认知规律。但是,个人认为讨论的方式不明确,教师只是在 PPT 中呈现了表达的范例,学生四人一小组如何进行讨论,分别扮演什么样的角色都没有指出,最后展现对话时与两人小组对话并没有什么区别,所以四人小组形式的意义何在? 如果以做调查的形式来开展,也许效果会更好。

最后,预设的结果。预设的结果主要围绕以下三个方面:知识目标是否达成? 能力目标是否达成? 情感目标是否达成? 通过前面的分析,目标基本达成,学生在这堂课中熟悉了话题,了解了关于职业的新单词及表达理想职业的基本句型,就是有些呈现的方式值得探讨,怎样更利于学生的理解吸收。另外,在本节课中,小组活动的形式较为多样,但并没有充分考虑学生的实际,如果只是为了形式而形式,那么教学便失去了意义,这点希望我在今后的教学工作中也时刻反省并不断改进!

预设是枝,生成是叶,有枝无叶不丰,有叶无枝不实。只有把两者完美地结合,才能显现课堂教学生命的活力,彰显课堂教学之灵气。每一节课都是不可重复的激情与智慧的综合生成过程。让我们在"预设"中体现教师的匠心,在"生成"中展现师生智慧互动的火花,让预设与生成共精彩!

姚金珍:操作才能

课堂操作才能主要是指教师在实现教学目标的过程中,解决具体教学问题的能力,主要包括表达能力、课堂管理能力和运用现代教育技术的能力。结合英语学科特点,我从以上三方面对贾伊能老师的 Unit 6 I'm going to study computer science Period 1 这节课表达我的浅显认知。

一、表达能力

表达能力是指教师把自己的思想、知识、信念、情感通过语言和表情、动作外向表现的能力。在本节课中,着重体现在情感教育部分。贾老师通过语言引导、环节设计,让学生知道了实现自己的职业梦想有多种途径但任重道远,要坚持自己的梦想,全力以赴。

在语言引导方面,贾老师多采用概括、提升式语言,例如,在引导学生进行了关于 actor 的 role play 之后,贾老师用"It means that everything is not so easy for us to do, so we should always keep practicing. So practice makes perfect, right?"这句来进行概括提升。在这里用到了非常地道的英语俗语"Practice makes perfect",之后又用到"Rome is not built in one day. So if we want to do something, we must try our best and make efforts."这给我们一个信号,在教学过程中,一个小环节任务完成后,老师的概括总结语言非常能够看出老师的语言表达能力,与她所要让学生达成的文化素养是什么。在这一阶段,贾老师的表达能力很高质,总结概括颇费心思。

进而分析本堂课重难点,我们发现,本节课的语法句型都在前面的单元教学中打下基础,不构成教学难点;同时,长、难单词会给学生造成一定的拼读困难,是一个小的教学难点。贾老师在之前已经通过课前预习、反复带读的方式解决,因此,这个教学难点也不是本节课的重点环节。本节课的重点在于如何让学生下意识的提升语言质量,条理明晰地表达自己未来想做什么、怎么做、需要何种品质。

学生在八年级阶段已经掌握了大量语言知识,如何让学生频繁使用高质量语言点、有条理地表达大段观点,成为很多课堂的难点,也成为包括我在内的很多老师思考的焦点。

再将目光放到贾老师的课堂上,我们发现,高质量语言的使用者、展示者主要还是以老师为主,没有从 teacher-centered 的教学模式转变到 student-centered,或 co-centered 的新型教学模式;同时,教师的语言仍偏向于口语化、随性化,没有纵观全册书,给学生进行日常高质量语言、高频考点的渗透。比如"It means that everything is not so easy for us to do, so we should always keep practicing. So practice makes perfect, right?"这句,如果改成"if... you'll..."的句型,就能将本节课从第六单元的内容延伸到第十单元 If you go to the party, you'll have a great time 的重难点句型,潜移默化为后期教学打下基础;如果能用"The one who always keeps practicing will make perfect"这句作为老师抛砖引玉式的概括,再让学生引出 practice makes perfect 这句常用、常考的英语谚语,则会提升教师语言质量,让学生印象更为深刻,从 teacher-centered 的教学模式转变到 student-centered。

当然,我的评价是站在巨人的肩膀上看问题,对课堂质量、语言能力要求过于苛责。这需要我们老师纵观中学教材,站在总结统筹的角度,高屋建瓴、打磨整合教材,注重日常渗透,才能和大家分享更贴近教材重难点、"草灰蛇线,布局千里"

的课堂。

二、课堂管理能力

这主要指老师对学生学习动机的激发、课堂教学环境的营造、教学活动形式的组织、学生学习行为与纪律的管理、课堂教学的反馈与调控、偶发事件的应变处理才能等等。

在本堂课中,最出彩的是贾老师对学生兴趣的激发。在课堂导入部分,学生观看了模拟建筑游戏的预告片。该预告片交代了本节课的主要内容,这个基于游戏的线索成功地引起了学生的兴趣。与此同时,一位同学以"engineer"的身份来"帮助"整个建筑过程的进行。建筑的思路仿照马斯洛需要层次理论从人的基本需求入手来进行各种不同的建造,同时,cook,doctor 等不同职业也加入其中。在词汇教学的过程中,也借用了游戏的界面,用选择的方式来解决不容易想到的内容。此外,根据不同的职业要求,激发学生对于不同方法途径的思考,句型"I'm going to..."也潜移默化地融入了操练当中。

三、运用现代教育技术的能力

这指的是老师对现代化教学设备的自由掌控能力。电脑和多媒体的运用在英语课堂中有很大的作用,通过多媒体可以呈现语言、画面、声音等,所学知识更直观,更具体,生动形象。本节课中呈现了游戏图片、马斯洛需要层次理论的结构,色彩鲜明,结构独特,给学生搭建一个心理学基础概念的框架。同时,贾老师使用班内学生音频的截音,使教学场景更贴近生活实际,拉近和学生关系。贾老师同时也较好地利用了黑板板书的作用,左边呈现新单词,中间呈现新句型,又用红色标明,让学生更明确本节课的重点内容。

课堂质量的提升,需要老师有扎实地道、并能贴近教材重难点的高质量语言引导;也需要老师能够统筹安排布局,合理的运用 40 分钟,完成教学目标。同时,现代科学技术发展迅猛,提醒老师万不可闭门造车,而应该顺应时代潮流,完成普通课堂到白板课堂、翻转课堂等新型课堂模式的转换,熟练运用现代教育技术。

章佳琴:专业素养

新课标将英语课程认定为具有工具性和人文性双重性质的学科。因此学生要掌握的不仅仅是单词、语法、句型等语言知识,还要具备能与他人交流、能使用语言、用语言做事的能力。因而英语教学不仅是教学生语言知识、语言技能,还有情感态度、学习策略和文化意识,也就是说学生需要"学知识,爱文化,拓思维,提素养"。

英语是"音—形—义"相互紧密联系的语言,在英语知识的教学中,学生要理解语言知识就需要知道"音 – 形 – 义"的联系。英语文本中蕴含着大量的信息,教师和学生要对文本符号进行解码和建构,深刻理解意义,搜集、理解基础信息。在英语教学中,为了更深一步理解文本、解读文本,要求对文化背景有一定的认知,因而,教授语言不仅仅是教授知识,还有对学生跨文化意识的培养。语言因文化而生,是文化的载体,因而英语语言中也包含了英美等国家的世界观、人生观、价值观,所以学英语不仅仅是"学"一种语言,还是"文化理解""文化对比"和"文化传播",最终达到喜爱语言、热爱文化的效果。

本节课贾伊能老师教授的内容是 Unit 6 I'm going to study computer science。一开始贾老师用模拟建筑游戏进行课堂导入,在教授"cook""doctor"等新词和新句型"I'm going to..."的同时渗入了马斯洛的需求层次理论,让学生以建筑工程师的身份按照马斯洛的需求层次进行建筑,教授给学生的不仅仅是单词、句型等语言知识,还有城市建筑、人类需求、个体的自我实现等人生价值观的渗透。

英语教学除了文化、价值观渗透使学生"学知识、爱文化",还需要启发学生心智、锻炼思维能力,特别强调培养学生的归类能力、序列感培养、逻辑关系和因果关系分析等。贾伊能老师从单词到句型的教学充分锻炼了学生的思维技能,特别是逻辑关系和因果关系。她从"food""water"引导学生说出"restaurant",进而引导学生说出相关职业"cook"。贾老师的教学并没有仅止于单词,她进一步引出句型"If Able wants to be a cook, she is going to..."教师逐步引导,并未直接给学生答案,学生可通过因果关系,发散思维寻找答案,从而锻炼学生思维,启发学生心智。

学科素养还应该能够反映和渗透学生乐观的生活态度和新时代的主人翁意识。只有唤起学生的意识才能真正让学生做到用语言做事,将语言应用于日常生活中。在听力教学后,贾老师以谚语"Practice makes perfect""Rome was not built in one day"等对学生渗透乐观生活态度和坚持不懈的意志品质教育。另外,贾老师假设如果杭州在 2022 年要举办 Asian Games,那时的你想要干什么,通过什么方式成功,由此唤起学生的主人翁意识,让学生在课堂中学会用英语做事。在讨论过程中学生知道了实现自己的职业梦想任重道远,只有坚持梦想、全力以赴才能成功。

总体来看,贾老师这堂课选材新颖、思路清晰,并且较好地体现了学科素养中的"学知识,爱文化,拓思维,提素养"。

沈燕飞:专业职责

我所理解的现代社会的教师专业职责基本内涵概括为"传道、授方、启疑"。下面我从这个角度对贾老师的课说说我简单的认识。

一、传道——教育学生做人的根本

贾老师在课堂导入部分,用一段小视频播放模拟建筑游戏的预告片,该预告片交代了本节课的主要内容,这个基于游戏的线索成功地激发了学生的兴趣。引出主人公 Able 和她的 dream,接着让一位学生以"engineer"的身份来"帮助"整个建筑过程的进行。建筑的思路仿照马斯洛需要层次理论从人的基本需求入手来进行各种不同的建造,同时,cook,doctor 等不同职业也添加其中。在词汇教学的过程中,还借用了游戏的界面,用选择的方式来解决不容易想到的内容。此外,根据不同的职业要求,激发学生对不同方法途径的思考。在此,句型"I'm going to..."也潜移默化地融入了操练当中。整个环节,贾老师通过对学生进行正确的世界观、人生观、价值观的陶冶和教育,不仅让学生学会生存之道、做事从业之道,而且还有学会发展之道、为人处世之道、人与自然和谐相处之道,并通过对学生思想政治素质、道德素质和心理素质的成功塑造、培养、教育和引导,进而对整个社会的思想道德建设发挥影响、示范、辐射的作用,很好地诠释了教师职责内涵之"传道"——做人的根本,意旨直指素质教育的核心和灵魂,即思想道德素质。

贾老师在整个课堂中不仅传授本节课的知识点,而且注意学生思想道德的培养。在与学生的对话环节,老师自己做一个示范,让学生进行模仿,然后让学生说,从师生结合转到生生结合,通过身教去感染学生。通过设置精彩的游戏画面背景入手,融入学生对职业选择的需要,注意培养学生的生存和竞争意识,让学生感知社会,从而感知语言,体验语言的魅力,如让学生多次朗读"A good cook cooks good cookies.",学生读得有趣,不仅弄清楚了 cook,cooks 与 cooking 的区别,也找到了字母组合 oo 在这几个词的共同发音。这体现了贾老师作为英语教师所应有的素质,用自身良好的教学技能对学生进行教育。

二、授方——传授学生学习的方法

本节课是本单元的第一课时,课型为听说课,主要让学生掌握听说的一些技巧。贾老师以听为先,以说为后,先呈现游戏画面,让学生听出 Able 和她的 dream,然后播放自己的音频,引出新单词 engineer,导出新句型"I'm going to..."。在"建造"完整座城市之后,学生以两两对话的方式练习了"I'm going to..."句型,充分达到听说技巧的训练。古人曰:"授人一鱼,仅供一饭之需;教人以渔,则终身受用无穷。"教育的目的是使学生学会学习,学会思考,学会在各种复杂的情况下有能力独立地搜集信息、分析判断情势、掌握新知,授鱼不如授渔,授业不如授方。因此,贾教师不仅只是传授知识、传授技术,更注重传授方法,启迪思维,注重培养学生的科学精神和终身学习的观念,注重培养学生获取知识的能力、独立思考的能力、分析问题和解决问题的能力以及开拓创新能力。

教师的职责,不能只注重让学生接受现成系统的科学知识,还应当要求学生重"走"科学家发现真理的方法之路。发现真理的方法的体验和获得,实质就是能力的提高。从老师那里学到的具体知识随着知识的更新,不久会被忘却,但经过训练后能力的提高和方法的获得却是受益终身的。这样培养出来的学生就不仅仅是能够适应社会需要的就业者,也是能够捕捉住社会发展机遇的开拓创新者和创业者。在 Group – work 环节,贾老师呈现了"We have different dream jobs in our group. A wants to be a teacher when she grows up, because she likes children a lot."接着呈现疑问词 what 的提问点,又呈现"To make her dream come true, she is going to learn how to teach. Also, she is going to be more patient and hard-working..."同时提出这是 how 的提问点。我想:如果最后的总结部分改成让学生自己发现 what 和 how 的提问点,会让学生更明确操练的具体内容。在思想升华阶段,以未来 2022 年杭州举办亚运会为背景,学生思考自己长大后将会从事什么行业。以小组合作的形式,在方法途径的基础上加上了个人品质的要求,从而让整个规划更加完整。

本节课的情感教育部分,学生知道了实现自己的职业梦想有多种途径但任重道远。要坚持自己所持有的梦想,全力以赴,并且以英语呈现"You have to fight for every dream, because who's to know which one you let go would make you completed"。

三、启疑——启迪学生思维的拓展

贾老师通过视频导入新课,问学生:What does Able need most? What do people need most? What does Able need to build? 等等,我觉得在这个环节,学生对所看视频和图片一定有很多问题,如果老师先做一个示范,接着让学生提一些他们疑惑的问题,让学生自己回答会更好,而不是一味地老师提问题,学生被动回答问题。启发学生的问题意识,可以发挥学生的主体作用,调动学生学习的主动性和积极性,充分发挥教师的"启疑"作用。比如贾老师可以先做示范:What is Able going to do if she wants to be a cook? 然后让学生一问一答 A:What is Able going to do if she wants to be a doctor? B:She is going to learn medical science. 虽然学生操练过程中会碰到一些问题,这是很正常的,但教师可以按照认知发展的规律,一方面循序渐进地引导、点拨学生解开"扣子",越过思维障碍,让学生疑云消散、茅塞顿开以达到"自致其知";另一方面更为重要的是在学生无疑处启发学生"有疑",即在已有知识积累的基础上,提出问题、确立问题、展开问题,启迪思维。

在现代化的课堂中,教师是课堂教学的主导,教师应当从知识的传授者变为学生学习的指导者,学生要由被动的接受者转为学习的主体。要发挥学生的主动作用,就要创造条件。贾老师的最后一项活动 What do you want to do when you grow up（for the Hangzhou Asian Games）? How are you going to do that? 老师将学生分成小组,合作完成,学生积极动脑,用已学的知识进行语言输出,在老师和同学面前展现了较好的口语表达,并且也确实帮助解决实际存在的问题。这个环节贾老师让学生学会用已知的知识探究并获取未知的知识,用所学的知识创造性地解决问题。学生通过训练后,能力的提高和方法的获得将是受益匪浅的。在这个环节中,学生不仅学到了基本的语言知识,而且在不断运用语言中启发创造性思维,养成用英语学习的思维习惯。让学生积极参与教学活动以使学生从被动学习转变为主动学习,引导学生发现问题,及时提出问题,启发学生思维,使其思维活跃、敏捷,触类旁通,举一反三,学会用已知的知识探究并获取未知的知识,用所学的知识创造性地解决问题,从而养成创新习惯。因此,"启疑",不仅是教学艺术,也是教师的神圣职责。

在整个教学过程中,贾老师总是让学生积极参与教学活动过程,使学生真正从听力中理解本节课应掌握的重点词汇、短语和句型,从而从被动学习转变为主动学习,并且在课堂教学中,给每位学生同等参与和讨论的机会,公开评价学生的学习过程。比如用了很多评价语:good job ,well done,excellent... 在贾老师的课堂中,老师是课堂教学的主导,一步步带领学生参与教学活动,并引导学生发现问题,及时提出问题。

综上所述,在终身学习和学习型社会正在形成的今天,教师的角色也在变化,教师的职责基本内涵也应做出"传道、授方、启疑"的新的揭示和概括。"传道",是塑造人的灵魂;"授方",是培育人学习的能力;而"启疑",则是养成人的问题意识和科学精神。

邹燕:专业效能

教师专业效能主要指的是教师在课堂上与学生对话产生的课堂效应、上课过程中的教学效率,以及教学目标达成的效果。

一、课堂效应

师生的对话贯穿着整节课的教学活动,所以我主要从课堂中师生对话这个角度观察和分析本堂课的优缺点。总体而言,贾老师提问的学生层次较为均匀、合理。首先,在本节课中,教师提问最多的一类学生是那些会积极思考老师提出的问题、能跟着老师思路走、并大胆举手发言的孩子。贾老师为这类学生创设了很多的答题机会,这无疑会带给这些孩子很多鼓励和肯定,但教师对学生的关注面不仅仅局限于上述这类学生。从课堂观察中可以发现,贾老师对课堂参与度不高、容易开小差和走神的学生也予以关注并进行提问,以这种较为合理的方式提醒此类孩子上课注意专心听讲,既保留了孩子的尊严,同时也没有打断教学活动。

从教师提问的数量来看,问题的设置主要是关于记忆和判断的范畴,当然也有激发学生深入思考、展开联想的问题。例如在让学生对比三个飞行员这一环节,贾老师提出了这样一个问题:Who is the best pilot? 从学生的回答情况看,选出最佳飞行员对于他们来讲根本不是问题,教师继续追问"为什么",引导学生思考原因。这样学生在进行三者对比的时候运用到了最高级,提高了知识的复现率,同时为后面提出的问题"If you want to be a pilot, what are you going to do?"做了铺垫,层层递进,既给了学生思考的方向,也给学生创造机会操练了本节课的重点句型"I'm going to..."。只不过此类问题设置的数量较少,可以适当增加以促进孩子思维能力的发展。其次,在学生回答问题的时候,贾老师耐心候答,倾听完学生回答后,及时给予学生评价和鼓励。对那些回答问题有困难、候答时间过长的同学,贾老师会用肢体语言或者给予更多的辅助信息来启发学生进行思考,而不是简单地让学生坐下或者中止他的回答。

二、教学效率

在日常教学中,怎样确定并且突破一节课的重点和难点是每个老师进行教学活动前都要思考的一个问题。老师如果能对重难点把握得当并能用简单、高效的方法顺利突破,可以帮助学生有效地理解和掌握知识,解除学生心理上的困惑,提高学生的学习能力和课堂教学有效性。本节课是一堂听说课,内容是人教版新目标英语八年级上册 Unit 6 I'm going to study computer science 的第一课时,本单元主要谈论关于未来的打算和计划。除了一些与职业有关的单词外,新引入的一般将来时"be going to..."是本节课的重难点所在。在新课的导入部分,贾老师以马斯洛需要层次理论进行模拟城市建造环节花费的时间过多,导致最后小组活动时间不够充分,学生到底对一般将来时的结构和用法是否真正掌握也很难看出来。虽然从学生课堂回答问题和对话来看,他们的反应不错,但语言输入环节老师给学生搭建好了支架。而语言输出环节最能检验学生在脱离老师搭建的支架后对重点句型"be going to..."的掌握程度。因此,在课堂导入部分效率还可以更高一些,为语言输出环节腾出更多时间,以便得到学生的学习反馈。

在重难点突破方面,贾老师运用多媒体辅助教学,以学生感兴趣的模拟建造游戏导入新课,并以此为线索贯穿整节课,强化了学生的感知,调动了学生的积极性。同时在按照马斯洛需要层次理论一步步进行城市建造时,贾老师把不同职业和重点句型"I'm going to..."也添加进来，使教学环节循序渐进地展开，虚拟和现实相结合，由浅入深地突出重点，突破难点。同时，贾老师在多媒体使用方面运用自如，课件制作精美，动静结合，灵活多变，促使学生思考。但是，在这节课中，贾老师的教学容量较大，教学节奏过快，学生缺乏消化、吸收的过程，会导致学生的掌握情况不够扎实。因此，在突破重难点的时候，贾老师可以精简教学环节，并且在每个环节给学生充分的时间思考、消化、吸收，把每个环节做踏实，为学生今后的学习打实基础。

三、教学效果

教师设计课堂教学活动往往围绕教学目标展开，可以说教学目标是我们教学的基本前提。评价一堂课好坏的重要标准之一就在于教师是否正确制订并实现教学目标。在教学效果的达成方面，我主要围绕本节课的知识目标、能力目标、情感目标进行观察。本节课，教师需要学生掌握关于职业的新单词，用"be going to..."谈论将来的计划，以及对学生进行简单的听说训练，培养学生通过根据关键词获取听力信息的能力。对于重点新单词的呈现，教师主要通过给出音标让学生自己读，再引导学生根据音标拼写出单词。从学生回答的情况看，学生对于较为简单的单词掌握情况较好，但对于部分难读的单词如 pianist, violinist, programmer 等还是不够熟练，教师应该不断复现，给学生更多操练的机会。

在听力策略的培养方面，教师在本节课达成情况较为不错。贾老师没有拘泥于书本上听力的形式，而是对 1b 听力稍做了一些改变，帮助学生学会运用抓关键词、快速记笔记等听力技巧，同时做了一些拓展，引导学生归纳一系列常见的表达将来计划的动词，如"take""study/learn""practice"等。同时，听力活动前后的衔接和过渡较为自然，不会给人突兀的感觉。

情感目标方面，贾老师在这节课结束时给学生听了歌曲 Flying Without Wings 的其中一段，以此激励学生坚持自己的梦想，并为梦想全力以赴，以达到情感升华的目的。但学生对这首全英文歌曲的理解有一定的困难。同时，由于时间紧张，学生也缺乏深入思考和感悟。因此，情感目标的达成不应该只是走个过场，而应该真正让学生有所思考。

专家点评

顾群辉（浙江省初中英语特级教师）：

各位老师，大家上午好！很高兴又来到我们美丽的仁和中学。今天上课的小姑娘贾伊能老师，从课堂上的表现、教学设计以及学生的课堂反应和作业成效来看,很有大将之风,看不出她是一个才刚刚参加工作一年多的新老师,未来的潜力不可限量。

下面我主要来聊聊这节课:

第一,从课堂设计上来看,课堂教学目标精准到位。本课是人教版英语教材八年级上册 Unit 6 I'm going to study computer science 的第一课时,课型为听说课。本单元的主题是关于未来的打算和计划,新引入了一般将来时。因此,新的句型"I'm going to..."成为本课时的重点及难点。此外,cook,doctor,engineer 等新词以及相应的做法表达也是重点之一。贾老师对于教材的把握和处理科学合理,教学目标清晰,重难点的把握合理。

第二,从教学过程来看,整堂课合理流畅,不拖泥带水。贾老师根据学生的兴趣,将模拟建筑的游戏作为了本课背景,并借用马斯洛需要层次理论,以建造城市为目的,把不同的职业串联起来,同时融入"I'm going to..."。

在课堂导入部分,学生观看了该模拟建筑游戏的预告片。该预告片交代了本节课的主要内容,这个基于游戏的线索成功地引起了学生的兴趣。与此同时,一位同学以"engineer"的身份来"帮助"整个建筑过程的进行。建筑的思路仿照马斯洛需要层次理论从人的基本需求入手来进行各种不同的建造,同时,cook,doctor 等不同职业也添加进其中。在词汇教学的过程当中,还借用了游戏的界面,用选择的方式来解决不容易想到的内容。

第三,从教学方式方法上来看,贾老师选用的方法非常贴近学生日常生活,选用游戏的方式解决课堂新内容,真正做到玩中学,学中玩。贾老师根据不同的职业要求,激发学生对于不同方法途径的思考。在此,句型"I'm going to..."也潜移默化地融入了操练当中。在"建造"完整个城市之后,学生以两两对话的方式练习了"I'm going to..."句型。在此,学生可以复习、巩固本堂课的新词、新句型。

第四,情感提升合理自然,不矫揉造作。在未来 2022 年杭州举办亚运会的大背景下,学生思考自己长大后将会从事什么行业。以小组合作的形式,在方法途径的基础上加上了个人品质的要求,从而让整个规划更加完整。

本堂课无论是在细节把握还是在文章整体的把握上都很合理,由于展示课凝聚了备课组整体的智慧,本堂课无论在内容上还是在形式上都是很精彩的。

课堂很精彩,但是我也要鸡蛋里挑点骨头,或者说是我对所有老师的一些希望或建议吧。本堂课如果继续往后上的话,可以从以下几个方面着手打磨:

1. 合理提高个人素养

本堂课老师语速太快,我们现在面对的孩子都是初中生,他们的听力和口语还是相对薄弱的,建议今后讲课控制自己的音量和速度,做到对知识的娓娓道来,讲话更抑扬顿挫,创造一个相对地道的语言学习环境。这是教师个人素养和个人魅力最好的体现。而要做到个人专业素养的提高,最主要的方式就是训练,训练是自我提高最好的方式。对英语教师来说,假如不注意自我提高,听说能力、词汇量等就很容易下降。我们决不能满足于自己的学历,应积极、主动地接受继续教育,提高英语听说读写译的水平和教育教学能力。平时的教学中要求学生做到,英语教师必须做好;要求学生做好,英语教师必须做到完美。如你要求学生英语书写要认真、整洁、流畅,你自己就必须练就一手漂亮的英语书法,能给学生起示范作用;你要求学生读音正确,老师自己必须读得不仅准确,还要有洋腔洋调。

2. 合理设置课堂知识的认知结构

在进行同桌对话时,本课时做到了由简入难,在进行一步步知识的建构后,最后请同学产出一个多样的对话,而不是只停留在简单的句型操练。这种有梯度的呈现方式更符合学生认知水平和认知发展规律。本堂课实际上已经很好地呈现了课堂知识的认知结构,但是在反映抽象拓展认知结构方面有所欠缺。我们语言学习最终的结果和要求是能利用语言解决问题,不能仅仅停留在模仿和语言的训练上,而是能够利用所学的知识来解决生活中遇到的实际问题,那么在课堂任务设计的时候,多设计一些抽象拓展的内容有利于准确检测学生到底掌握了多少!

3. 优化教师效能

重点难点还需要进一步让学生巩固与拓展,如对"violinist,pianist,scientist"等词汇以及如何实现这些梦想的方式方法需要强化同学们的操练。课堂中可以设置很多其他有效的任务训练本课时的重点和难点,多创设一些相对真实的语言环境和多设置一些学生感兴趣的任务和话题。学生只有在充分的训练和语境中才能更确切地把握重难点。比如这堂课,可以让学生课后以小组的形式做手抄报,上面有每个同学未来的职业梦想和自己实现梦想的方式方法,再配上合适的插图,就成了很好的课程资源,同时又训练了学生的能力,那么课堂的效能在课外得到延伸和拓展。通过编写黑板报、手抄报等活动,为学生创设了展示自我的机会,从而激发了他们进一步学习英语的兴趣,同时也不知不觉地增加语言知识的积累。

4. 合理把控教师操作才能

我们要明白一个道理:英语是学生说会的而不是教会的。所以建议在学生能说短语的时候就不要用单词,在能说句子的时候就不要用短语。通过不断的说来提高学生的英语水平。教师在课堂中节奏的灵活把握可以很好地反映教师的操作才能。由于网络教学的普及和发展,为学生提供了更丰富多样化的学习资源,学生除了学习教材内容,更可以深化、延伸课堂教学。网络环境下的英语课堂教学,能为学生提供充足的、多渠道的、有意义的及可理解性的语言输入,为学生提供接触大量真实语言的机会,让学生能感受到美丽、鲜活、生动的语言材料,把"习得"和"学得"有机地结合起来,在学中用,在用中学。这堂课中,我们的贾伊能老师很好的利用了现代多媒体技术那惟妙惟肖的画面,利用学生真实的照片,巧妙地利用我们杭州 2022 年亚运会真实的远景规划。

教学反思

本课是 Unit 6 I'm going to study computer science 的第一课时,课型为听说课。本单元的主题是关于未来的打算和计划,新引入了一般将来时。因此,新的句型"I'm going to..."将成为本课时的重点及难点。此外,cook,doctor,engineer 等新词以及相应的做法表达也是重点之一。根据学生的兴趣,将模拟建筑的游戏作为了本课背景,并借用马斯洛需要层次理论,以建造城市为目的,把不同的职业串联起来,同时融入"I'm going to..."。

在课堂导入部分,学生观看了该模拟建筑游戏的预告片。该预告片交代了本节课的主要内容,这个基于游戏的线索成功地引起了学生的兴趣。与此同时,一位同学以"engineer"的身份来"帮助"整个建筑过程的进行。建筑的思路仿照马斯洛需要层次理论从人的基本需求入手来进行各种不同的建造,同时,cook,doctor 等不同职业也添加进其中。在词汇教学的过程当中,还借用了游戏的界面,用选择的方式来解决不容易想到的内容。此外,根据不同的职业要求,激发学生对于不同方法途径的思考。在此,句型"I'm going to..."也潜移默化地融入了操练当中。

在"建造"完整个城市之后,学生以两两对话的方式练习了"I'm going to..."句型。在此,学生可以复习、巩固本堂课的新词、新句型。最后,在未来 2022 年杭州举办亚运会的大背景下,学生思考自己长大后将会从事什么行业,以小组合作的形式,在方法途径的基础上加上了个人品质的要求,从而让整个规划更加完整。

本节课的情感教育部分,学生知道了实现自己的职业梦想有多种途径但任重道远,要坚持自己所持有的梦想,全力以赴。

总的来说,整堂课的思路比较清楚,且能够充分地引起学生的兴趣。但在对于不同职业的实现途径方面,学生们比较欠缺相应的了解,给出的答案面比较狭小。因此,在修改时,也可设计一些城市中的问题,让学生提供解决方案;或者给予适当的图片、视频提示。

04　科学:物质的构成[①]

授课教师:李　陈　　　授课时间:2014 年 10 月 28 日

教学设计

章节名称	4.1 物质的构成	学时	1 学时
教材内容分析	《物质的构成》是浙教版《义务教育教科书科学》七年级上第四章第一节的内容。本节课旨在让学生学习物质的构成,初步建立分子观和分子运动观,为学生理解物态变化等现象奠定基础,进而为八年级下学习物质的结构做好铺垫。教材为适合七年级学生的思维特点,采用沙雕类比,来帮助学生更好地接受物质是大量微粒构成的这一观点;采用黄豆和芝麻实验类比,来帮助学生理解酒精与水混合后体积减小的现象,进而说明分子间存在间隙。对于物质是由分子构成的知识点,则循序渐进地让学生亲自实验,体味方糖由大变小、最后溶解到水中、直到消失的过程,构建分子的概念。教材始终立足学生特点,处处化抽象为具体,让学生在实验中,逐步构建分子、分子间隙等相关知识点。		
教学目标	知识与技能:1. 知道分子是构成物质的一种微粒;2. 理解分子间存在间隙。 过程与方法:1. 通过方糖实验,体验方糖由大到小、最终消失的过程,建立分子概念;2. 通过演示实验,激发好奇心,掌握从实验现象中发现问题、分析问题、解决问题的方法。 情感态度价值观:通过实验探究,逐步养成严谨的学习态度和实事求是的科学精神。		

---

① 教材来自浙教版《科学》(2012 版)七年级上册第 123–128 页。

章节名称	4.1 物质的构成	学时	1 学时
学生特征	1. 学生的知识基础:小学科学的学习使学生对于物质的构成有一定的了解。 2. 学生的思维能力:七年级的学生还未具备抽象的思维能力,教学中应尽量采取适当的策略,化抽象为具体。 3. 学生的兴趣特点:学生天生对自然现象感兴趣,喜欢动手实验。 4. 本班学生特点:本班学生思维活跃,课堂积极,教师容易调动气氛;实验等方式,可以充分调动学生的积极性。但是这样的课堂,容易忽视知识点的落实,所以课堂教学中应注重知识点是否落实。		
教学重点	1. 分子概念的建立 2. 分子间存在空隙		
教学难点	1. 分子微观概念的建立 2. 分子间隙的构建		
主要教学方法	学生交流讨论为主,采用 PPT,实验演示,讲授、提问相结合的综合性启发式的教学方法,从而使学生有意义的学习,自主建构新知识。		
教学准备	量筒、酒精、水、方糖、研钵、玻璃棒、烧杯、玻璃管、针筒、品红溶液。		
教学板书设计	1. 分子是构成物质的一种微粒 有些物质由原子或离子等微粒构成 2. 分子之间存在空隙 气体分子之间的空隙 > 液体分子之间的空隙 > 固体分子之间的空隙 特例:水的分子空隙,气体分子 > 固体分子 > 液体分子		
教学反思	1. 重视课堂生成,关注学生课堂反应; 2. 加强自己关于化学部分内容的知识,重视科学术语的强调; 3. 提高自己化学实验操作能力,不犯实验操作错误; 4. 注重课本知识的选取,重视教材,提高自己的教材重组能力; 5. 课堂应更有激情。		

续表

课堂教学过程设计

教学时间	教师活动	学生活动	设计意图
1 Min	语言:在我们周围的世界里,有着各种各样的物质,比如,水、岩石、金属等等。这些物质都是由什么构成的?围绕这个问题,今天我们一起来探讨下物质的构成。 板书:4.1 物质的构成		
1 Min	语言:这是什么?沙雕。沙雕作品千姿百态、造型各异,所有的沙雕作品都是什么构成的? 自然界中的所有物质,是否也是由大量微小的粒子构成的呢? 现在,我们以蔗糖为研究对象,研究蔗糖是由什么构成的?	学生:沙雕。 学生:沙子。	以沙子类比,引入微小颗粒
8 Min	语言:大家请看活动一,完成实验并回答问题。 1. 用放大镜观察一块蔗糖,我看到_____ 2. 再用放大镜观察碾细了的蔗糖,我看到_____ 3. 将碾细的蔗糖放入盛有水的小烧杯中,用玻璃棒搅拌一下,用放大镜观察糖水,我发现蔗糖的粉末_____ 几个注意点: (1)研钵使用; (2)用玻璃棒搅拌时,不要触及杯底或杯壁。	学生同桌合作,完成活动一。 学生:1. 蔗糖小颗粒 2. 更小的蔗糖颗粒 3. 不见了	让学生体验方糖颗粒变小的过程,化抽象为具体,构建分子概念。
3 Min	语言:刚才同学说,蔗糖在水中不见了。那么蔗糖去哪里了呢?何以证明呢? 既然还在水里,为什么我们看不到呢? 语言:方糖的时候,我们透过放大镜看到蔗糖颗粒。碾成粉之后,我们透过放大镜看到了更小的蔗糖颗粒。而在水中,粉末消失了。蔗糖会不会是以更小的蔗糖颗粒存在水里呢?小到我们无法用放大镜捕捉。 语言:这位同学非常聪明,但是光学显微镜下,我们还是无法寻找到蔗糖的影子。要用隧道显微镜,放大几百倍的情况下,才能看到蔗糖的影子——蔗糖分子。 所以,蔗糖是由蔗糖分子构成。	学生:蔗糖溶解在水里了。 学生:因为水有甜味。 学生:…… 学生:对!用显微镜……	

续表

教学时间	教师活动	学生活动	设计意图
2 Min	语言:分子是构成物质的一种微粒。 　　以后学习会发现,有些物质由原子或离子等微粒构成。 　　水是由水分子构成的。酒精是由酒精分子构成的。空气是由多种气体分子构成。 　　不同的物质由不同的微粒构成,不同的微粒性质不一样。 　　板书:1. 分子是构成物质的一种微粒。 　　不同微粒性质不一样。		对后面将会用到的物质进行铺垫
2 Min	语言:关于分子,你还想了解哪些? 　　语言:看来,大家对分子都具有极强的好奇心。我也和大家一样,很想了解分子。比方说…… 　　1. 分子到底有多小? (分子尺寸) 　　2. 分子长什么样子呢? (分子结构) 　　3. 分子与分子间又存在怎样的联系? …… 　　当然,对于分子之间的联系,今天只能讲一部分,可能需要后面的课程学习之后,才能完全弄明白。	学生回答: 1. 分子的大小? 2. 分子的结构? 3. ……	体现学生主体
1 Min	语言:对于分子来说,我们只能通过隧道显微镜才能观察到。这是放大几百万倍下的 C_{60} 分子的图片。分子到底有多小呢? 我们取一滴水为例。 　　一滴水中含有的水分子个数为:10^{21} 个,分子直径大概为 2.8×10^{-10} 米,一个水分子的质量是:3×10^{-26} 千克。一滴水中的分子如果让一个人去数,每秒钟数 1 个,大约需要 30 万亿年。如果把水分子放大到乒乓球那么大,那么按照相同比例放大,乒乓球将会有地球那么大!!!		

续表

教学时间	教师活动	学生活动	设计意图
2 Min	语言:大家思考:推吸入空气的针筒活塞,观察到_____ 演示实验 语言:想一想:为什么空气会被压缩?	学生:不能推动。 学生…… (基本学生回答不出)	构建情景,引起认知冲突,激发好奇心与求知欲,同时过渡到分子间隙的学习。
5 Min	语言:接下来,我们再看水和酒精混合实验。 思考:酒精和水混合后,为何体积减小?	学生对酒精混合实验体积变小非常吃惊!但基本学生依旧回答不出来。	
3 Min	语言:的确,酒精和水这两种液体混合,给大家还是造成了比较大的困难。我们可以先来看一看生活中这样一个小实验:将量筒反复摇晃几次,使黄豆和芝麻混合。可以看到混合后的总体积将减小。 这又是为什么呢? 语言:请问黄豆和芝麻本身有改变吗?	学生:芝麻进入了黄豆的空隙,所以总体积变小了。 学生:黄豆和芝麻没有改变。	用黄豆和芝麻实验类比,化抽象为具体
4 Min	语言:我们发现,黄豆和芝麻并没有发生变化,体积减小是由于芝麻进入了黄豆的间隙。那么酒精和水混合呢?酒精是由酒精分子构成的,水是由水分子构成的,混合之后,体积减小,可能是什么原因呢? 语言:水分子和酒精分子进入彼此的空隙,使总体积减小。那刚才的针筒实验呢? 语言:两组实验,说明了什么? 板书:分子之间存在空隙	学生:可能是水进入了酒精的空隙,才使体积减小。 学生:压缩过程中,空气分子的间隙在减小。 学生:分子之间存在空隙	

续表

教学时间	教师活动	学生活动	设计意图
1 Min	动画模拟。 活动二　气体分子 说明:分子之间存在间隙。		模拟动画,更直观的解释分子间存有间隙。
4 Min	语言:1. 推吸入空气的针筒活塞,观察到空气被压缩 　2. 推吸入水的针筒活塞,观察到_____ 这又说明了什么呢? 语言:很好! 一般来说,气体分子间距,大于液体分子间距大于固体分子间距。但是,水不一样。对于水而言,气体分子间距大于固体分子间距大于液体分子间距。 语言:生活有没有关于水固体分子间距大于液体分子间距的例子呢?	生:液体分子间隙小于气体的分子间隙。 生:冬天结冰时,我们会发现体积会膨胀,这就是水固体分子间距大于液体分子间距离。	构建情景,引起认知冲突
2 Min	语言:请用 4 个小圆圈表示分子,在大圆圈中表示气体、液体、固体的分子间距 展示学生答案 说明:分子之间存在空隙	学生做题。	学以致用
1 Min	课堂小结		总结回顾

同伴互助

钱国美：预设才能

首先感谢李老师给了我这样一个学习的机会，尤其是在教学媒体的使用上，我还得多多学习。作为一名新老师来讲，我觉得这节课是很成功的。

课堂教学是一种有目的、有意识的教育活动，教学预设是一节课的蓝图，是保证教学质量的基本要求。从李老师的教学设计中可以看出，他的教学活动的设计始终以学生为主体，把学生的学习作为最根本的课堂要求。

一、目标的预设与达成

首先从教学目标上看，李老师的设计注重三维目标的整合，关注学生的学习过程和学习方法。这节课的知识与技能目标是"知道分子是构成物质的一种微粒；理解分子之间有空隙，会进行一些常见实验仪器的操作"。从我的观察来看，目标基本达成，但理解分子之间有空隙这个目标的达成度稍差。能力目标是"掌握从实验中发现问题、分析问题、解决问题的方法"，教师在实际教学中对学生还是未能放开，给予学生思考的时间较少，当学生不能答到教师预设的答案时，李老师就有些性急，直接给出了答案。学生分析问题、解决问题的能力需要长时间在课堂上培养，这时候我认为应该稍稍放慢些脚步，可以改变方式，如让学生讨论，或把一个难以回答的问题通过设置小问题的方法步步引导。

二、教学过程与环节的预设与生成

什么样的学习是最有效的、最优化的？恐怕没有什么形式比活动体验更好的了。对于七年级学生来说，在"动手"活动过程中体验科学，正是将"死"的科学知识演变为"活"的活动，融入学生已有的知识体系之中。基于此，整个教学过程中，李老师通过小组活动和教师的演示实验及实验分析来达成他预设的目标，这也体现了科学教学要以探究为核心的教学理念。在学生脑中建立分子概念是本节课的重点也是难点，因为分子很抽象，李老师通过活动，让学生用放大镜分别观察块状的方糖、粉碎后的蔗糖、溶于水后的蔗糖，从三者观察到的现象的递进式对比中发现，物质是无限可分的。整个过程从宏观到微观，层层递进，最后通过苯分子图片在学生脑中从微观的角度构建分子的模型，让学生体验了分子是一种很小很小的微粒，这个过程也符合七年级学生的认知规律。对第二块内容"分子之间有空隙"的理解也是非常抽象的，李老师通过压缩空气、酒精和水混合实验让学生分析为什么混合后的总体积小于原先它们单独的体积之和，这时学生用原有的知识水平是无法解释的，于是又利用黄豆与芝麻混合实验进行类比，体验酒精分子和水分子之间存在空隙。为分析做了铺垫,这也是一种科学方法的学习。

经观察,这块内容的教学中生成有以下方面的问题:

1. 在用研钵进行实验过程中,我们听到了比较响的敲击声,但李老师没有及时发觉或提醒。七年级学生第一次接触这个新仪器,尽管教师在实验前强调过,但我觉得教师还是先进行演示操作给学生一个规范比较好。

2. 在教师提出"怎么证明蔗糖还在水中?"有位学生提出"烧烧看",虽然语言表述不是很规范,但这位学生还是肯动脑筋的,这时候老师若能鼓励他一下,对他后续学习科学会起到一个激励作用,但我们并没看到老师有什么反馈。

3. 当老师抛出"关于分子想了解什么?"这样一个话题,学生提出了很多教师未预设到的答案时,教师的处理方式是完全按着他预设的方向前行。既然让学生提出想要了解的方面,那么应该考虑到设置这个环节的目的,即使有些方面课堂上完成不了,也可以把探究作为作业延伸到课外进行。

4. 最后一个环节(4 个小圆圈表示分子,在三个大圆圈中表示气体、液体、固体的分子间距)的设置很好,能够让学生将微观的粒子转化为宏观的可以看得到的图像,体现了建模的思想,只可惜时间关系未完成,那么我觉得可以把这个活动作为今天的作业布置。

听完这节课,我想,教师得有备而来,顺势而导,才能有真正的生成! 李老师在本课的教学中,很多"生成"的现象由于教师紧张等原因,还是没能兼顾;有些则是课前"预设"欠斟酌,否则,教学效果肯定会更佳!

我们的课堂教学是不断变化的动态过程,如果完全按照"预设"进行,结果将无视或忽视学生学习的自主性,课堂因此而显得机械和呆板;但如果一味追求课堂上即时的"生成",也会因缺乏有效的控制和引导,出现"放而失度"的现象。因此,我们要理性地看待"预设"和"生成",预设要有弹性、有留白的空间,以便在目标实施中能宽容地、开放地纳入始料未及的"生成"。对学生积极的、正面的、价值高的"生成"要大加鼓励、利用;对消极的、负面的、价值低的"生成",应采取更为机智的方法,让其思维"归队",回到预设的教学安排上来。让我们的课堂教学因预设而有序,因生成而精彩!

莫华明:认知才能

各位老师,下午好! 我们组的老师有王俊、管丹娜和我,我们是从认知才能维度观察李陈老师的这节课,我们观察的依据是 SOLO 分类理论。

我先简单地介绍一下 SOLO 分类理论。SOLO 分类理论,是由香港大学教育心理学教授比格斯(Biggs)首倡的一种针对学生学习结果的评价方法,它是一种以等级描述为特征的"质性"评价方法,即把学生对某个问题的学习结果由低到高划分为 5 个层次:1. 前结构层次:获取信息的能力;2. 单点结构层次:分析信息的能力;3. 多点结构层次:评价信息的能力;4. 关联结构层次:综合信息的能力;5. 拓展抽象结构层次。

在对 SOLO 理论有了初步认识后,我们将从教学目标、教师预设与生成 2 方面来谈李老师的这节课:

本节《物质的构成》教学目标有 2 个:1. 知道分子是构成物质的一种微粒;2. 理解分子间存在间隙,能列举分子之间有空隙的依据;能用事实说明气体分子之间的空隙比液体和固体分子之间的空隙大得多。在 2 个教学目标中都用了"了解""理解"等行为动词。如第 1 个目标中用了"了解",相当于 SOLO 理论的第一、第二层次。"知道分子是构成物质的一种微粒",相对于后面来说比较简单,但对学生来讲,他们是第一次接触到物质的构成,会有一种误解"所有的物质都是由分子构成的"。在这个问题上,李老师做得非常好,他马上 PPT 跟进:"有些物质是由离子或原子构成",这样很有针对性。第 2 个教学目标出现"理解"这个目标行为动词,相当于 SOLO 分类理论的第三、第四层次,甚至是第五个层次,相对于前面的一个教学目标来说是比较难的,也是这节课的重点、难点。李老师采用了很多的实验来突破这个重难点,如压缩空气、酒精和水混合以后体积变小、黄豆与芝麻,实验也很成功,但实验的顺序有问题。第一个实验是空气压缩,从学生认知角度来讲,有难度。为什么这样说? 因为我们在讲"物质是由离子构成"的时候,把这个物质的前提一般定为"纯净物",相当于 SOLO 理论的第一、二、三层次;而李老师采用了空气,空气是由各种气体分子构成的,是混合物,一下把层次拉大了,拉到第四、第五结构层次。这样一来,学生在理解的过程中确实有问题,太难了。而且让学生去解释,他也很难解释。第 2 个实验是酒精与水混合,实验非常形象,也很到位。但是你这时候让学生去回答"分子之间有空隙",也是有难度的,因为酒精分子与水分子都是无色的,学生看不清楚。因此李老师马上用了一个类似的实验"黄豆与芝麻",因为这两种物质看得见,难度马上降低了。因此教师在授课的时候应该把这个实验讲解到位。如果这个实验讲解到位了,再回过头看"酒精与水混合"实验,学生就比较容易理解了。所以我们组建议:能否把"黄豆与芝麻"的实验做成学生实验? 让学生动手操作、探究思考,他动手操作完了,就会有感受:"黄豆与黄豆之间确实有空隙,刚好芝麻注入的时候,跑到空隙里去了。"这个实验操作完后,再去做"酒精与水混合"实验,学生才能理解、知道:水与酒精混合,体积确实会变小。最后我们还有个建议,能不能把"压缩空气"的实验取消掉? 这对学生来讲,确实太难了。

许阳英:教师素养

对于教师专业素养,我们理解为三个方面的素养:教师人文素养、业务知识素养、教育教学能力素养。我从以上三方面谈谈听了李老师的课以后的收获以及我们的一些建议。

一、教师的人文素养——良好的思想道德素养以及良好的心理素质

1. 面对如此多的听课教师,作为入行3年的新老师,李老师能够做到沉着冷静,讲课娓娓道来。

2. 李老师在上课时,教态亲切和蔼,精神饱满。亲切的态度拉近了师生间的距离,也会让学生逐渐喜欢上李老师,进而喜欢李老师的课。饱满的上课精神,带动了学生的积极性,也帮助消除学生的紧张感。但是由于课堂激情不够,导致后半节课堂的氛围比较沉闷。

二、教师的业务知识素养——专业的科学知识素养

1. 李老师的粉笔字清晰端正,板书清爽简洁,可见教师的基本功底很扎实。

2. 作为科学老师,除去基本功底需要扎实的科学专业知识功底,规范严谨的科学用语。李老师在授课时比较注意用语的规范,比如在分析沙雕时李老师用了沙雕是什么组成的,在分析物质的微观结构时李老师描述为“分子是构成物质的一种微粒”,组成和构成一字之差,但是体现出了科学的宏观结构和微观结构的差异。但是在“蔗糖的溶解”活动中,当李老师问到“蔗糖去哪里了”,学生答出“溶解”和“熔化”时,李老师没有给出明确的说法,我们觉得应该告诉学生,这是一个溶解的过程,不然会让学生误解为“熔化”和“溶解”是同一个概念,进而把两个概念混淆。

3. 作为科学老师,除了专业知识,还需要具备规范的实验操作技能。本堂课李老师主要围绕小组实验和演示实验展开,特别是在小组实验“蔗糖溶解”时,研碎方糖前李老师强调了研钵使用时不能敲击要研磨,但是由于是新仪器的使用,李老师没有演示仪器的操作,所以在实验过程中还是出现比较响亮的敲击声,我们觉得李老师有必要演示一下研钵的操作,或者在学生操作严重不规范时走向前指导。同时在使用玻璃棒搅拌时,虽然已经学过玻璃棒的使用,但是还是有必要在操作前提醒一下。在酒精和水的混合实验中,李老师请学生闻酒精的气味时直接将烧杯递到学生的鼻子下,这是比较严重的操作错误,希望以后能够注意。在量筒读数时李老师利用摄像头放大让学生读数,其实也违背了量筒的读数方法,我们建议李老师可以请同学上台读数,或者可以改用在刻度处做标记的方法(因

为没有具体的数据要求)。我们认为,课堂中利用演示实验也好,或者学生实验也好,老师都应该在操作之前尽可能讲清楚实验操作的规范性。

三、教师的教育教学能力素养:包括教学设计能力、教学资源的应用能力、课堂的驾驭能力等三方面。

(一)教学设计能力

1. 教学目标的设计

教学目标是驾驭课堂的主宰。一堂好课无论是教学内容还是教学组织形式的选择,都要紧扣教学目标。从教学目标中的目标动词"知道""理解""体验""养成""掌握"等可以发现李老师的目标体现了以学生为主体的教学思想,而不是"培养学生""提高学生""使学生"等以老师为主的教学目标。李老师的教学目标设计能满足全体学生的需求,目标有层次,能让每一个学生都有所收获。

2. 重难点的突破

李老师利用了小组实验"方糖的溶解"来帮助学生构建分子的概念,让他们知道分子是一种微小的粒子;李老师利用了演示实验"压缩空气"引出分子之间存在空隙的知识,又利用了演示实验"水和酒精的混合"和"沙子与黄豆的混合"来帮助学生突破"分子之间存在空隙"这个难点知识。但是由于引入的问题太难,及黄豆和芝麻混合实验没有解释透彻,在解释空气为什么会被压缩以及水和酒精混合体积变小的问题时,学生出现了困难。我们建议可以先利用"酒精与水混合"的实验引出,再利用"黄豆和沙子"的实验进行透彻分析,通过类比的方法请学生分析酒精和水混合为什么体积会减小,之后再完成"压缩空气"的实验提升一下,再到"压缩水"实验进一步让学生能力有所提升。

在重难点突破上,李老师利用了三个书本实验和两个自己开发的实验,可见李老师用心解读了课本和教程,并"利用好"课本,又不完全被课本主宰。

3. 教学活动的设计

从李老师的教学活动的设计来看,课堂教学活动非常丰富,有教师的演示实验、学生合作探究、师生问答、学生练习等多种教学活动,这样的设计让学生一堂课下来不会因为单一的学习活动而感到疲劳。但是在实施小组合作探究过程中,李老师没有能够及时参与到学生的活动中,给人感觉"老师负责布置任务,学生负责完成任务",没有体现出老师的引导作用。如果是不需要老师引导学生能独立完成的活动也没有设置的必要。从课堂看在小组活动中学生或存在操作问题,或存在知识理解问题,这就更需要老师像"花蝴蝶"一样穿梭在学生中间,给予及时的指导。在师生问答过程中,李老师可能因为教学进度等问题而比较急,每次李老师的问题一出来,不到几秒就可以听到李老师自己解答的声音。我们觉得,如果长期采取"自问自答"的形式,会让学生越来越不愿意参与到课堂,同时分析问题的能力也不能得到提高。我们建议李老师在师生问答环节时可以适当放慢"脚步",多给学生一些思考的时间,多给学生一些回答的机会。

4. 板书的设计:李老师的板书简洁有序,突出重点。

5. 导学案的设计及应用

李老师设计的导学案比较简单,但是整堂课只有在小组活动"蔗糖的溶解"和最后画气体、固体、液体分子的空隙图时运用到了导学案,其他环节都没有使用,整堂课没有体现导学案的用途。我们建议是否能够重新设计导学案或者可以不使用导学案。

(二)教学资源的应用能力

李老师整堂课最让人耳目一新的就是多媒体资源的应用。他利用摄像头把小现象进行放大,能很直观地把实验现象呈现在每一位学生面前。这让我联想到我在课堂上演示"铁和硫的反应"时,很明显的现象,后排同学没有看到,影响到了教学。李老师的摄像头使用,让我学到了一招。

(三)课堂驾驭能力

1. 课堂氛围的调动能力。从李老师的设计环节,我们可以发现这是一堂以学生活动为主、体现学生主体地位的课,学生的积极性应该比较高涨,也能让学生在小组实验中发现问题,从而激发学生的好奇心。从开始上课,学生都表现得很积极。但是在探究分子之间存在空隙时,李老师在师生互动中表现得过于以老师为主,导致学生思考不够充分,回答没有开始那么积极。我们建议,李老师能否在探究分子之间空隙时通过演示实验让学生发现问题并提出问题,然后利用小组合作讨论分析,再听其他同学分析,同学评价质疑,教师评价质疑,最终对该难点突破!

2. 课堂评价能力。本节课学生的回答不多,在仅有的几个同学回答过程中,李老师不管学生回答正确与否,都没有给出评价。我们觉得"好学生是表扬出来的"。当学生回答正确的时候,我们要大大表扬他们;当学生没有做出正确解答时,我们要及时纠正,并找到学生的优点进行鼓励,这样让学生在表扬中建立自信心,获取成功的喜悦,让学生觉得今天的课是学有所获的。

3. 对课堂生成的处理能力

一堂精彩的课应该是充满精彩的生成的。我们觉得教师应该像"武林高手"一样"眼观六路,耳听八方",要随时随地地捕捉学生的一言一行,抓住闪光点进行放大分析。在李老师的课中,在思考"蔗糖溶解在水中后如何知道蔗糖没有消失"

时,大部分学生利用尝一下的方法,有一个学生提到烧一下,虽然说他的表达不准确,但是如果能够抓住这个学生的方法,让其他学生一起思考,是不是就能得到比尝味道更好的方法(在科学中可能存在化学药品有毒的情况,不能使用尝的方法)?

我们的建议比较多,可是换作我们自己上,可能有很多地方也不能够做到。总而言之,对一个只有三年教龄,刚接触初中科学新教材的年轻老师而言,今天的课是一节成功的课,当中有很多值得我们学习的地方,比如李老师的努力、李老师对课本实验的重视、对教材的解读、李老师多媒体技术的应用等等。

徐建忠:教师专业效能

我们目前普遍认同的是在课堂上不仅要教授知识,更要让学生学会学习,教师应以此为价值取向,提高课堂的教学效能。而目前我们正缺少的是学生带着自己的思想来听课、上课,这就势必要求我们将时间更多的交还给学生。

教师专业效能包括教学效率、教学效益和教学效果三方面。下面我就从这三个方面简单点评如下:

1. 教学效率

A. 本课李陈老师分三个环节上课:导入－活动－练习。活动环节设了4个实验,分别是学生分组观察蔗糖颗粒(5分钟)、针筒压缩空气(1分钟)、酒精与水混合实验(4分钟)、芝麻与绿豆混合实验(2分钟),总体能步步推进,在有效的时间内完成了上述的实验。但在活动衔接以及知识介绍过程中李陈老师花了近15分钟;剩余时间为师生问答,约为10分钟。以致最后的时间,对固体、液体、气体的分子空隙的讲解并没有落实,整堂课的教学效率还有待提高。

B. 本课物质是由更小的微粒构成内容所花时间较好,能比较优秀的完成这部分内容。在分子之间有空隙这一部分内容时,教师的实验设计不够合理,实验过程还有优化的空间,如酒精与水的混合实验中的混合时间可以缩短。

2. 教学效益

李陈老师用沙雕引入,进而引申出活动一(观察蔗糖及其溶解),利用大颗粒的蔗糖由小颗粒蔗糖构成,小颗粒蔗糖由更小颗粒蔗糖构成,溶解后看不见了,而蔗糖确实是真实存在的(甜味)的矛盾体,引申出蔗糖是由更小的肉眼无法分辨的微粒构成的,从而得到蔗糖是由蔗糖分子构成的这一结论,步步推进,效益最大化。

另外在教学分子之间有空隙这一环节过程中,教师设计了针筒压缩空气、酒精与水的混合、芝麻与黄豆的混合三个活动,以及将压缩水与压缩空气进行比较的活动用于拓展。面面俱到,使每个实验都能用在最恰当的地方。同时教师还设计了用摄像头进行放大的设计使实验效益最大化,学生把每个实验看得都很清楚,实验的效果不错。

3. 教学效果

学生能主动地去学,能根据实验现象拥有自己的思维方式,是教学效果最大化的根本。本课的主要内容在于学生掌握物质是由分子构成的、分子之间有空隙这两个基本内容。教师通过一系列的活动使效果呈现在听课教师的面前,学生在获得知识的基础上有了探讨和思维的空间。如在探讨压缩空气这一环节中,学生提出了压缩空气是因为空气是由很多种分子组成的,压缩时,因为分子之间有空隙,分子嵌入到了分子之中这一结论。说明教师的引领非常关键,教师的实验设计需要更加科学。

对于这节课,我还有两点思考:

1. 提高教学效率,必须提高教师的专业效能。教师的语言组织,实验组织等方面都必须遵循科学精神才能更高效。如教师在用混合一词时,前后用词不规范导致学生对混合一词模糊,之前教师已经定义了混合,而接着教师就说颠倒一下,这就不规范了,会导致今后学生的用词模糊。如在解说研钵和玻璃棒的使用时,教师说不要怎么样,而课堂上却出现了这些现象。其实我们更应该告诉学生应该怎么样,怎么样去做不会怎么样。这样的正面教育要更多一些,更能体现教师的专业效能。

2. 我们更应该让课堂充满思考。在这节课上李陈老师遇到学生提出压缩空气是因为"空气是由很多种分子组成的,压缩时,因为分子之间有空隙,分子嵌入到了分子之中"这一结论时,教师虽予以肯定,但并未给予其余学生辩驳或者聆听的机会,教师一带而过,直接给出了结论。课堂呈现以教师为中心,使得课堂气氛不够活跃,从而显得教师的专业效能体现不足。

王伟静:专业职责

我和余跃华老师负责从教师专业职责维度观察李陈老师这节课。我们认为一节课上得是否成功,不是看课堂有多热闹,教师的教学方式有多特别,而是看学生怎么学,教师怎么教。其中教师的"教"在整个教学过程中,起到了一个开启精神之门的钥匙的作用。怎么教? 主要从教师的教学思想、在教学中的德育渗透、教学内容的处理、教学方法的改革等四个方面去看。教师要想上好一节课,首要条件是必须做到五个弄清:1. 教学目的;2. 教学建议;3. 规定的知识体系;4. 限定的知识范围和深度;5. 弄清新课程标准的特点。

关于专业职责,我们讨论之后决定从三个方面去评议:

首先是专业角色:新课标的理念是"面向全体学生,提高学生的科学素养",课堂上学生是主体,教师起主导作用,所以,一节课,老师的作用是比较重要的。有人把教师专业角色比作是导游,他们应该是学生学习的支持者和学习经验的设计者。我们认为本节课基本上都得到了体现:李老师设计了4个实验活动,并且学生都有亲身参与体验。不足:学生的主体性体现的不是很明显。比如做实验的过程:先观察现象—分析—得出结论。李老师给学生的时间比较少,如果引导学生自己去说,效果可能会更好。

其次是专业精神:包括敬业精神、人文精神、科学精神。敬业精神:李老师准备了大量的实验,有些是他自己网购的,对于仪器的要求比较高,值得学习。人文精神:在本节课中老师教给学生许多科学思维方法,引导得比较到位。采用模拟的方法,用可见的物体代替不可见的物体(比如:用黄豆和芝麻来模拟分子之间存在着空隙),让学生在视觉上有个潜意识,便于理解。科学精神:在黄豆和芝麻的读数实验时,为了使读数规范,重新调解视频读数,体现了科学精神的严谨。不足:有个学生在闻酒精的时候方法不对,不能直接用鼻子闻,而应该用手扇着闻。

最后是专业智慧,从两个方面分析:1. 课程资源的开发,从教材处理上,遵循"用教材教"而不是"教教材"。对于书中的探究实验,李老师准备了许多实验器材,并做了改进,同时直接又开发了两个实验:用注射器气推水和空气。并让学生亲自体验,增强了学生的兴趣。2. 教学策略的选择上,采用了产生式和替代式教学策略相结合的方式。教学方法的创新:采用动手实验和视频同步的先进方法,增强了教学效果,满足了学生的视觉享受,也克服了本次试验学生看不清楚的缺陷。不足:课堂学生讨论的时间太少,老师有点包办的感觉,应该多听听学生自己的声音。

黄晔:操作才能

我从教学操作才能方面进行点评。教学操作才能主要分为两个方面:

第一个方面是从教学操作手段来说,主要有三点:第一,语言的表达才能。作为一名新教师,李老师在整堂课中语言非常连贯,表达有条理,不像一些刚参加工作的教师总带有一些口头禅。不足之处在于李老师在叙述一些概念或者知识点的时候准确性不够。如"一千倍放大"中应该是"一千万倍",这是出现了表达疏忽。让学生进行试验操作时,李老师的表述是"玩一玩",实验本身是具有科学严谨性,而"玩一玩"给学生的感受是实验是用来玩的,缺乏科学的严谨性。第二,非语言的表达才能。除了语言,上课时的表情、手势等也能带动整个课堂。李老师的表情很丰富,学生回答问题时,他会微笑着鼓励学生;李老师在问出问题时会皱皱眉头表示疑问,这是非常好的。而且李老师在第一节课时手还是插在口袋里,但是在第二节课中手势放在胸前,表现出激情的一面,这样也能够带动课堂。第三,在运用和选择多媒体方面具有较高的才能。电脑和多媒体的运用在科学课堂中很大程度上是不必要的。科学的主体是实验,通过视频来演示实验,缺乏学生动手操作各方面的观察。而李老师能够将两个方面有效结合起来,提高了多媒体使用的有效性。

第二个方面是从教学操作内容来说,也有三点:第一,呈现教材的才能。作为一名新教师,李老师没有按照课本完完全全的流程上课,而是有意识地改变课程,这样能够更好地开展教学。李老师有意识地编排,如加入空气压缩实验和水压缩实验,这样的编排缺乏对学生的了解。学生往往是通过第一个实验——空气为什么能够压缩而产生一定的疑问,然后李老师用酒精和水的混合实验再来解释,学生还是存在一定的疑问,然后再用芝麻和黄豆的混合实验再来解释,学生的问题解决了,但是会倒回去想,猜测空气是混合物,它也是混合在一起的。这样对教学产生了一定的影响。我觉得可以先操作酒精和水的实验、芝麻和黄豆的实验,先把分子之间有间隙这个问题说清楚,然后进行两个对比实验——空气的压缩实验和水的压缩实验,同时都说清楚了,它们都有分子,它们都是有间隙的,为什么一个压缩了,另一个没有压缩。这样对比能够更好地说清楚它们间隙大小的问题。第二,课堂的管理才能上稍显欠缺。如之前老师所述的抓住深层、激发学生的动机等各方面稍显欠缺。作为新教师,这是难免的。我觉得这节课是学生从宏观世界到微观世界的转变过程,李老师可以在引入过程中多下功夫。不要用书本上的沙雕、沙子,这样引入过于简单。引入可以更加丰富些,是怎么样从宏观的世界慢慢进步到微观世界,更能够涉及一些小的活动,更能够激发学生的动机。第三,教学评价才能。李老师没有给予学生及时的反馈。学生回答后,李老师没有明确学生是对还是错。如有错误的问题中"闻"这种气体的气味;还有就是混合酒精和水的时候,有位学生说了密度,我觉得应该给予这位学生评价和肯定。我觉得密度是有道理的,因为密度才造成液体的沉浮,使得液体颠来倒去。我觉得不应该打消这位学生的积极性。我觉得这位学生的层次是比较高的,他能够提出密度这个概念是非常不错的,如果李老师给予一定的肯定,能够激发这个学生对科学的兴趣。

专家点评

姚青山(杭州市第十五中学、科学特级教师)：

各位老师,下午好!我来自十五中,今天是第一次来到仁和中学参加科学组的教师专业发展微观评价活动,这个活动对我的影响很大。应该说,今天我也跟各位在座的老师一样,学到了很多。我首先谈一谈我对仁和中学的感受,有三点：

第一点,进了仁和中学的校园后,感觉我们仁和中学是一个和谐、大气的校园。这个"和谐",一方面是我们的校园,第二是我们今天这节课。这节课课堂上师生间和谐;听了我们老师的发言,我觉得我们有非常好的教研团队,教研氛围非常和谐。我相信李老师在这样的团队和这样的教研氛围中成长会非常迅速。听说今天也有其他学校的老师参加活动,为我们展示的老师提供了很好的机会。教研组的和谐,才能成就我们老师的优秀。

第二个感受是我们科学团队进取的态度。刚刚听高老师说,我们学校每学期举行一次这样的活动,这已经是第五届了,可以说这样的活动给了我们老师更多的展示空间。有的老师说,活动多了,太折腾,但我们只有在这样的活动中才能进步,利用这样的活动,我们才能成长。这就是进取。而且刚才老师们从各个层面展开点评,点评的也非常好,从理论高度,从实际操作,尤其是有几位老师刚刚点评时特别指出需要改进的地方。李老师作为一名新老师,尽管有三年的高中教学经历,但作为刚刚接触初中新教材的新老师,能够上到这个程度,非常好。

第三,这是一个非常优秀的学校和优秀的团队。这个"优秀"体现在哪儿? 就体现在刚才的评课和课堂管理上。从评课上看,刚才六位老师评课都非常坦诚,观察得也非常细致。我参加过杭师大大大小小很多活动,但像今天这六位老师点评的这么好的,确实不多。点评的好,说明我们老师课堂观察得非常细,说明我们这个团队非常优秀。这个优秀,要感谢杭师大为我们提供这个平台,提供这个机会,才成就我们今天的优秀。从个体上讲,今天上课的李老师很优秀。今天课前我看到学生很兴奋:"哇! 李陈老师!"我也很兴奋,为什么? 小伙子很帅气,教态非常自然;字写得不多,但非常工整。从成就优秀来说,一个优秀的个体,每个细节都要优秀。所以要成为一名优秀教师,要从每个细节做起。就像一辆优秀的汽车一样,每个零件都优秀。今天李陈老师作为一名新教师,能够展示出这样一堂比较成功的课,可以说整个团队是优秀的。

从评课上看,刚才六位老师都评得非常的细,我也学到了很多。如果让我讲的话,我也只能从教师成长方面,跟各位老师分享一下自己的一点感想。

作为一名优秀教师,优秀在哪儿?

第一,学生喜欢你的课。新老师压力很大,课怎么上? 教材怎么处理? 我经常跟我们学校的新老师说:"不要怕,首先要让学生喜欢你,你的课无论怎么上,都会成功。"今天我一走进课堂,就发现我们的课堂氛围非常好。李老师敢在自己班上公开课,是一种勇气。因为根据我自己看到的很多情况,在这种大型展示活动上,你给其他班学生上课能上得很好,但在自己班就上不好。一般来说,你给其他班上课,这个老师是新面孔,这个班前面上什么,你不用管;上完课,这个班后面怎么样,你也不用管。但在自己班上课,知识必须落实到位。所以这节课,我们可以看到:李老师的知识目标落实得非常好。

学生不仅喜欢这堂课,还要喜欢这位老师。李老师个人素质放在这儿,很受学生喜欢,我也感受到了。

如果学生敬佩你,崇敬你,你就是一位不可多得的好老师。所以说,从自己的个体优秀,到学生敬佩你,到学生期待你上课的时候,我想你的课会非常成功。

听说我们学校今年进来了好几个科学老师,这些老师在进来的时候差异不大,今天是李陈老师做课,下次是金老师做课,再下次是陈老师做课,那么在不同平台的时候,我们怎么成为优秀的个体? 现在大家差异不大,但经过一年、两年,差异就比较明显。有的老师会说:"为什么会排到我呀?"跟你说,排到你,说明你很优秀;排到你,说明机会不多,这是在给你成长的机会。我们一个年级十多个班,有二十多位科学老师,这样的机会可能有,可能没有。当给你机会的时候,你要把握机会。谁最先成长起来,谁就把握住了机会。有积极的心态,说明成功了一半。

第二,我们要成为一名优秀教师,就要做一名有个性的教师。一名品质优良、学养深厚、个性突出的教师,一定会得到学生的尊敬,并对学生的成长产生深刻的影响。世界上没有长得完全相同的两个人,同样世界上也没有两片完全相同的树叶。从这个意义上讲,我们老师要成就个人。比如说,今天六位老师从不同层面提出了各种建议,李老师就要考虑:哪些以我自身的模式吸收——消化——成长。所以教师的个性是教师知识、技能、素养的综合表现,是情感、意趣和人格的集中展示,是对现实的强烈追问。所以一位有个性的老师,应该是温暖、阳光、灵动的。六位老师提出了很多意见,李老师要不要都改? 要改多少? 怎么改? 像这节课,如果李老师按照六位老师的意见都改的话,这节课能完成多少? 我估计最多能完成2/3。如果这节课重新设计的话,你有 2 个班、3 个班的课,我这节课就完成这些,将本节课的问题和实验现象及后续问题有机整合放在导学案中全部给学生。

但是由于今天我们要听课,李老师备课的时候肯定想让这节课完整一点,要完整点的话,只能做到最大限度的、最优的设计。作为新老师来讲,前5年是成长期。在成长期的时候,我们的师傅、我们的团队会提出各种各样的建议,这种建议我们如何去吸收? 是一个非常重要的问题。对我们来说,上一节课非常容易,上一节课能够体现我们团队的协作精神。要想成为一名有个性的老师,我有三点建议:

1. 要了解自己:每个人都是唯一的,无可代替,那么你要不停地发现自身的优势,在自己的专长方面去发展。

2. 要了解别人:我对我的工作室的老师讲,每个老师来了以后,每个个体都不同,你如果走别人都走的路,你可能会优秀,但永远在后面。所以你要去了解别人,走自己的路。比如李老师善于捕捉一些新的教学手段,如摄像头,这是我们平时捕捉教育资源的一种手段,那我能不能在这方面发扬得更好呢? 那么团队里的其他老师具有哪些优势可以为我所用? 但也不能一味地模仿,所以我们要了解别人。

3. 要了解自己身处的时空。有的老师可能这样:"这节教不好,下节再重来。"我认为:每一天都是唯一的。今天这个时间过了以后,明天回来是另一个时段;你今天面对的是这个班的学生,是这个时段,明天回来后面对的是另一个班,另一个时段。李老师今天的课还有一个难的地方就是:他上的是第四章第一节,前面的内容还没讲完。从知识来讲,这一章不算很难,学生身边能够找到相关的事例;但从学生的心理成长角度来说,学生还没有成长到能够接受从第二章跳到第四章的变化,所以这节课上的时候,师生间的配合不是很顺畅。如果要挑这样的课来上的时候,怎么办? 我们应该提前2-3天给学生更多思考的时间。把握时间,就是把握趋势,要顺应潮流,不要逆流而上。把握时空,还要融入学校,把我们的每次成长都融入学校的发展之中,顺应学校的特点,了解学校的发展方向。我们这个学校组建的时间不长,但起点很好。作为这样一个好学校,如果每位老师们都能成为一个优秀的个体,那么我们学校整体就会很优秀。现在借助杭师大的平台,大家有一个很好的发展机会。如果以后这个平台没有了,我们如何成长呢? 就要利用学校这个空间,多听课、多交流。我对我们学校的老师说:"你们听我的课的时候,可能有这种感觉,第一遍听,没有什么;第二遍听,还是这样……但我能够坚持下去,每天我用自己的经验水平把它上到最好。第二,有机会参加各种活动时,我能全程参与,中途绝不跑开。我跟你们比,我有哪些优势? 按我现在的年龄,仍然坚持上录像课。"有的年轻老师可能会说,你的教案给我,我也能上得差不多。真的是这样吗? 因此我也跟我们学校的年轻老师说,你如果真正地想成长,录像课必不可少,自己给自己录,不需要别人帮忙。你每个星期或每个月给自己录一次,课余时间自己看一看,看个 2 遍、3 遍,看看问题在哪儿。

所以说,了解自己、认识自己,这是人一生的任务。了解别人,别人改变,你也改变。要学会参与,把握时空,因为现在这个时空确实变化很快。现在的年轻老师进来后,个人功底、个人素质都非常好,起点很高。但起点高,我们更要成长。

第三点,还要有丰富的学识。现在的老师都是大学本科毕业或研究生,所以我们现在不缺"知",而缺"识"。一个优秀的老师要有常识、有见识,远见卓识。刚刚李老师说,我们学校刚刚合并没多久,有老师进,也有老师出,这是一个很好的事情。一所学校,作为校长来讲,关注什么? 作为老师来讲,我一个班 37 个学生,到初三,哪些去了哪个学校? 而作为校长来讲,学生进来只有三年,而老师进来,可能十年,甚至三十年、四十年直至退休,那么怎样让老师成长? 让老师开开心心进到我们学校,也让老师有机会离开我们学校,去更好的平台发展。在这个过程中,我们要增长我们老师的才识。作为老师来讲,也是一样。因此作为学校来讲,不要关注学生,而是去关注老师的成长。当老师成长了,你的学校自然就会成长。比如说李老师现在调到仁和中学,过了五年他又要走,怎么办? 不要怕他走,他能走,说明了什么? 说明他这五年在仁和中学有了更大的积累,这个积累就是我们学校最大的收获。常识,还包括我们身边的知识。结合李老师这节课来讲,用教材上的沙雕引入。这节课讲什么? 物质的构成,我们学生身边都是物质,课桌、课本、学具袋……都是物质,它们是由什么构成? 由近及远,这样在备课过程中将知识备得更细。所以我们在备课过程中,我们的老师要理解教材,看看教材中的一些实例在生活中哪些地方可以体现。所以这一点是需要我们老师去提升的。这一方面我就不想说得太多。提升学识还有几个方面的内容,因为时间关系,我就不再说了。

第四点,要成为一名优秀教师,更要学会反思,要在反思中成长。我经常跟我们工作室老师讲,作为新老师,第一轮备课,要去写教案。写教案的时候,要写什么? 最需要写的是:这节课你成功的地方有哪些? 哪一些地方还需要改进? 这就是我们所说的教师的反思,哪怕这节课里面,你只写一句话。关于教学反思,我对我工作室老师的要求是,你能多写就多写,能少写就少写,就算只写 5 个字,也不算少,你把最精华的部分写出来就行了。就今天来说,李老师最成功,或最大的收获,就是各位老师的建议。如果你将自己的缺点都改掉了,你今后会很成功。那么这节课还有哪些地方可以改进呢? 比如李老师在用玻璃管的时候,一直用大拇指将管口捂着,不敢松,一松就漏了,能否改进一下,用橡皮膜缠在管口? 在摄像头下展示完了后,还可以拿到学生中间去,让学生观察;而且用橡皮膜捂着,怎么动都可以,不只是平动,效果更明显。第二个可以改进的地方是"量筒"的实验。量筒的刻度是多少,我们可以用橡皮筋在外面绕一圈做个标记,拿到学生中间去,也比较好观察。而且在晃动时要平晃,不能上下晃,否则气球会跑到底下去了。平晃两下,马上竖起来,还可以转动,效果就非常明显。所以,我们在反思过程中,教学是一门科学,价值在于求知,教学的最高境界是教学的反思及研究。所以我们在教学过程中要不断地反思,这个反思来自同伴的互助,来自自己教学中的反思。李老师有2个班的课吧,我不知道你是不是用同一个模式来上2个班的课,反正我2个班的上课模式是不尽相同。我这段时间在带实习生,以前3个班的课他只听一个班就走了,这两天三个班的课都在听。然后他跟我讲:"姚老师,姚老师,我发现你三个班上的都不一样。"教学进度一样,教学方法不一样。不同的班级学生不一样,你就要采用不同的教学模式。因此在教学过程中,我们一定要反思,第一个班上完后,第二个班上之前一定要反思。刚才有个老师打电话给我:"姚老师,这课怎么上? 上完了以后,学生什么也不会呀。"学生为什么什么也不会? 关键是你把课上难了,你把它上到学生的基础之上,所以你要反思:你在备课过程中是否贴近学生生活,是否符合学生的认知。如何写教学反思? 我建议各位老师:1.从自身的发展去寻找生长点;2.从教育教学实践中寻找突破点;3.从教育叙事中找到特殊点;4.从学校和自身发展规划中找到适宜你发展的空白点。从教这么多年,我每天下班前,学生都走了,我还要坐在办公室里想一想:今天我做了什么? 哪些做到了? 哪些做得不好? 哪些应该改进? 想好后,我写在纸上,明天进行教学改进。你们每天有没有这样的习惯? 每次上完课后,我也习惯坐在教室里或空闲时间想一想:这节课和下节课的改进在哪儿?

　　刚才有老师提到,像李老师这样优秀的老师,上课再投入一点激情的话,这节课会更精彩。我有个徒弟参加杭州市优质课评比,他是化学专业,去讲了节物理。上课之前,心里很没底:"老师,我手气怎么这么背,抽了节物理课。"我说:"不要怕,依照你的能耐的话,这节课不会差的,你提前把该准备的东西准备好。"我的特点是从来不向我的徒弟和朋友下指令性意见,不跟他们说你的课该怎么怎么上。因为你首先必须要有自己的想法,在自己的想法之上再修改,这样才能成就这种风格。如果我给你一个套路,你按着我走吧,走不好;不按着我走吧,也不好。因此我对这个老师说:"你先把自己的想法想好,教案一定要写简案,不要写详案。写简案的话,你会有更大的发挥的空间。"结果他到市里去上课了,导课过后学生太活跃了,教学的激情非常强。学生一活跃,他本来收住了,又放开了。放开后,让学生讨论、让学生讲,让学生做,这其实是评委老师最期待的。当然在这种课堂上,听课老师比较多,学生可能放不开,老师的激情就上不来。因此你要学会调动,即提高课堂驾驭能力。如果这方面的能力提升上来后,我们老师的课会更好。

今天这节课听完后,很有感受,让我也学到了很多,也验证了这样一句话"后生可畏"。所以说,活动的开展,有利于教师的成长,希望我们的老师都能成为教学的高手!

教学反思

很荣幸,我有机会能代表学校开课。对于刚从高中来到初中的"新人",这次开课让我静下来思考初中学生的学习特点,让我静下心来有条理有层次感地设计课程,让我静下来想一想"初中科学该如何去教"更为高效。很感谢科学组的团队对我提出的各种建议,让我从中学习了很多,豁然开朗地让我明白现在教学的不足之处!

一、课堂教学要重视学生的主体性

新课改对于教学过程中教师与学生的关系问题,要求"教师是主导,学生是主体"。在本节课教学中,有三处课堂生成,本人有所忽略或者未能捕捉!第一处,当提问:"如何证明蔗糖还在水中时",有一位同学在下面说:"把糖水烧一下。"这处问题,我没有重视,直接跳过!第二处,当提问:"酒精和水混合,为何体积减小?"有一位学生回答了密度,这个学生回答错了,我直接以对错处理,没有具体展开。第三处,当要求学生解释气体为什么容易被压缩时,学生回答:各种不同气体分子进入了彼此的空隙。我进行了解释,但个人觉得解释高于学生原有知识,学生应该不大好理解!课堂是动态的,学生的思维是活跃的,预设不可能100%,课堂必定会生成新的内容。今后的教学中,应重视课堂教学,重视学生的回答,立足学生,引导学生构建新知识。第一处只要赞扬,第二处对密度可以适当展开,用两块固体叠加,引起学生认知冲突。第三处,是由于我课堂设计问题,让学生知识构建上存在问题,同时,混合物的分子混合远远超过新课学生的认知能力。今后课堂设计,应调整这部分内容。

二、课堂教学要重视语言、操作的科学性

教学的基本任务是向学生传授科学文化知识,因此,教学语言就必须具有高度的学科科学性。教学语言的科学性,主要体现在准确性、精炼性、逻辑性和系统性上。准确性是指正确地引用科学术语,准确地表达事物的现象和本质,杜绝含糊不清的概念和模棱两可的表述。

而科学课程的特点,课程中包含很多科学实验操作。实验操作有一定的要求与规范,教师首先应自身操作规范,同时,应关注学生课堂操作是否规范。本节课中,有几处地方在语言或者操作上存在问题。第一处,研钵、玻璃棒使用:虽然在学生实验开始前,我强调了研钵的使用,但是学生依旧出现了敲击研钵的问题。而此时,我没有针对这个现象特别强调或者示范。第二处,学生闻酒精,操作不规范,我没有进行强调。第三处,蔗糖溶于水说成熔化。区分熔化和溶解,是化学部分中比较重要的概念,而我在这个问题上也没有强调。本人专业为物理,对于化学和生物部分的知识内容存有很大的缺陷,作为"新教师"的我,应该努力提高这部分知识。

　　我很庆幸能来到仁和中学,我也很珍惜教学的机会。在今后的工作中,我会努力提高自身的教学水平。

05 思想品德:珍惜学习机会①

授课教师:石守平　　授课时间:2012 年 4 月 19 日

教学设计

一、教学目标

知识目标:知道受教育权受到侵犯时采取各种合法方式予以维护,明确履行受教育义务的主要内容。

能力目标:提高学生依法维护自己受教育权的能力,增强学生履行受教育义务的自觉性。

情感态度价值观目标:珍惜自己的受教育机会,履行自己的受教育义务;树立终身学习观,养成自觉学习的态度;认识到:接受教育,既对个人成长和家庭有利,也对国家和社会有利;既是道德责任,也是法律义务。

二、教学重难点

重点:维护受教育权利 难点:履行受教育义务

三、教学方法:激励教学法、案例教学法、合作讨论法

四、教学准备:教学课件、案例材料、练习试题

五、教学过程

【导入新课】

播放电影《凤凰琴》片段,请学生谈谈观后感,以此导入新课。

【新课教学】

(一)维护受教育权利

1. 受教育权被侵害的情况

(PPT 展示材料)问:以上例子分别说明我们的受教育权受到来自哪些方面的

---

① 教材来自人教版《思想品德》(2004 版)八年级下册第 62 – 66 页。

侵害?

(过渡)在现实生活中,当我们的受教育权被剥夺或受侵害时,我们该如何依法维护自己的受教育权?

2. 维护受教育权利

活动一:案例追踪——"小伟的烦恼"

学生小组讨论:怎样维护公民的受教育权?

教师小结:依法维护受教育权的方式分为非诉讼方式和诉讼方式。

活动二:真题再现

社会透视:离某中学100米处新开一家网吧,电脑设备崭新,上网费用便宜,还推出上网三小时可免费再上一小时的优惠。校内一些"网虫"经常逃课到此网吧上网,还带了很多其他同学也来这上网。

师:假如你是该校学生,你该怎么办? 如果是学校的领导,该如何消除网吧的影响?

(过渡)如果这些方式都无法解决,那就必须用诉讼的方式即向当地法院提起诉讼,这样才能有效维护我们的受教育权。我们在增强我们的权利意识的同时,还应增强我们的义务意识,受教育权不仅是我们的权利,也是我们应履行的义务。为什么呢?

(二)履行受教育义务

1. 珍惜受教育的机会

(PPT展示材料)时政聚焦——2012年政府工作报告

问:这些时政材料充分说明了什么?

(过渡)国家和家庭为了保障我们的受教育权付出很多努力,所以,我们受教育的机会来之不易,我们要珍惜受教育的机会,履行受教育的义务。那么,我们怎样才能履行好受教育的义务呢?

2. 如何履行受教育的义务

活动三:案例分析"章路的故事"(PPT展示)

合作学习:(1)章路的说法对吗? 为什么?

(2)假如你是章路的同学,你准备怎样劝说他?

(3)履行受教育的义务,我们应该怎么做?

小结:指导学生明确履行九年义务教育的内容。

3. 如何更好地完成义务教育阶段的学习任务

活动四:"考考你"添数字游戏、小狗与小汽车有什么共同之处?

【课堂总结】

教师再次回顾本课所学主要知识,并简单小结,升华主题:

古人教育我们:"少壮不努力,老大徒伤悲。"而青少年时期又是人生的黄金时期,切不可虚度光阴,"莫等闲,白了少年头,空悲切!"唯有牢牢抓住现在大好的学习机会,才能成就自我,成就未来!

【课堂训练】

通过随堂练习,加强学生对本节课内容的理解与掌握,及时反馈,师生互动;提高学生的综合分析、归纳演绎等能力;教师进行必要的学法指导。

【布置作业】

课堂实录

师:上节课我们学习了义务教育的基本特征,这节课我们就来学习受教育不仅是我们的权利,也是我们的义务。下面我们来看一段视频,了解一下山区的孩子受教育的情况是怎样的?(播放视频)我们再来看两幅图片,进行对比后,来谈谈我们的感受。

生1:山区的孩子学习情况很苦。

生2:我们应该珍惜自己受教育的机会。

师(出示课题):那么我们有哪些保护受教育权利的法律?

生1:《义务教育法》。

生2:《未成年人保护法》。

师:《义务教育法》、《未成年人保护法》、宪法。但是我们的受教育权经常会受到来自家庭、社会的侵害,下面这些情景使我们的受教育权受到哪些方面的侵害?(出示PPT:1. 小伟父亲说他成绩不好也考不上大学,让正在念八年级的小伟出来打工挣钱;2. 某工厂招收一批在校的初中生进厂打工;3. 学校附近新开了一家KTV经常音响开得很大,吵得学校里的同学无法安静地上晚自习;4. 初三学生胡某因为严重违反学校纪律,被学校开除离校。)

生齐答。

师:请列举我们生活中受教育权受侵害的例子。(生沉默)例如,校车事件。

生1:有的学生家里穷,读不起书。

生2:父母不想他上学,就辍学打工。

师举例:辍学打工、校园周围黑网吧、非法童工……受教育是我国法律赋予我国公民的一项基本权利,是我们成长和发展的基础。但是在现实生活中,我们受

125

教育的权利却常常受到来自家庭、学校、社会等各方面的侵害。(多媒体出示小伟的故事):小伟的什么权利受到侵害,他爸爸的行为对不对?

生:小伟爸爸侵害受教育权,触犯了未成年保护法,是违法行为(教师协助回答)。

师:如果你是小伟你怎么办,你怎样维护自己的受教育权?小组讨论:你可以想到有哪些维护权利的方法?用1、2、3表示出来,写错了也没关系。(学生讨论,教师巡视)

师(提醒):思维要放开,不要拘束,向社会寻求帮助、向法律寻求帮助,过于笼统,要写具体一点。讨论的时候声音可以大一点。

师:大家转过去,有没有讨论好?你讲一下,可以用什么方式?

生1:先与爸爸协商,讲明受教育的重要性;也可以寻求老师的帮助,向法律求助。

师(追问):你具体怎样向法律寻求帮助?

生2:向法院起诉。

师:因为是自己的爸爸,我们一般不采取这种方法。

生3:向政府求助。

生4:向亲戚朋友求助,向执法部门求助。

师:一般有诉讼方式,非诉讼方式(出示四种维权方式,前三种是非诉讼方式,第四种是非诉讼方式)。下面我们根据课本第63页材料,巩固一下这部分的知识。

师:你作为学生应该怎么做?

生1:向校长反映,让校长向上级主管部门反映。

生2:如果是校长的话,在外面用环境将他隔离开来。

生3:可以向当地政府部门反映。

生4:先去找村主任协商,协商不成的话,向法院提起诉讼。

师(出示答案):假如你是该校的一名学生,你会:(1)尽量克制自己,不到寺庙看热闹,排除干扰,专心学习;(2)向当地政府如实反映情况,要求其采取有效措施,维护自己的受教育权。假如你是校长,你会:教育学生排除干扰,安心学习,并依靠新闻媒体、各级政府和司法机关的力量妥善解决寺庙的问题。

师转承:有人说,受教育既然是我的权利,那是否意味着这种权利可以随意放弃呢?(停顿)不行,受教育既是我们的权利,也是我们的义务。

师(出示时政材料,要求学生将红色字体部分读一遍):请大家谈谈自己对这

一段时政材料的感悟。(举手的人不多)

生：国家非常重视教育。

师(引导学生阅读教材第63页)：实证材料和书中材料给我们什么启示？(提示：可以从国家和家庭两个角度谈。)

生：国家实行义务教育不容易,家庭供养我们读书也不容易,我们应该珍惜学习的机会。

师：我们的受教育机会来之不易,我们要珍惜受教育的机会。那么我们怎样才能履行好受教育的义务？(出示小伟的故事2)小伟的说法对吗,为什么？

生(齐答)：不对！

师：假如你是小伟的同学,怎么劝小伟？

生1：父母供你读书不容易,沉迷于网络有害身心。

生2：现在读书是在接受义务教育。

生3：沉迷网络是不好的,读书是为了使我们今后的道路更顺利。

师：作为接受九年义务教育的学生,怎样履行好自己受教育的义务？

生(在书上找到相关的三个知识点,齐读)：1. 认真履行按时入学的义务；2. 认真履行接受规定年限的义务教育的义务,不得中途辍学；3. 认真履行遵守法律和学校纪律,尊敬师长,努力完成规定的学习任务的义务。

师(明确)：履行九年义务教育的内容在课本第64页。(要求学生划下来。)

师：最难理解的是第三点,石老师问你们一下,你们接受了几年的教育？石老师小学6年、初中3年、高中4年、大学4年,那么是不是意味着石老师不再接受教育呢？(出示60岁老人读大学的图片材料)汪侠老人的事例说明了什么？

生：活到老,学到老。

师：生命不息,学习不止。活到老,学到老,终身学习。(停顿)下面我们来玩一个智力游戏,可以讨论、也可以独立完成,讲一讲你是怎样得到答案的？

(师出示题目,学生思考、讨论。)

生：1、2、3、5、7、4、9。

师：你的答案是怎么得到的？

生：具体讲述数学计算过程。

师：你的答案是独立完成的,其他同学有没有答案？(短暂沉默)

师(出示狗与汽车图片)？他们有什么相同点？

生1：都排出尾气。

生2：都有尾巴。

生 3：都可以做人。

生 4：都有眼睛……

师：都有内脏。那么我们在学习方法、学习态度上有什么要求？请大家将书翻到 65 页。

生：独立学习、合作学习。

师：那位老人的故事说明在学习态度上有什么要求呢？（生沉默）

师：这两个智力游戏给我们什么启示呢？在学习的过程中，每个人都会遇到一些难题和困扰。这个时候我们同样可以采用自主、合作、探究的方法，集中大家的智慧共同去解决。（出示 PPT：要生存，要发展，要适应时代发展的需求，必须接受教育，勤于学习，更新知识，提升能力、学会学习——树立终身学习观念。怎样学习？积极开展自主学习、合作学习、探究学习，注意养成良好的学习习惯，提高学习能力。）

师：这节课我们学习了哪些知识呢？（板书，并出示课堂小结）我们这节课学习了维护受教育的权利，也学习了履行受教育的义务。古人教育我们："少壮不努力，老大徒伤悲。"而青少年时期又是人生的黄金时期，切不可虚度光阴，"莫等闲，白了少年头，空悲切！"只有牢牢抓住现在大好的学习机会，才能成就自我，做一个对国家、对社会有用的人！

附：当堂训练

1. 为了大力普及和巩固九年义务教育，促进教育的均衡发展，2006 年春开学湖北省 81 万名农村贫困家庭学生享受"两免一补"政策，武汉市近 300 所中小学免收农民工子女借读费。这些举措（　　　）

①有力保障了公民受教育的权利 ②体现了党和政府对教育的高度重视 ③妨碍了城市教育的发展 ④有利于广大青少年的成长和发展。

A. ①②④　　　　B. ②③④　　　　C. ①③④　　　　D. ①②③④

2. 当我们的受教育权被别人剥夺或受到侵害时，我们可以采用（　　　）和（　　　）予以维护。

A. 诉讼方式　非诉讼方式　　　B. 家庭　学校

C. 法律　道德　　　　　　　　D. 自我保护　他人的帮助

3. 作为正在接受九年义务教育的学生，履行受教育的义务，最主要的有（　　　）。

①认真履行按时入学的义务　　②认真履行接受规定年限义务教育的义务　③认真履行参加生产劳动和依法纳税的义务　　④认真履行遵守法律和学校纪律，尊敬师长，努力完成规定的学习任务的义务

A. ①②③④   B. ①②③   C. ①②④   D. ②③④

4. 在当代,科学技术日新月异,信息爆炸,知识剧增。要生存、要发展、要满足时代的要求,青少年学生就必须(   )。

①注意养成良好的学习习惯,提高学习能力   ②接受教育、勤于学习   ③学会学习   ④及时要求社会、学校、家庭提供良好的教育环境

A. ①②③   B. ②③④   C. ①②④   D. ①②③④

5. 初二学生小王说:"受教育是我的权利,我想上就上,不想上就不上。"这种说法(   )

A. 是正确行使公民权利的表现   B. 符合我国法律的有关规定

C. 割裂了权利与义务的一致性   D. 强调了公民享受权利和履行义务的关系

6. 公民接受教育,从权利和义务的关系上看(   )

A. 既是公民的权利,也是公民的义务

B. 既不是公民的权利,也不是公民的义务

C. 只是公民的权利

D. 只是公民的义务

同伴互助

陈立冬:教师效能

所谓"教师效能",是指教师在教学工作中,能使学生在学习上或行为上具有优良的表现,以达到特定的教育目标的行为。教师所表现的行为方式是否对学生的学习有所助益,则决定于教师行为与学生学业成就之间的关系,教师的行为有助于学生成就提升者,即显示出具有教师效能。

下面我就从教师效能的三个方面(效率、效应、效果)来谈谈石老师的课:

从效率上来说,石老师从课件的设置到整个课堂环节的安排,非常紧凑,老师的过渡非常有效。石老师也讲了,他在备课时,预设非常强,说明准备得非常仔细。

从效应角度来说,有些环节处理得比较好。比如履行受教育权,在过渡中,师生非常明确受教育权既是权利又是义务。老师着重提出一个焦点,政府具体做了什么。对于学生受教育权珍惜学习机会,这个材料运用得非常好。因为在学生生活中他以前只是获得受教育权,并不知道谁为我创造的受教育权。通过学生的回答可以看出,他能体会到国家的不容易、家庭的不容易。

从最后的课堂练习和学生的课堂表现来看,课堂效果非常明显。学生能够非

常明确知道自己受教育的权利和义务,尤其是最后体会珍惜来之不易的学习机会,树立起正确的学习态度和掌握正确的学习方法。从细节上讲,有两个地方非常好:一个是《凤凰琴》的片段,因为我们的学生在较好的学习环境中,对于落后地区的孩子受教育的情况和环境接触较少,《凤凰琴》的片段使用效果非常强。另一个就是小组活动和练习填空,拓展学生思维,学习更多探究方法。采取这种方式让学生去体会自主学习、合作学习、探究学习,比我们直接告诉他要好。从效果上看,两个故事在教学环节中非常有效。

但这堂课也有一些不足:

第一,《凤凰琴》的片段使用效果是有的,但利用的不够充分。我们现在的学生,生活条件很优越,很难感受教育是如何难得。《凤凰琴》的片段内容可以采取两种处理方法:一开始谈感受时可以再深入一些,如果老师觉得导入比较啰嗦,不够直接和简洁,可以整节课上完后再来看《凤凰琴》的片段,再谈感受,这样对比的效果比较明显。

第二,从效应来看,老师的语言很轻,影响了学生,因此前面几个学生回答问题时声音也比较轻。师生互动很强硬。针对"小伟的故事"进行案例分析时,老师进行了巡视指导,尤其是问题3"具体说法律怎么帮助呢?"效果很好,能够体现出老师专业水平。但这个环节的时间消耗偏长,因为课程标准、教学目标只是要求学生"知道、了解",因此教师只要让学生认识维护受教育权有两种方式(非诉讼方式和诉讼方式),就可以过渡到下一环节。

第三,从效率来看,在假设环节中,教材63页资料对学生的学习有干扰。老师提问了4位同学,但4位同学的回答重复率很高,再加上教学时反复指导,学生回答仍在重复,对课堂效率有很大影响。如果这个环节时间处理紧凑,可为后面的课堂练习环节预留充分的时间。本节课只做了6个选择题,正常情况下至少给学生留有10分钟时间做练习。练习与反馈上也可以留有15分钟。所以整堂课时间不够,就是在几个环节中慢慢消耗的。

王丽娟:预设才能

刚刚聆听了石守平老师的《珍惜学习机会》,下面我就从"预设与生成"的角度,谈谈自己对这堂思品课的一点看法。

预设与生成之间的平衡与突破,是我们课堂教学一个永恒的主题。课堂教学既需要预设,也需要生成,它们可以说是课堂教学的两翼,缺一不可。

预设是教学的基本要求,因为教学是一个有目标、有计划的活动。从石守平老师对自己的教学任务的理性思考与清晰的安排来看,石老师非常重视预设,他的预设可以说是相当精心的。具体表现在：大的如"教学目标"的预设、课堂提问的预设等等；小的如"小伟的故事（一）与（二）的串联"、"2012 年政府工作报告的截取"等等，都可以看出石老师投入了大量的时间和精力才准备了这一堂课。

但是再精心的预设也无法全部预知精彩的生成。课堂教学中，难免会发生诸多的意外，这些意外就算"生成"。如果我们教师能把这些意外的"生成"巧妙利用，那将会成为我们课堂的一个生成的精彩之举！

在石老师的思品课中，课堂以外的生成也是层出不穷，有的石老师抓住了，成了这堂课的精彩之笔；有的则忽略了，值得我们同行反思。比如，"维护受教育的权利"环节中，石老师预设的"活动一"，是安排小组讨论三个问题；但在实际课堂中，当石老师课件呈现三个问题时，前面两个学生迫不及待地就解决了。于是根据这一意外，石老师马上调整策略，仅让学生讨论第三个问题"怎样维护公民的受教育权"。讨论结束学生 1 说，可以先跟爸爸交流、协商；再向老师求助；最后还可以向法律求助。石老师凭着精湛的专业知识，马上追问"向法律求助，请具体一点说说"，生 2 答出"向当地政府或者法院起诉等"……石老师在"怎样维护公民的受教育权"这一教学重点上，能抓住课堂的生成，及时调整教学策略，可以说是本课一大亮点！与此同时，有些课堂以外的生成则被石老师忽略了，成了大家的遗憾。比如，石老师为了让学生领会不同的学习方法，预设了"游戏"环节。在"填数字游戏"和"找小狗与汽车的共同点"两个游戏中，石老师问学生是怎样得出结论的，学生没有按照石老师的预设回答出"自己想的"或者是"和同学讨论的"，而是说"我先把 1、2、3 填入……"时，教师没有能抓住这一时机，及时引导，而是直接说出了答案——"独立完成的"等等，使得这一环节的预设形同虚设，成为本课一大败笔。

于是我想，我们教师得有备而来，顺势而导，才能有真正的生成！石老师在本课的教学中，是过于侧重"预设"，没有调整两者的天平，否则，教学效果肯定会更佳。

张承震：教师素养

教师素养包括教师的素质和养成。从教师的素质上讲，石老师从课堂驾驭能力出发，培养学生兴趣，大家都可以看出这位老师经验很丰富。从养成上来看，养成不是一成不变的，应该是一个动态的过程。所以结合石老师的课，导入环节，出示图片，通过对比的形式，让学生珍惜受教育的机会。他们的学习环境和我们的学习环境形成鲜明的对比。小伟的故事中，学生进行讨论时，老师应该指导学生一定的时间。设定时间后，应该找一个学生来读一下材料，熟悉材料。过渡部分比较好,受教育是我们的权利,不能随便放弃。珍惜受教育的机会,石老师非常好的出示了2012年温家宝政府工作报告的时政材料。不过我发现一个问题,石老师问:"通过这个材料,你得出什么结论?"这里涉及老师在教学中的教学用语。"你能得出什么结论?"让学生认为这是一个很系统的问题,很难回答。如果我们问:"你看完材料后,有什么样的感受?"这样调整后让学生没有什么压力,有什么感受就谈什么感受。整个教学过程中,学生的参与性较强。但是我发现一个问题,虽然参与性强是我们教学追求的一个方面,但是参与过程中应该是一个老师为指导,学生由被动参与转变到主动参与的过程。好比平时提问学生,给学生的感受是:因为老师提问我,所以我要回答。所以教学设计应该做些修改,让学生的被动参与转变为主动参与。后面小伟的故事2,这部分材料学生运用的比较好。材料的使用体现出课堂的延续性。但是后面"如何履行受教育的义务"时,书上有的知识,老师可以带头,师生一起阅读。在活动时,比如游戏,学生的参与度很强,气氛很好。虽然前面和后面学生都有参与,但是前面的参与是在老师主导下学生的被动参与,而后面的游戏则是学生自己举手,主动参与。课堂小结时,在屏幕上有一个知识结构。这种形式是否应该改一下,让学生谈谈这节课他学到了哪些知识,刚好能够让老师在学生的回答下把板书一条条书写下来,也是对整堂课知识的总结,有利于学生对整节课知识的分析。课堂训练通过题型的设置,看出石老师非常关注学生基础知识的训练。前面是选择题,是否可以让选择题少两个,设计一个材料题。教师可以给出材料后让学生运用所学知识设计问题。在设计问题的基础上再设计答案,这其实也是让学生再学习、再巩固的过程。

涂 英:认知才能

针对石老师的课,我根据香港大学教育心理学教授比格斯倡导的SOLO分类理论,从预设问题和生成状况两个方面进行了课堂观察。

SOLO理论将学生的学习结果由低到高分为五个层次:1. 前结构水平(Prestructural):学生错误地理解问题或不了解相关知识,回答问题时逻辑混乱;2. 单点结构水平(Unistructural):学生关注问题内容,但只使用一个相关线索或资料,就立即跳到结论;或仅靠记忆回答,而忽视了问题中各信息的相关联系;3. 多点结构水平(Multistructural):学生能够把握问题线索和多个相关素材,能联系多个孤立事件,但却缺乏有机整合的能力;4. 关联结构水平(Relational):学生能够把握问题线索和相关素材及它们之间的联系,并进行概括归纳;5. 拓展抽象结构水平(Extended Abstract):学生能使用外部系统的资料和更抽象的知识,对问题进行演绎和归纳,结论具有开放性,且更抽象。由此可见,SOLO理论主要关注学生思维的广度与深度。

在石老师的PPT中,总共有14个问题,其中单一认知结构的有2个,多元认知结构水平的有6个,关联认知结构的问题提了5个,还有1个是拓展认知结构的问题(游戏)。口头提问有24个,其中有2个是"对不对""是不是",这种是无效问题。这些问题中,学生的回答状况,单一认知的问题如"下面这些使我们的受教育权受到哪些侵害?"具体的一个材料对应一个结论,学生的回答正确性高,说明学生对受教育权受到侵害的方面很清楚。关于多元认知结构的问题"列举生活中受教育权受到侵害的例子",学生开始回答不出来,也就是说学生的受教育权没有受到侵害,缺乏相关概念。第一个学生站起来是沉默的,但是老师举例说明后,学生才回答出来,说明大部分学生对这部分知识仍然处于前认知水平,得不到与问题相关的回答。在小伟的故事1中石老师问"如果你是小伟,你怎么办?"("怎样维护受教育权?")我归结为多元认知结构的问题,学生的回答非常好,说明这个学生知识结构达到多元认知结构水平,会从多个途径回答问题。如果石老师在这时进行追问"具体怎样向法律寻求援助?"我们就知道学生对法律知识的掌握是否到位。可惜石老师没有向这位学生提问,而是转向了另外的学生。所以这位学生对怎样寻求法律援助是否知道就不得而知。法律的认知水平达到后,石老师想进一步巩固,将课本知识与具体法案相关联,让学生观察三种非诉讼的方法,可惜学生没回答出来,老师自己讲得比较多。小伟的故事2"小伟的做法对吗?为什么?"因为前期学生经过学习和巩固,采用集体回答的方式,所以这个问题很快过了。"假如你是小伟的同学,怎么劝小伟?"石老师请了3位同学回答,3名学生基本都能够结合书本知识进行回答。"读书是为了学生的今后的道路更加顺利"和"谈谈材料的认识,有什么启示?"这两个问题问得有点大,学生对材料可能还没有反应过来,所以开始举手的人很少,后来有一个学生答得沾点边。看学生答不出,石老师让学生看教材第63页,把教材上的材料和时政材料关联起来。"给我们什么启示?"这个问题可以归结为关联结构的认知。开始问启示时,没有几个学生举手,后来石老师明确可以从国家和家庭两个角度来谈。把问题明确后,学生可以谈的内容就更多了。拓展认知结构水平的问题就提了1个,在"智力游戏"下分别有两个小问题:"尽快得到答案""你的答案是怎样得出的",只有一个学生答了自己是怎样得出答案的。学生的回答超出老师的预设。因为老师预设学生是通过讨论得出,而学生回答的是学习的途径。生成和预设没有对应上。石老师这时心急了,他帮助学生判断是独立完成的。其实这时教师可以追问:"你是自己完成的?还是和同桌讨论的?"说明石老师的预设性过强。"寻找小狗和汽车的共同点"也是属于关联性问题,学生讲了一些,但都只是讲了其中的一个方面,学生思维仍处于单一认知水平。教师在预设时,一方面提高学生的学习兴趣,另一方面体会合作学习,发挥学生的想象力。这里也可以追问学生:"你是怎样得出答案的?"石老师预设问题的分布还是比较合理的:单一认知结构的只有 2 个,多元认知结构和关联认知结构的问题居多,拓展认知结构的问题也关注到了。

作业练习是 6 个选择题,2、5、6 是单一认知结构问题,1、3、4 是多元认知结构问题,题目顺序不符合学生的认知发展规律,缺乏层次性。习题反馈中,石老师关注的是集体作答,然后得到答案就戛然而止。但是这些答案基本都是成绩好的学生先答出来,其他学生跟着回答,是否能反映整个班级的认知水平,不得而知。题目虽然简单,但是看不出学生整体情况。习题设置最好是多元认知结构和关联认知结构的、有思维含量的问题。

专家点评

赵婷婷(浙江省特级教师,杭州市青春中学校长):

我听完课后想到 2 个单词,一个是 learning,另一个是 thinking。我上次与美国代表团探讨中美教学有哪些不一样的地方,即使因为翻译有些语言上的差异,但最后得出的结论是:中国的教学更多的是 learning,而美国的教学更多的是 thinking。今天我们进行的 4 个维度的探讨,其实就是一种思考。从思品课的课程性质讲:第一,要体现出它的思想性,思想性和国家的政策方针是相关的。第二,要体现思考性,思品课是要启发学生理性的思考,如果没有思考的含量,那么就变成说教课,我们给学生灌输的就比较多。第三,要转化成一种行动,要让学生通过学习对他的行动有一定的帮助。第四,触动学生的一些情感。一堂课下来,有没有几个问题能打动他的心灵?和德育工作一样,要看德育工作有没有触动学生的心灵?如果没有,那么这个德育工作是失败的。我们的思品课堂有没有一个环节或者一个问题是在触动学生的?石老师的目标设定都很好,"小伟的故事"这个环节也是迅速调动学生积极性的环节。

最后大家要去思考几个问题:第一,处理好教教材和用教材的关系。因为思品的教材并不是完美的教材,也不是很经典的东西,所以教学环节的设置,对内容的处理,都不要拘泥在教材里。教材有的不一定必须讲,教材没有的我们也可以加。第二,思考我们的课堂到底是让学生去找到答案,还是发现更多的问题?第三,思考对于思品课是知识的落实更重要,还是提高信度更重要?不同的课程有效性不同,我们思品课的信度是本课最重要的有效性。

我建议大家在备课时构建一个问题的链。问题的链一定要有逻辑性,第一问……第二问……,其他问题都抛开,自己能否把这节课到底是怎么思考的逻辑脉络理清楚:逻辑脉络——问题链——设计活动环节,包括追问的小问题。这样自己就不会乱掉,不会出现因为教材第一块讲这个内容,所以我问这个问题;因为教材讲这个点,所以我讲这个点,这样容易被教材牵着鼻子走,教师自己就没有逻辑性。这些问题建立在这节课的逻辑思维上,自己上课就不会乱。针对这节课而言,必须理清什么是受教育的权利?哪些是属于受教育权受到侵害的表现?如果有,该怎么办?权利是不是自己可以放弃?为什么受教育权同时还是义务?这个问题就涉及情感态度价值观的问题。作为义务又有哪些特征?国家和家庭都很不容易,所以我们要珍惜。其实这里还有很多可以挖掘。面对受教育的机会,我们应该怎么样做?

对于新课而言我们应该有紧凑感,有几个板块可以打破的。侵害受教育的现象的问题,石老师列举了4类现象。现在这里的学生很难遇到这样的情况,很多是学生不要学,家长盯着学。我们的学生很难理解还有家长不让学,但是真正偏远的地区就有家长不让学的现象。曾经在《浙江日报》上有报道,台州一些地方有童工。记者解救出这些来自江西、湖南、四川等地的童工,把他们送回老家,发现老家是一个家徒四壁,什么东西都没有的屋子。记者们拍了照片,给了一些钱,希望他们继续去学校学习。过了半年追踪了解,发现这些孩子又去打工了。这个例子可以去引发思考,家长肯定侵犯了孩子的受教育权。也可以让孩子自己提受教育权受到侵害的例子。老师把学生拎出教室外面也是受教育权受到侵犯;还有一些庆典活动拉学生去捧场。这些都是可以再进一步拓展的问题。让学生去思考,社会上受教育权遭到侵犯有很多种情况。除了来自家庭、教师以外,还有社会的无奈。这种无奈为后面的努力指引方向。再怎么无奈都必须完成九年义务教育,必须完成自己的责任。后面环节中的小组合作还是很不错的。后面"机会"这个环节还可以再挖深。这里讲到国家、家庭,还可以从情感态度价值观上提升。因为在情感态度价值观上提到教育不仅关系个人成长,更关系到国家和社会发展。就这个问题怎么体现?主要在"机会"两个字。国家和家庭为教育提供物质条件,对个人而言,这个年龄段受教育也是一个机会。可以用一些数据说明受教育年限的不同,对今后的发展有什么影响。还可以拿我们国家受教育的人群比例,来说明对个人是一次机会,对国家和社会也是机会。文盲比例、受教育的人数与国际接轨,这就为后面怎样履行受教育的义务做好铺垫,这样就避免每个问题都讲了,但只是摊在桌上,没有联系和推动。学生理解了"机会",对后面怎样履行就有更高的高度、贴近自己需求的角度去推进。很多老师都提到活动环节有很多学生更愿意参与，并不表示学生很参与的环节就一定是设置最合理的。学生是跟着兴趣走，他有兴趣的东西七嘴八舌很愿意参与；甚至学生参与很广泛的答案往往是跑题的，不是我们希望的方向。

整堂课最失败的环节就是游戏。这个环节非常突兀，与前面所讲并没有太多关联。我们可以找中外一些探究类的题目晾出来，他们在做一些什么样的题目，他们在做一些什么样的研究。把他们的题目晾出来，他们的作业晾出来。就可以看到同样是这个年龄段的人们在思考什么。举个例子，上海一所学校的未来教室用 iPad 听课，iPad 有大量的东西可以用。在美国也用 iPad 听课：学生上课时可以登录老师指定网页，里面有很多上课用的资源，也就是全媒体的电子书包；最后老师能够收到及时反馈，从 iPad 里看到结果。给学生一种紧迫感，我们现在学习这些够不够？我们现在学的都是 18 世纪，甚至更早的知识。网络上流传"你知道吗？"这个课件。同一个年龄段，世界范围内比较 IQ，我们中国有多少？把这些素材放进去，激起学生去思考很好完成义务教育阶段的学习，很有紧迫感。我们面对的不仅是这个班级的学生，还有整个社会的人。这个环节中可以再打开一些思路。教材的编写有一定的局限性，教材只是提供一个思路，老师要了解学生的需要。思品中考不计分就能给我们创造更大的改革空间。初二还是可以放手一些，不一定要选择题，可以只有一个思考题。思考可以是今天学习的内容，知识性的问题及时巩固内容；也可以是课内无法解决的问题，留给学生思考，老师也无法解决的问题。没有标准答案的问题多一点。关于作业的问题：要求课后不布置作业，包括社会、音乐、美术、体育，特别是书面的回家作业。所以课后可以布置探究性的问题，激发对这门学科真正的兴趣。兴趣不是靠故事、哗众取宠的案例。有个老师讲法律时都是负面的内容，学生听了哈哈笑。兴趣是让学生觉得这个问题我要好好思考，想一想，激发学生的理性思考，最后触动学生对生活中的思考。

每堂课都有很多自己的亮点。如果每堂课都是这样磨课，这个学校思品社会备课组成就会很大。

刘堤仿（中学数学特级教师、杭州师范大学教师教育研究所所长）：

这是教师专业发展最到位的一次，尤其是教师的专业效能和认知才能的评价。这两个评价是最到位的，因为这两个评价设计了二级和三级体系。课题有理论支撑在里面。事情做得是否科学，就看他是否有理论。所以这两个组的评论是最到位的。从教师效能上，陈立冬老师从效率、效应、效果这样的三级体系点评，非常到位，针对性非常强。特别是在效应方面，问题的质量非常到位。比如有涉及数量和时间,因为效率涉及时间,时间上的点评非常到位。认知才能方面,老师们都用 solo 分类理论去分析,有定量,有定性的分析。都是这样去分析,在区里就很拿得出。其他组虽然也有亮点,但在理论分析上比较欠缺。预设和生成方面,可以借助其他组。在自己的目标,过程分析的基础上,把其他组的内容借过来。素养方面,关键性问题也进行了一些点评。困惑性的问题也有,但这些问题怎么解决,怎么分析。三级指标的体系,一些问题也给出了建议。在自己的体系下再深度挖掘文化素养、教育素养。比如文化素养的含义,道德和法律、行为和思想,都可以谈。比如上课时教师从思想上想调动学生,但是从行为上却表现不出。这就是行为和思想没有一致。大家在点评时都有一些建议,这些建议可以让目的和行为一致。哪些是有形的东西,哪些是无形的东西,需要自己发挥,将有形和无形的东西在问题链中表现出来。一些材料的运用两位老师也都谈到,其他问题很多老师都有谈及,比如游戏环节:一开始,我不知道这个游戏放在这干什么,后来知道有的放矢。现实材料的运用很多,但有些是无形的东西,比如电子产品的运用。有些已经用在课堂上,有些买了只会玩游戏。这里,课就起到无形的作用。现在已经是云时代了,课件已经不够了,这些可以体现在教师素养上。这个问题既是一个科学问题,又是一个文化问题。

教学反思

四月,总是草长莺飞,春暖花开的时节。我也迎来了个人教学生涯中重要的一刻,在 4 月 19 日,开设一节公开课,听课者有杭州市教学专家赵老师、杭师大教师教育研究所刘教授、学校有关领导,还有政治社会教研组的老师及其他同行。这次活动对我而言,可以说心怀忐忑,压力很大。

我选取的上课主题是八年级思品之《珍惜学习机会》,我也很珍惜这次学习机会。为了上好这堂课,在课前做了精心的准备。同时,在试教的基础上,本组几位老师提出了很多富有建设性的修改意见,对我改进课堂教学给予了重要的帮助。

正所谓"教无定法",在长期的教学实践中,每位老师都形成了自己个人的教学风格。在公开课后,我对自己的这堂课进行了认真而深刻的反思。现在,我就这堂课谈一谈教学反思及个人的一点感悟。

课堂教学中的几点缺憾。教师上课激情不够,未能以饱满的热情激发学生的学习兴趣,因此也没有营造出热烈的课堂氛围。整堂课教师教授内容偏多,授课语言有重复、啰嗦之嫌。课堂问题的预设性很强,导致学生的知识生成、情感领悟有些牵强生硬。在课堂活动中,学生思考、讨论的时间较少,学生的主动参与性没有充分体现出来。

　　课后改进的几点建议：导入视频可以连续使用，特别是在新课结束时再次展示，起到首尾呼应的效果。在选取材料时应贴近学生生活实际，如建议"小伟的故事"改为学生身边的例子；在讲到"我们应该怎样履行教育义务？"时可以让学生现身说法等。教师的课堂语言要锤炼，例如：适当的启发引导、评价语言要丰富、过渡语简明扼要等。课堂有效提问在于精而不在于多，应删除一些冗余的问题，问题的设计应层层递进，增加难度，建议设计一个贯穿全课的问题链。课堂练习可适当增加容量，最好增加有关材料题的分析训练，既有利于本课知识的理解与巩固，又培养了学生的解题与思维能力。

　　良好的情绪是一堂好课的开始。无论何时，我们都应带着饱满的激情走进课堂。不要拘泥于教材，要敢于活学活用，即学会用教材教。教学设计要简洁、注重整体的逻辑性与学生的参与度。所谓"生活即教育"，因此，思品课教学材料的选取应贴近学生生活和关注社会生活，如多选取一些具有浓郁乡土气息和校园特色的材料。思品课是学生从感知到感化的不断升华的过程。学生点滴知识的积累、情感的些许感悟，都非一朝一夕之功，需假以时日，润泽渗透，方能春风化雨，塑造学生的良好品德。"实践出真知"，通过这次教研活动，我充分的认识到：只有不断地在教学实践中反思，才能在教学中一步步地提升，这种教学的进步又反馈给我们的学生，从而使师生共同受益。

06 体育:前滚翻

授课教师:曾小勇 授课时间:2014 年 11 月 5 日

教学设计

一、指导思想

本课以《体育与健康课程标准》为依据,结合七年级学生的心理和生理特点来安排教学内容。坚持"健康第一"的指导思想,以学生发展为中心,突出学生主体地位,关注学生的个体差异与需求,力求做到人人参与体育运动,人人体验成功的乐趣。同时也注重培养学生组织能力、吃苦耐劳的意志品质、自我保护及团结互助等优良品质,为将来适应社会打下良好的基础。

二、教材分析

本课是七年级(水平四)的技巧教材前滚翻,前滚翻是技巧中的基本动作,同时也是一种自我保护的方法,前滚翻是其他滚翻的基础,同时为以后技巧联合动作教学服务。本课将前滚翻定为新授课,通过学习,能够发展学生身体柔韧、灵敏等素质,提高身体的协调与平衡能力。

三、学情分析

教学对象是七年级的学生,他们注意力集中时间较短,但富有丰富的想象力。他们正处于身体素质发展的"敏感期"和生长发育期,可塑性大,好胜心强,并对前滚翻技术有一定的了解。我采用直观的教学方法,利用新异的教学方法和组织形式,把平淡、枯燥的知识加以整改,变为学生想学、乐学的内容。并从学生的年龄特点和认知水平出发,为学生创造一个愉快的学习氛围。

四、教学目标:

1. 运动参与目标:引导激发学生的参与热情,让学生积极自觉地参加体育活动。

2. 运动技能目标:通过本节课学习,使 90% 以上学生初步掌握前滚翻动作技术。

　　3. 身体健康目标:训练学生的平衡能力,发展灵巧、柔韧的身体素质。

　　4. 社会适应目标:培养学生勇敢、果断和互相帮助和自我保护等优良品质。

五、教学重难点:

教学重点:蹬地推手时要低头含胸,滚动团身要紧。

教学难点:滚翻后快速收腿团身,滚动圆滑,动作协调。

六、教学策略:

　　本次课以运动参与、运动技能、身体健康和社会适应为目标。主要教学内容:前滚翻练习。在教学过程中首先结合日常生活导出本节课所学内容,增加学生学习兴趣,采用了讲解、示范(正面、侧面)、启发、点拨(球和正方体哪个滚得快?)、循序渐进、因材施教、个别指导、学生重复练习法、预防和纠正错误法(将纸夹在脖子和两膝之间等解决低头含胸和夹腿的问题)、比赛法以及游戏等方法,了解学习前滚翻。同时,为了培养良好的人际合作关系,让学生在教学内容中增加了互帮互助的环节,以此来让学生体验体育活动的乐趣。

　　七、教学过程

课的部分	课的内容	组　织　与　教　法	时间
开始部分	1. 集合整队 2. 点名报数 3. 师生问好 4. 检查服装 5. 宣布本节课的内容和安全要求	1. 体委整队: 成四列横队,男女同学各两行。 要求:快、静、齐! 2. 教师讲解本节课安全要求,要求同学之间要互相鼓励和帮助。	2分
准备部分	1. 慢跑 2. 游戏——抢站垫子 3. 徒手操 ①头部运动 ②扩胸运动 ③振臂前屈 ④弓步压腿 ⑤侧压退 ⑥膝关节运动 ⑦手腕、踝关节	教师课前将垫子摆好,学生听口令成一路纵队跟随教师进行绕垫子蛇形跑和螺旋跑增加趣味。 　　在围垫子慢跑时听教师口令抢站垫子,例如:教师喊"3"则只能3个人站在垫子上,没站在垫子上的同学或没按照要求的同学"奖励"两个深蹲。 徒手操:成集合队形散开,体委领做 要求:动作用力到位,各个关节要活动开,教师巡视。	6分

续表

课的部分	课的内容	组 织 与 教 法	时间
基本部分	1. 前滚翻教学 (7 分钟) 教师提问:我们在日常生活中跑步时被东西绊到脚怎么办? 直接倒在地上还是该怎么做呢? 引导学生思考。	(1) 教师在中间示范教学,首先模仿被东西绊倒时直接趴在垫上(告诉同学们这样容易"破相"),然后再做绊倒时接前滚翻,让学生发现前滚翻的实用性,另外通过示范、讲解动作要领及易犯错误,让学生对动作有个完整的概念。 (2) 动作要领: 从蹲撑开始,低头,用头的后部着垫,团身翻动,使后脑、颈、背、臀部依次触垫,然后迅速抱小腿团身蹲撑站立。前滚时,头的着地点在手的前面,不要太远,手离身体要近一些。 口诀:一蹲二低三团身。	
	2. 分组练习 (12 分钟) ①先让学生练习原地低头团身,找感觉 ②然后练习团身的后背滚动。做"不倒翁"练习,增加学生学习兴趣 ③完整动作每人10 次 ④各组学生听教师口令逐一进行练习	(1) 分组练习队形:把学生分为四组进行练习。 找一位学生做动作,教师对其进行保护与帮助的示范,并讲解,让每位同学都知道该如何进行保护与帮助。每组选出一个组长,带到指定区域。 (2) 听教师口令进行各项辅助练习 (3) 练习完整动作时注意学生易犯的错误,往往用头顶着垫子,或臀部提得太高。(每人一张空白纸,让学生滚翻时夹在脖子下面,不能掉地,这样便可解决低头含胸问题;也可夹在两腿膝盖处,解决腿并拢问题等) (4) 练习的过程中可选出几位有代表性的同学作示范,让其他同学们挑出示范同学的正确和不正确的动作,并加以讲解,使同学们在挑动作问题时也同时巩固自己的动作技术。	

续表

课的部分	课的内容	组织与教法	时间
基本部分	3. 学生展示及拓展练习	(5)教师巡回指导,鼓励动作技术较差的同学,使他们对练习产生兴趣,并进行有针对性辅导。 每组选一位同学进行成果展示。然后教师可以做前滚翻接后滚翻或鱼跃前滚翻进行拓展以激发学生兴趣和提升学生对下节课内容的期盼。	27分
	4. 游戏:(8分钟) 名称:前滚翻障碍接力 要求:"安全第一,比赛第二" 规则:①前滚翻动作要规范,动作不规范的同学需从起跑处重新再来。②等待击掌的同学应站在起跑线后,否则视为犯规,需到线后重新再来。③第二次增加难度	游戏:前滚翻障碍接力跑 (1)把学生分为男、女人数均相等的两组,在每组前面20米处放两个垫子。比赛过程中应给队友鼓励、加油! △　□　□　▭　✕✕✕✕✕✕✕✕✕ △　□　□　▭　✕✕✕✕✕✕✕✕✕ (2)可找身体不适的同学站在各组起跑线及垫子边当裁判。教师发令后,每队的第一个同学就快速跑到第一个垫子处前滚翻,接着在跑到第二个垫子处双腿跳过,然后在向前跑到障碍物处绕过,再跑回原点打下一个同学的手,下一个同学出发。 (3)提醒同学们不要只图快而改变了前滚翻的技术要领,在学生前滚翻的时候注意观察学生,注意安全。 (4)男女各为两组分别进行比赛,输掉的一方将得到锻炼身体的机会。 奖励:男生三个俯卧撑,女生三个深蹲起。	
结束部分	1. 集合队伍 2. 课堂小结 3. 安排学生回收器材 4. 放松、下课	要求: 　1. 总结并指出大部分同学存在的共性问题。 　2. 师生互评,以鼓励学生为主,评价学生这节课的表现。	5分

八、场地器材:

场地:篮球场　1片;器材:垫　40个;空白纸:40张;

九、预计教学效果:

平均心率:100 次 / 分—120 次 / 分　　最高心率:140 次 / 分—160 次 / 分

课堂实录

一、开始部分:

体委:集合 – 向右看齐 – 向前看 – 报数 – 稍息 – 报告老师,本班应到 35 人,实到 35 人,报告完毕,请指示。

师:归队,本次课我们学习前滚翻技巧,先做热身活动,随后我给大家详细介绍前滚翻,并带大家学习前滚翻技巧。

体委:向右——转! 跑步——走!

(学生在教师指导下统一练习,绕垫子蛇形跑和螺旋跑。)

师:接下来我们玩一个小游戏——抢垫子,在绕垫子跑的时候注意听我的口令,一定要集中注意力和反应快,老师喊几就是几个人站到一块垫子上,口令结束没有完成的同学要深蹲两个。预备开始,2,有哪几个同学没有完成?

学生 1:我!

学生 2:还有我!

师:那你们两个在原地深蹲两个。

(学生完成深蹲)

师:游戏继续,4,这次有谁没有站到垫子上?

学生 1:老师,他们 3 个没有完成。

师:那你们几个在原地完成深蹲吧。好了,我们下次再继续做游戏,下面集合做各关节活动。

(学生在教师指导下练习,教师领做,学生在教师口令下进行各关节的活动练习)

师:我们在日常生活中被东西绊倒怎么办? 直接倒地还是有什么方式更好地减少伤害呢?

生:老师,向前团身滚动。

师:这个同学很厉害,基本上说出了本节课的主要内容,还有一些细节的动作没有说出来,现在老师来介绍前滚翻的动作要领。(教师边指点动作,边讲解动作要领。)蹲撑,两手撑垫,同时屈臂、低头、两腿蹬地,提臀收腹,重心前移,团身向前滚动。前滚时,枕骨、肩、背、臀部依次触垫,然后抱小腿团身成蹲撑。大家记住了吗? 同学们,谁能用几个词来概括一下前滚翻的动作要领?

生:蹲撑、蹬腿屈臂、低头、团身、抱腿起立。

师:好。概括得很好,将前滚翻的动作要领可用蹬、屈、低、团、抱五个字来简要概括,大家记住了吗?

生:低头!

生:蹬腿! ……

师:蹬腿! 注意蹬腿用力的大小决定着滚翻的初速度,只有蹬腿用力大,才能使滚翻动作顺利完成,所以同学们蹬地时要用力。那么前滚翻的难点是哪个环节呢?

生:难点是团身这个环节!

师:对,难点就是滚翻后快速收腿团身,滚动圆滑,动作协调,大家在做动作之前一定要提醒自己团身动作。下面每个同学拿一张白纸,用下巴夹紧白纸进行前滚翻练习。

生:这个可以抱成一个球,圆滚滚的,滚过去的。

师:对,就是这样抱膝,做动作时一定要注意低头夹紧白纸、团身。既然动作要领大家都知道了,我先给大家做一个示范,大家仔细观察啊。(教师做完整示范。)

生4:老师,我知道动作要领,但是还是有点害怕。

师:不用担心,我介绍一下保护与帮助!哪位同学想试一下?(同学积极举手)×××你来试一下,(师单膝跪立于学生体侧)一手托肩,一手压小腿,帮助滚翻,必要时扶腰,帮助恢复成蹲撑。下面两人一组,一人练习一人保护,轮流进行。(学生散开,每两人一块垫子,每人练习一次,教师巡回指导)停。同学们刚才做得不错。我们请×××来给我们展示一下他的练习结果,他完成的还是很棒的。(一个同学完成前滚翻动作。)这个同学已经很好的掌握了动作,接下来我们再每人试着独立完成前滚翻两次。

(同学们在有序的进行练习,教师个别辅导)

师:好啦,大家基本上可以很好的完成动作了,下面我们就结合今天所学的前滚翻来完成一个小竞赛,接力竞赛。我们把所有的同学根据水平均衡的原则分两组,每个同学连贯完成前滚翻—2次障碍跳—绕过障碍返回和下一个同学击掌之后回到队尾,被击掌的同学继续完成这一连串的动作,以此类推,先完成的队伍获胜,输的队伍要在下课后收拾器材。

生:耶,比赛了!

生:我们加油啊!

师:预备——开始!

生:加油!

生:加油!

(比赛在学生们的欢呼声中结束,二队比赛获胜)

师:集合。今天咱们学习了前滚翻的动作技巧和动作要领,请各位同学回家去找找看,前滚翻的作用是什么,在什么时候用得比较多?接下来进行放松活动。

(学生在老师的指导下伴随音乐进行放松)(老师安排学生收拾器材)

师:好了,今天的课就到这里,下课!

生(齐):老师再见!

同伴互助

胡振浩:认知才能

在本次教师专业发展微观评价活动中,观摩了我们学校新教师曾老师上的体育课《前滚翻》,我觉得比较有收获。

曾老师的课采用灵活多样、合理有效的教学方法,激发学生学习、锻炼的兴趣。在教学中始终坚持以学生为主体,构建和谐高效的课堂教学。学生的学与教师的教交融在一起,课堂气氛活跃,课堂教学组织得井然有序。曾老师在教学中充满了激情,充分展示了一名体育教师应有的精神风貌,学生受到了他的感染,在课堂上一个个是生龙活虎,朝气蓬勃,较好地完成了本节课的教学目标。针对曾老师的这节课我从教学认知方面有以下几点看法:

1. 曾老师的课堂教学组织能力是较强的。从学生整队开始上课后,曾老师调动队伍进入练习场地,以及曾老师在进行游戏场地的布置时要求学生按顺序把体操垫一个个摆放好,课堂教学中学生在曾老师的语言引导下做得很好,游戏场地摆放得整整齐齐,学生在曾老师事先安排的场地内开心的游戏,体验着成功带来的喜悦,学生的自信心以及身体素质等各方面得到增强。

2. 曾老师的课堂教学方法灵活多样。例如:在学习前滚翻技术动作中,曾老师首先提问引导学生观察教师的示范动作,然后和同学们总结归纳出前滚翻的几个步骤,并且把这几个步骤按照节拍固定下来,然后组织大家齐练。教师巡视中发现了做得较好的学生,于是采用个别展示的方法,激励其他同学的学习积极性,并把巡视中发现的学生错误动作指出来,学生再自由练习,这样循序渐进,强化正确动作在学生头脑中的印象,巩固了技术动作,提高了教学质量。

3. 曾老师是一个有激情的体育老师,他用他的激情感染着学生,使他的学生在课堂上一个个精神抖擞,培养了学生活泼、健康、开朗的优良品质。课堂上曾老师的口令喊得铿锵有力,语言抑扬顿挫,清清楚楚,明明白白,学生听老师讲得清楚、明了,自然就能按照老师的要求把动作做得到位、成功了。

陈香强：预设才能

今天,曾小勇老师上了一节体育课,课题是《前滚翻》,下面我从"预设与生成"的角度谈谈自己对这堂课的一些粗浅的看法。

课堂是一个充满活力的生命的整体,处处蕴含矛盾,其中生成与预设之间的平衡与突破是一个永恒的基础。预设与生成是辩证的对立统一体,课堂教学既需要预设,也需要生成,它们可以说是课堂教学的两翼,缺一不可。预设体现的是教学的计划性,是备教材、备学生、备场地等,而生成则体现的是教学的动态开放性,是学生掌握程度以及我们所要达到的效果,两者具有互补性。曾老师在课堂设计上要求80%以上的同学掌握前滚翻的技术动作,能基本完成动作,这节课的目标基本达成了。但在预设的过程中有些东西没有考虑好,比如学生的差异性,在练习过程中区别对待,学生练习的积极性和练习的主动性可能会更高,课堂活动氛围也就更精彩。

(一)精彩的生成离不开之前的精心设计

凡事预则立,不预则废。预设是教学的基本要求,因为教学是一个有目标、有计划的活动,教师必须在课前对自己的教学有一个清晰理性的思考安排,因此要预设。体育课的预设有:1. 学习目标的预设,2. 教学内容的预设,3. 教学过程与环节的预设,4. 教学方法和手段的预设。教学目标,大部分学生能够掌握前滚翻的动作技术(能基本完成动作);教学内容的预设实际上就是安排教学内容,我上什么内容。教学过程就是预设的教学流程和各个环节,教学方法和手段是我这节课预采用的方法和手段。通过这些预设,教学过程能够产生结果,也就是我们所说的达到的效果和目标。从这节课来看,教师的示范做得标准优美,对学生来说是种吸引力,但如何把这种优势转化为学生的练习动力,这就要求老师讲解得明了,学生容易理解,语言做到简短、精炼、形象。前滚翻(低头、含胸、蹬地、撑臂、抱膝),特别强调后脑勺着垫,并做前额着垫和后脑勺着垫的做法和区别,学生一看就明白哪种做法好。教师做示范时让学生从不同的角度看清楚。在练习过程中,可以让动作比较标准的学生来做示范和表演,学生做得不好的动作,教师可以通过自己做给学生看,并告诉学生问题出现在什么地方和如何克服。

(二)精心的预设无法全部预知精彩的课堂生成

教学是一个动态生成的过程,精心的预设也无法预知整个课堂的全部。实际的课堂教学中,难免会发生诸多意外,一旦出现不速客,我们教师要有心理准备,灵活应对,而且不能一味拘泥于课前的预设,若能巧妙利用意外的生成,也许它将会成为新的课堂的精彩。教学需要预设,但预设不是教学的全部,若预设牵引的痕迹多了,随机生成的亮点就会相应减少。教学的生命力与真正的价值在于预设下的生成教学。它不仅是忠实地传递和接受的过程,更是课程创新与开发的过程,是师生交往、积极互动、共同发展的过程,是预设与生成的有机融洽。"关注生成",它所蕴含的教育思想就是以人为本,以学生的发展为第一要义,它所倡导的就是自主、探究的教学方式。

总之,没有课前精心的预设,哪来生成的美丽?所以要真正关注学生的发展,更多的为学生的教学预设,强调预设,又不受预设的束缚。

张文俊:操作才能

特级教师进课堂,对新老师来说是一个很好的学习机会,对于我们也是一个很重要的学习机会,所以我们体育组的每个成员都比较紧张和激动。对于曾老师这节"前滚翻"教学,我从教师的操作才能来谈谈个人的看法,有不足之处还请各位专家和老师给予指正。

关于教师的操作才能,我主要从以下几个方面来分析:

一、课堂管理才能

有效的课堂管理能够保证课堂教学的效益和秩序。它既包括师生教育行为的管理,也包括情感管理、心理管理、环境管理。曾老师在上课伊始就自己带学生进行热身活动,拉近了学生与老师之间的距离。在整个教学过程中曾老师几次对表现好的学生进行了表扬,也选出动作完成比较好的学生到前面进行展示,这样让学生在学习中找到自信。但是对学生的正面评价过少,在这方面要多关注,给稍差一点的学生树立榜样,可以引起学生的学习兴趣。课堂教学要充分体现教师的主导地位,学生的主体地位。教学过程中学生在练习时脚没有踩到垫子上,学生的完成情况不是很好,曾老师发现这个问题之后及时改变,提醒学生踩在垫子上,之后学生的完成效果明显改变。

本次课在最后的前滚翻加障碍跑部分,是对学生学习成果的一个展示,这个部分设计得比较好。但是对于个别同学不能完成的情况,曾老师没有过多的关注,只提到学生没有完成出现的问题,所以本来是比赛的氛围没有达到应有的效果。

二、教学评价才能

在教学过程中,教学评价的及时性和时机很重要,这可以影响学生学习的主动性和积极性。体育教学中的教学评价主要是口头评价,较为单一,所以及时评价的重要性就不言而喻了。在教学过程中曾老师在请学生进行学习成果展示时，培养了学生的自信，但是在对学生进行评价时语言过于简短。作为老师应尽量做到对学生进行有针对性的评价，在总结时应做点评，在学生智慧火花闪现时要给予充分的肯定，以增强学生的信心。

三、教师的监控才能

曾老师对自己的教学活动进行了比较完善的计划和安排，包括明确教学目标、分析课程资源、了解学生的状况、设计课程。前滚翻是初中体操技巧中的基础技能。看似很简单的教学内容，由于现在学生的身体与心理状况，上好这节课还是比较有难度的。在教学过程中会遇到很多问题，比如学生胆小不敢、学生身体不协调等等问题，在教学设计中曾老师都多方面考虑到了。

以上就是我对曾老师这节课的一些浅显的看法，总是有不完美来激励我们不断努力，下次我们会更好。

姜　涛：教师专业职责

11 月 5 日，我校曾小勇老师开设了一节体育教学公开课，教学内容为前滚翻，授课对象为七年级学生，教学场地体艺馆。曾老师是今年新分配来的教师，工作热情饱满，教学严谨认真，在教学过程中体现了很好的教师职业素养和专业技能，同时也体现出曾老师具有很好的教育理念，具备当代体育教师的专业职责。

本节课的亮点

曾老师能做到精心布置，反复试讲磨课，上课教态自然大方，内容讲解清晰，课堂组织严密有序，教师示范标准，运动量合理，课堂中穿插游戏、竞赛，能调动学生的学习乐趣。

教学设计环节：曾老师在教法上做得很好，把教学重点进行分解讲解和练习，采用小组式练习，让学生自己体会动作的要领和难点。尤其是低头含胸动作的学习，老师让学生用下颚夹住一张纸，这样可以使学生了解低头滚动的重要性，在夹纸练习过程中学生避免了前额着垫的错误方法，而是用后脑着垫避免了颈部的阻力。在滚动抱膝起的环节，很多学生站不起来，教师分析原因，让他们双腿并拢，夹住纸张不要分腿，保持动作的连贯性，减少阻力，这样练习下来，很多学生都能顺利站起。我认为这两个环节设计很好，能帮助学生找到动作要领，并快速掌握。最后一个环节前滚翻接力跑设计使学生在竞赛中体验教学效果，并作出快速反应，同时增加了运动量，调动了课堂气氛，增进了集体荣誉感。

不足之处

本节课教师在组织方面还有待改善，尤其是小组练习时显得有些混乱。同时教师的点评纠错做得还不到位,在具体环节练习时没能突出重点。比如说蹬地发力这个动作是滚动的关键所在,最好能分解练习,还有支撑动作练习得也不够,教师光让学生练习了低头含胸,却忘记了支撑提臀。在安全防护措施上前后环节设计颠倒,应先了解安全防护,再进行帮助练习。整堂课教师在语言表述方面有些平淡,调动学生学习热情能力不足,所以学生在课堂上表现出来的就是跟随教师的节奏,很谨慎,课堂气氛不够浓烈。同时,教学目标定得过高,在最后前滚翻接力环节,有9名同学没能做出滚翻姿势,教师在课堂总结时没能做到很好的点评。

从整体上看,作为一名刚刚参加工作的新教师,曾老师这节课还是比较成功的,基本完成了教学任务。随着教学实践的积累,我相信曾老师一定能克服自身的不足,找到更好的教学方法,不断提升!

魏 康:教师专业效能

依据《课程标准》的基本理念,贯彻落实"健康第一"的教学思想,让学生学会生存,学会健体,掌握一些基本的健身方法,采用灵活多样、合理有效的教学方法,激发学生的运动兴趣。在教学中以学生为主体,让学生的思维、情绪、活动同教师的教交融在一起,使学生带着愉悦的心情、浓厚的兴趣,积极主动地完成学习目标,发展学生敢于动脑筋、大胆实践的能力,培养学生的参与意识和创新精神。

课堂刚开始时,学生的注意力或者是课堂纪律都还是有点松散的,但在曾老师的引领下,学生逐渐进入状态。整堂课从教师的教态和学生的表现可见曾老师与学生间的关系很融洽。这堂课的大部分时间都是学生在练习,就足以说明体育课不同于其他学科的最显著特点:必须通过反复的身体练习才能达成教学目标。这就要求体育教师在组织教学时,应尽可能让学生多尝试,多练习。

但从专业效能的角度来看这堂课,曾老师还是由于各方面的原因存在着一些问题:

1. 在课堂教学中,曾老师没有设置一个适合学生学习的情景,导致教学过程不连贯。建议曾老师在教学过程中设置一个教学情景,如:"小刺猬锻炼"的故事情景,激起学生学习的欲望。这样不仅锻炼了学生的体能,还可以使学生的身心都得到陶冶,同时进行情感教育"健康第一"。

2. 教师示范少,讲解过多,学生没机会展示。曾老师应给学生做清晰的示范,而且要能及时捕捉能"滚翻"的学生,通过他们的展示,鼓励其他学生,做到反馈。

3. 教师没有及时帮助学生解决练习中出现的安全问题。如:头顶触垫子、团身不紧、双脚蹬地无力等。曾老师可通过示范,让学生掌握正确的动作,在保护与帮助练习中培养学生团结协作、互相帮助、关心他人的优良品质。同时将滚翻渗透于生活中,让学生掌握自我保护的技能。学生的身体素质在这堂课中能够得到初步的提高。

4. 在时间的分配上面也存在一定的问题。在开始部分放了 10 分钟,导致最后基本部分障碍跑的时间被压缩了,起不到原本想要练习的效果。

5. 从运动量来看,设计的 40% 运动量和平均心率 120－160 次/分,应该是完全没有达到,学生练习的效率没有发挥出来。只有在最后的两次集中练习中每个人完成了 17 次动作练习;在基本部分其他时间,基本没有达到预定的练习量。

李晓慧:专业效能

各位专家,各位老师,大家好!今天有机会在各位专家、有经验的老师面前讨论教学、发表意见,本人既感荣幸,又有压力。所谓教学方法,其实应是"教无定法",课堂教学本没有固定的教学模式和文本所循,由此可见,教学评价也是仁者见仁,智者见智。本人主要是从教师专业效能来谈谈个人对曾老师这堂前滚翻教学的一些看法。

所谓教师专业效能,指的是教师的教学效能,即教师在课堂中所呈现出来的教学效率、教学效应和教学效果。影响教师专业效能的因素有很多,即取决于教师自身内在的素养和外在环境因素。曾老师是温州大学研究生,教师专业知识储备比较丰富,专业技能也比较厉害。外在环境包括学生的课堂表现和课堂突发事件等。对于本节课来说,学生的身体素质相对来说还是比较好的,也没有什么突发事件,曾老师对课堂的控制松弛有度。但是可能学生和老师都比较紧张,所以本节课的氛围不够热情,运动参与的积极性不够。下面我主要从教学效率和教学效果来谈谈自己对曾老师这节课的浅薄看法。

从教学效率上看,一节课 40 分钟,其中 12 分钟左右热身,18 分钟左右学习前滚翻,7 分钟左右学练结合,3 分钟进行结束部分。在这些时间里曾老师有一半的时间在讲解,相对来说学生的练习时间较少,曾老师的讲解语言可以相对精简一些,充分做到教师主导、学生主体的教学原则。

从教学效果上看本节课从认知目标、技能目标和情感目标出发,曾老师用影视里面高跳接滚翻的动作引入本课以引起学生的学习兴趣;在课堂中曾老师运用了下巴夹白纸来解决学生低头含胸,双膝夹纸来解决学生团身的问题。在最后学练结合的部分有大概 7、8 个学生没有独立的完成前滚翻动作,而曾老师对此现象没有过多的关注,总体没有达到曾老师原来预想的 85% 的目标。由于曾老师多次强调前滚翻的动作要领,学生在认知目标上基本达到。

每个老师的教学风格不同。针对不同的学生,好的老师会选择各种有利于学生的教学手段来为自己的课堂教学服务。曾老师的这节课相对于新老师来说是很好的,有很多地方值得我学习。

教学反思

这学期我校举行了第五届教师专业发展微观评价活动,我作为一名新教师,成为授课者,并选择了《前滚翻》作为我上课的主要内容。下面是我对这节课的总结与反思:

本课教学以"以人为本,健康第一"的教育思想为指导,以教材为依据,以团结协作、竞争欢乐为主题,以游戏练习为主线,选用"一材多用"、"高密度、小强度"的教学模式,充分发挥教师的主导作用和学生的主体作用,采用激励的手段,调动学生主观能动性,激发学生的学习兴趣,在玩中学、学中玩。抓住教材本身的德育因素和学生实际,积极创造机会,自然渗透德育和运动保健教育。

前滚翻是人体基本活动能力之一,通过前滚翻教学,可以发展学生的柔韧、灵敏、协调素质和基本活动能力,提高学生控制身体的平衡能力和时空感。

前滚翻对动作的要求较高,动作不能分解练习,因此我在教学中先要求学生做了一个辅助练习——"滚动"。前滚翻的动作重点在于团身紧,这个动作正好能够提高团身紧的要领。我要求学生双手抱膝,团身进行前后滚动,同伴之间可以互相帮助一下。然后,我把前滚翻动作进行了详细的讲解并做了示范,让学生充分了解动作要领。在学生进行练习时,为了让学生掌握动作要领并便于记忆,我还把动作要领编成了顺口溜。为了使学生的动作更加标准,我为学生准备了纸张,让学生把纸张放到脖子下面和两膝之间,让他们感受低头和两腿并紧的感觉。在学生分组练习时,我给学生讲解如何进行保护与帮助,使他们在练习时能够更快更好地完成动作。最后,我设计了前滚翻接力游戏,让学生进一步巩固前滚翻的动作要领。

这节课的成功之处是,老师讲解的层次比较清晰,学生对技能的掌握较为出色。大部分学生通过体验或是观察老师、同学的示范,逐步掌握了低头、团身、蹬地等前滚翻的技术要领,出色完成动作,达到了教学的目的。

这节课的不足之处是,对时间的掌握不够准确,练习时间有点过长,使游戏的时间有点紧张,课堂氛围不够热烈,没有积极调动起学生的热情,场地安排不够合理。

我这节课能够顺利的完成,离不开我们体育组全体教师的帮助与指导,耐心听我试讲,提出宝贵意见和建议。在此,我对体育组全体教师表示感谢!

07　音乐：一二三四歌[①]

授课教师：颜豆豆　　授课时间：2017 年 3 月 16 日

教学设计

【教学目标】

知识与技能：能用饱满而有弹性的声音、热情奔放的情绪演唱歌曲。

能够用轮唱的方法进行演唱，了解进行曲的主要特点。

过程与方法：通过对比感受等活动，使学生感受军歌的风格特点。

情感态度价值观：通过学唱《一二三四歌》，体验军旅风格歌曲，感受解放军战士团结、紧张、严肃、活泼的精神风貌和乐观态度。

【教学重点和难点分析】

教学重点：用饱满、有力、较有弹性的声音演唱歌曲《一二三四歌》

教学难点：准确演唱《一二三四歌》的二声部

【教学准备】多媒体设备，钢琴，PPT

【教学过程】

一、导入

1. 学生听着《一二三四歌》走进教室。

2. 师：刚刚大家听到的这首歌曲带给你怎样的感受？

二、整体感知

1. 今天我们学习一首军歌《一二三四歌》，让歌声带我们走进军营。观看《一二三四歌》视频。问题：这首军歌按照各个音乐要素你觉得可以分为几个乐段？

三、分段教学

（一）学习第一乐段

---

① 教材来自人音版《音乐》（2001 版）七年级下册第 2 - 3 页。

A. 出示节奏谱,师边拍打边唱,生学唱节奏(附点节奏突出强拍)

B. 播放音乐,听听这段音乐中有没有哪句运用我们刚学唱的那条节奏?

C. 出示乐谱,跟琴演唱第一、二句歌谱。带词唱。

D. 后面四小节乐谱也跟着唱,带词演唱。(情绪节奏上与前四小节的对比)

E. 带上歌词唱 A 段,按图上换气符号换气,引导学生唱出军人干脆利落的精神面貌

F. 对比:范唱不运用附点的旋律。你觉得作曲家这里运用附点节奏想刻画军人怎样的精神面貌?（表现解放军战士坚定、勇敢、坚强性格。)一起再齐唱一遍。

G. 播放 A 段轮唱版本。问题:这是什么演唱形式? 带给你怎样的感受?（简介轮唱)

H. 试着用轮唱的形式演唱 A 部分。注意每一乐节的开头。

a. 师生合作,师唱第二声部,生唱第一声部。

b. 学唱第二声部的结束句。

c. 生分两声部合作演唱,互换声部演唱。

(二)学习第二乐段

A. 聆听歌曲 B 部分 问题:B 段一共分为几个乐句?

B. 再次聆听

问题:按照节奏特点,你觉得这些乐句中哪些是相似的,哪些是不同的? 他们分别属于哪种节奏类型?（选择紧凑/舒展)

C. 这两种不同节奏特点的旋律分别给我们怎样不同的感受?（师范唱)

D. 带词唱。如果第三乐句音高有问题,用"li"带唱。(第三乐句,连贯流畅的演唱,声音的位置要高;其他部分用饱满、有力、富有弹性的声音清晰地演唱。)

(三)学习第三乐段

A. 聆听歌曲 C 部分 问题:与前两段相比,它有什么不一样的地方?（歌词、伴奏)

口令声、拍手声,使人联想到火热的军营生活,感受到战士们自豪的情感。

B. 师生合作演唱 C 段,生唱口令,师唱旋律

C. 填词演唱,指导高音的演唱。(特别是喊完口令后的那句"战士的歌")

D. 师生合作演唱:师拍手,生唱主旋律。

E. 生拍手练习

```
⎧ X O X O | X O X O | X X X X | X · X  X X O ‖
⎪   一   二    三    四      一 二 三 四 一 二  三 四
⎨
⎪ O X O X | O X O X | O X O X | X · X  X X O ‖
⎩ （拍手）
```

F、C 段完整演唱，生加上拍手

四、成果展示

1. 完整听一遍《一二三四歌》填写表格，总结整首歌曲的特点，介绍进行曲。

2. 学生跟伴奏带完整演唱《一二三四歌》。

同伴互助

余鹃翠：教材认知

今天，2017 年春季仁和中小学教师发展微观评价活动在我校举行。在下城区教研员徐慧琴老师的带领下，我们从教材认识这个维度对颜豆豆老师的《一二三四歌》进行点评。

1. 教材分析

俗话说"知己知彼，百战不殆。"了解教材是一节好的音乐课的开始。教材是供教师教学用的资料，认真研读教材是上好一堂课的前提和基础。备课就是熟悉教材的过程，准确把握教材的重难点。

《一二三四歌》是七年级下册第一单元《行进之歌》中的歌唱曲目，反映的是部队生活，表现解放军战士热爱祖国、热爱军营生活的高贵品质，突出的是进行曲体裁节奏鲜明、结构工整的特点。整首歌给人以高度革命乐观主义精神的感染。在教学设计中偏重对歌曲情绪的理解，用不同的表演形式来体会歌曲情绪。

从音乐审美的角度来说，作品中采用的音乐要素，尤其是附点节奏的运用恰到好处地推动了歌曲的情绪，感染了每一位听众；从人文角度来说，歌曲展现了军人团结、紧张、严肃、活泼的精神风貌和乐观、积极向上的态度；从实践性的角度来说，通过对歌曲的学习掌握相关的知识和技能，在亲身参与音乐活动的过程中，领悟歌曲的音乐内涵。

但在颜老师的教案中，我们并未看到教材分析，这也算是一种遗憾。

颜老师作为一名成长期的新老师，虽然在教材分析这一块没准备充分，但她在整堂课中语言连贯，有条有理，歌曲感情处理到位并能感染学生融入课堂，与学生没有距离感,教学方法与手段多样,也能达到预期效果。

2. 学情分析

七年级的学生对进行曲题材的歌曲平时也许听得很多,但不知道音乐题材的相关知识,对军旅歌曲了解的还不够。学生在生理、心理方面都日渐成熟,参与的意识和交往的愿望增强。在歌唱的时候,教师要关注到男同学的声带变化,必要时要对歌曲作降调处理。

教案中学情分析这块内容是有必要的,但遗憾的是,在颜老师的这份教案中没有看到这个内容。学情分析一方面是对学生自身特点的分析,另一方面是对学生学习内容、学习习惯以及学习兴趣等方面的分析,可以更好地关注学生良好的行为习惯和学习习惯的养成。

3. 教学目标

通常目标的设定是评价一节音乐课好坏的参照,所以个人认为这是比较难的一块。不仅要考验老师的基本功扎不扎实,还要凭借老师多年的教学经验,而颜老师设定的课程目标就很好。

首先,《课标》中的课程目标,将学习音乐的"情感态度和价值观"放在首位,这是音乐的性质决定的。列夫·托尔斯泰说过:艺术不是一种技艺,而是人类情感的表现。学生在学习音乐的过程中,情感世界受到感染和熏陶,通过感受和理解作品,培养音乐鉴赏能力,在不知不觉中养成积极乐观的生活态度与进取精神。颜老师的这一目标是:通过学唱《一二三四歌》,体验军旅风格歌曲,感受解放军战士团结、紧张、严肃、活泼的精神风貌和乐观态度。颜老师在上课过程中不局限于教材,还找了视频资料补充,激发学生的兴趣。

在"过程与方法"上,课标突出了以学生为主体的活动,体验模仿,使学生积累了感性的经验;探究发现,激励了学生的好奇、求索、创造的愿望;合作沟通,加强了学生之间、师生之间的联系与协作;提倡学科综合,开拓了学生的文化视野。颜老师这一目标稍显简单,我将它改成:通过对比来感受和体验不同力度的演唱带来的不同的听觉感受,并用歌声表现出来,使学生感受军歌的风格特点。

在"知识与技能"方面,课标的要求是通过学习,提高学生对音乐的认知和感悟,也为进一步学习音乐奠定基础。颜老师这一目标设定的是:能用饱满而有弹性的声音、热情奔放的情绪演唱歌曲;能够用轮唱的方法进行演唱,了解进行曲的主要特点。我觉得应该直观地把进行曲的特点写上去,例如"了解进行曲节奏鲜明、铿锵有力……的特点"。

一堂音乐课好不好?由学生说了算!学生在一堂课上有增量,能快乐、高效、科学系统地得到音乐素养的提升,这节课就是好课!所以,老师的关注点永远是学生,做老师的应该有敏锐的洞察力,在课堂教学中随时关注到学生的表现,他们的优点与不足、困惑与需求等等,根据学生的具体情况随时调整教学步骤和策略,深入挖掘学生的潜在能力。在自己的每节课上带给学生一点一滴的感性体验,并尝试在实践中去表达、表现,学生累积起来的收获是满满的,课堂是有效的,教学是成功的。

4. 教学重难点

听完课后的小组讨论中,我们一直觉得颜老师的重难点设定与实际上课情况有些许问题。如颜老师重点设定在用饱满、有力、较有弹性的声音演唱歌曲《一二三四歌》,但在课堂上并未充分落实到位。虽然颜老师有范唱,也提醒了学生,可也仅仅点到即止。教学难点的设定是准确演唱《一二三四歌》的二声部,A 段的二声部是颜老师加进去的,这个乐段学生们很好的掌握并能分声部演唱,但 C 段的合唱及拍手因为时间紧张未能很好地解决,在整首曲子完整呈现的时候,小部分学生还没掌握节拍。

半天的学习很快结束,但思考仍在继续,如何将音乐核心素养培养贯穿在整个教学中,如何更高效实践课堂教学,如何做一名学生真正需要的老师,是我们在漫长的教学路途中需要不断学习研究的。教学永远在路上,探索永远在路上。

宋玉霞:教学认知

今天我听了颜豆豆老师执教的七年级的音乐演唱课《一二三四歌》,下面就从教学认知方面对这节课谈谈我的看法。

教学过程是对教师经验、教师水平的直接反映,是师生共同体验、发现、创造、表现和享受美的过程。

1. 课堂上的组织与调控

课堂上以丰富多彩的教学内容和生动活泼的教学形式,激发和培养学生的学习兴趣,课堂上重视与学生的生活经验相结合,加强音乐课与社会生活的联系。

在教学设计中,通过各种有效的途径和方式引导学生走进音乐,让学生积极参与教学活动,充分感受音乐,课堂上学生的体验要多一些,以便更好地发挥学生的主体性。

(1)歌曲中加入合适的动作

颜老师在课堂上,用铿锵有力、幽默风趣的语言和亲切的教态很好地调动了学生的积极性。但是在有些环节中,如果能换一种方式,效果可能会更好。比如:当同学们听着音乐进教室的时候,如果把军人的步伐加进去,而不是单单地走进来,对于学生来说可能会更有感觉。当唱到乐曲中间"一呀么一呀么一呀么一"时,情绪更加高涨了,在演唱的过程中,可以加入动作,进一步推动情绪的发展。

（2）曲谱的演唱

学习曲谱的演唱是音乐的重要环节。只有唱谱才能真正把符号变成声音,唱谱的过程其实也是让音乐深入人心的过程。毕竟一首陌生的乐曲拿到手中,除了仔细查看乐谱外,也就只有唱谱才是最直接的了解方式。从小学中段三年级的音乐课开始,慢慢可以让学生进行曲谱的学唱,这样不仅可以让学生更好地理解作品的内容情绪,也可以丰富学生的音乐基础知识。

在《一二三四歌》这节课中,并没有安排曲谱的演唱。对于七年级学生来说,有了小学音乐学习的积累,再加上这首乐曲的旋律并不是很难,所以,曲谱的演唱比较容易。

2. 课堂上的评价

德国教育家第斯多惠有这样一句话:"教学的艺术不在乎传授的本领,而在于激励、唤醒、鼓舞。"教师行之有效的教学评价,能使学生始终保持兴奋的情绪积极学习。教师对于音乐创造活动的评价主要着眼于创造性活动的过程。

课堂上对于学生的评价要及时、准确。在这节课上,颜老师对学生所呈现的音乐活动都会及时地给出评价,但并不是很准确。当我们在对学生创造的音乐活动做出评价时一定要恰当,不可过分夸赞或过分贬低,否则会让学生产生错觉,影响后面教学活动的效果。

每一堂课都不可能做到完美无缺,我们只求做到尽善尽美。总之,一堂打动人心的音乐课,一定是以音乐的美、音乐课堂上师生互动生成的美为前提的。这样的音乐课才能感动自己,感动他人。

以上是我对本堂课的一些看法,有许多不足之处,欢迎老师批评指正。

韩雪芬:学生认知

在本次活动中我们听了颜豆豆老师上的《一二三四歌》一课,下面我就从学生认知的层面来对本堂课进行评价。

我理解的学生认知是学生已有的知识和未被发现的知识与能力,刘教授将其分为三个部分:管理、智力因素和非智力因素。管理主要是学生通过学习对自己的思想、行为、道德方面的改变;智力因素主要是通过学习培养学生的观察、记忆、分析、比较、判断等能力;非智力因素是指学生在学习的过程中,展现出来的动机、兴趣、情感、意志、性格等因素。

（一）学生的情绪状态

学生的情绪状态直接影响着教学效果。颜老师利用情景的创设，让学生想象自己正置身军营。她有感染力的语言使学生在课堂上的情绪饱满，学习兴趣浓厚，学生热情也高涨起来。师生之间形成良好的氛围，情感双向和谐交流，从而达到教学共振。

（二）学生的活动广度

学生的活动广度可以从以下两方面来理解：一方面是指学生的每一种感官都能积极、主动地参与到教学活动中来，另一方面是指学生的参与广度，课堂上两位女生和一位男生的轮唱给老师们留下了深刻的印象。学生主动参与教学活动是教师实现教学目标的条件与关键。在实践、体验的过程中才能有更好的思考，进而创新，不断提高。

（三）学生的活动时间

学生的活动时间即看一堂课属于学生自己的时间究竟有多少。颜老师教学设计的问题太多、太难，针对性不强，并且一开始就提问，学生太紧张，有的学生不敢唱，有的学生懒得唱。如果在教学设计上一开始能增添一些互动的环节，可以一下子把学生的氛围调动起来。同时，对于难点，可以用钢琴来带一下，让学生跟琴唱一唱，亲身体验一下两种不同的节奏，而不是让学生聆听老师的示范来判断。

（四）学生的参与方式

看学生的参与方式是否多样。颜老师注意到了让学生采用多种唱法来学习歌曲，如一起唱、分声部唱、轮唱、男女合唱、拍手等，但主要还是在唱的方面，如果其他方面也能带着学生律动起来就更好了，譬如《一二三四》这首歌，学生进教室时，播放音乐，可以让学生像军人一样，踏着步子"正步走"进教室。

（五）学生的活动认知水平

学生对于所接受的知识有自己的理解。七年级的学生由于知识经验的不断积累，思维具有独创性和批判性；他们能够有意识的调节和控制自己的意识，并能用心的完成课堂上的实践活动和情感体验。

（六）学生的参与效果

每个阶段学生都有自己的阶段特征，老师设置的教学目标，以及提问的教学问题，都不能脱离这个阶段，太简单会让提问失去原有的意义，太难就会让学生对教学产生恐惧心理，因此，颜老师以后可以减少一些教学问题，并且把提问的难度降下来。

在教学过程中，颜老师注意到学生非智力因素对于教学的重要性，不断地对学生进行夸奖,譬如:"啊!你真棒!"夸奖是必要的,有利于提高学生的积极性,但是却没有在夸奖之后针对教学检测的结果针对性地对学生提出鼓励和纠正,譬如可以这样讲:"你回答得很棒,不过有没有另外一种更好的思路来解决这个问题?"或者让其他学生也参与进来,通过互评互助,让教学活起来,让学生动起来,进而实现教学目标。

随着新课程的推进,听课评课的角度上升到了教学理念,而理念的落实也被理解为教学方法,主张平等对话,体现探究学习,体现小组合作的方式。建构主义的引进,听课评课的立足点逐渐转移到了学生,从"教"到"学"是一个很大的进步,但在实践操作中,所谓的"学生活动""课堂气氛""教学效果"等指标,很大程度上又还原为教师的教学方法。

如果学生本人知道了每节课自己应该"学什么""怎么学",并能正确评价自己"学得怎样",学生自主学习的意识、能力、习惯将大大增强,那么课堂教学的效率也肯定大大提高。让我们在听评课中多多关注学生的"学"吧!

专家点评

徐慧琴(浙江省特级教师,下城区教师教育学院音乐研究员):

首先我来说教材分析。今天很可惜的是,在颜老师这份教案当中没有看到对教材的分析。基本上我看到大多数老师写的教材分析,直接从教参上复制粘贴过来,一般很少有调整。如果你对教材的分析不够透彻的话,那么你对这节课的重点、难点和目标的设定可能不够准确。只有你对教材的分析足够准确,你对整节课的思路才会把握比较顺。那么教材的分析,我们应该从三个角度:音乐的角度、人文的角度、创新的角度进行多维的解读。音乐学科的性质包括:审美性、人文性和实践性。所以我们从音乐审美的角度来做分析的话,就是对音乐表现要素做出正确的分析。从人文的视角是要分析作品的思想内涵、创作意图、文化语境、民族特性(如果是民族作品的话)、作品所表现出来的人文精神(比如说反映出的生活态度、精神面貌)。此外,因为每个教师的生活经验、音乐经验不同,所以可能会做出自己个性化的解读。第三,是个性化创新的角度。

那么我们来看这首作品,中学老师应该非常清楚,因为这是一首军歌,小学老师也应该比较清楚。

这首《一二三四歌》,比如从音乐的角度,老师要去分析调式、调号、拍号。这个原本是 c 调,但是考虑到学生的音域,所以最终采用的是 g 调;体裁是队列进行曲;表现的内容结构是三个乐段,每个乐段的旋律、节奏、歌词的特点都要去分析。

比如说 a 段,用"1234"这个口令,还有你讲到的那个附点节奏,在歌曲当中也比较多,它具有一种推动感。如果你分析到了,那么你在指导学生时可能就更有针对性。那么像 b 乐段的话,前面四个小节节奏是非常紧密的,而后面四个小节是相对比较疏松的,这些都要分析到,包括一些衬词的运用。比如说你可以让学生去想象是在野营或者行军过程中,有很多拉歌的场面,这样的话,我们在演唱形式上也可以做一些安排。只有把这些东西都分析到位,你后面的整个设计才会有的放矢!

那么从人文的角度来说,这首作品表现什么样的场景?刻画了怎样的战士形象?体现了怎样的精神面貌?或者是信念?都要把它分析出来,表现场景、刻画形象、体现精神,包括表达怎样的情感?表现怎样的场景、意境?就这些词,我们在分析的时候都要注意用词的准确。

第二个,我们讲教学目标这一块。表格中三级指标当中讲到的新课标要求和核心素养,新课标的要求我们大家都知道,在一节课中,教学目标是整一节课的方向,所以在分析教材的基础上,根据学生的实际情况来制定。那么新课标的要求呢,是三维目标:情感态度价值观、知识与技能、过程与方法,一般有两种写法:一种是把三维目标分开来写;另一种是合在一起写,可能这个目标当中既包含了知识与技能,也包含了过程与方法。在颜老师的教案当中,我正好看到了这两种:你今天的这个写法是把知识技能、过程与方法、情感态度与价值观一项一项地分开写;而你之前发给我的教案不是这样分项的,是另外一种写法。不管是哪一种写法,都是可以的。

教学目标的确立和叙写要科学规范。今天颜老师的教案上的教学目标叙写还是不错的,比之前的好。首先第一个教学目标的行为目标呈现的行为主体是学生,在写的过程当中能用什么什么、了解什么什么,这些都好。如果是让学生怎么怎么样?使学生怎么怎么样?那这些目标的主体就不是学生,而是老师。第二,教学目标的叙写应该是表明学生学习之后应该获得的知识和能力、情感态度的变化,因此要用一些可以观察到的、测评到的行为动词。比如说我们音乐课堂一般用"认识"什么、"听出"什么、"记住"什么、"辨别"什么、"说出""唱出"等行为动词来描述。在这份教案当中,就有所体现,"能用饱满有力的声音、热情奔放的情绪演唱歌曲"。包括你的一稿:"学习《一二三四歌》,能用饱满有力的声音、热情奔放的情绪演唱歌曲"。第二点,"了解进行曲主要特点,能够对军歌感兴趣"。"学习""了解""感兴趣"这些词都是可以观察和可以测评的,这些动词都写得不错。

教学目标要有准确的体现。我们刚刚说道：这三个目标有三个不同的层面，比如说颜老师的两个教案当中都有"了解进行曲的主要特点"。进行曲的主要特点是什么呢？你要在这里把它叙写出来，比如说"了解进行曲结构工整、节奏鲜明、旋律铿锵有力的特点"，写目标的时候就要把它写清楚。我们今天拿到的这一份教案比第一份教案有进步。第一稿的目标，我们老师再听一下：1. 学习歌曲《一二三四歌》，能用饱满、有弹性的声音演唱歌曲；2. 了解进行曲的主要特点；3. 能够对军歌感兴趣并对其有大概的了解。这些教学目标是哪个层面上的目标？"学习""演唱""了解"，基本侧重于知识目标，"感兴趣"有点涉及情感态度价值观这块。第一稿的教学目标侧重的是"知识与技能"这个维度的描述，缺少"情感态度价值观""过程与方法"这两个维度。今天拿到的教案，我觉得还不错，第一个"能用饱满、有弹性的声音，热情奔放的情绪演唱歌曲，能够用轮唱的方法进行演唱"，你如果在后面加上"表现战士们朝气蓬勃、乐观坚毅的精神面貌"，那么"知识与技能"和"情感态度价值观"的目标都在。你为什么要这样去唱？你为什么要这样去听？你想要做什么？要表现的是什么？第二点"了解进行曲的主要特点"，我刚刚讲过啦，要把它的主要特点罗列出来。第二个"过程与方法"，"通过对比感受等活动……"，"对比感受"这个词在这里太笼统了，所以就要把它写具体，比如说你今天这堂课当中，学生"积极参与走步、对比节奏型、探究演唱形式等活动，了解或者感受军歌的风格特点"。那就不是"使让学生"了，教学目标的行为主体就是学生。所以在目标的叙述上，注意主体前后的一致性，可以再把它修改得好一点。

关于教学的重难点：我觉得整堂课中，颜老师还是把握得不错的。歌唱课的重点就是把歌唱会、唱好，所以这个重点是对的，后面表现什么，还是要叙述清楚。"准确演唱《一二三四歌》的二声部"有可能在老师的预设当中是难点，但在实际的课堂教学中，对于这批孩子来说，附点节奏也是一个难点。难点要根据学生的具体情况定，这是颜老师和学生学习的一个分歧，也是蛮重要的。但总体来说，教学重难点分开写，还是不错的。

教学反思

《一二三四歌》是一首反映部队生活的群众歌曲，全曲铿锵豪迈与抒情相结合，将解放军战士坚定、勇敢、乐观、自信的精神十分巧妙地表现出来，旋律朗朗上口。歌曲典型的军营生活让学生很感兴趣，由于对军人的崇敬，在学习时也能感觉到作为军人的那种自豪之情，因为有了这种积极的情绪状态，所以学习的效率很高,在表演时学生也是兴趣盎然,效果很好。

在这首歌曲的学习过程中,学生非常热情和积极,自己设计的环节也是环环相扣。难点是节奏的掌握、情感的把握,所以在教学过程中,我先让学生一遍又一遍的熟悉旋律,等对整体的歌曲有了一个初步的认识,再让学生跟唱几遍,小组练习以后再对重点、难点部分进行教唱。学生视唱曲谱能力比较弱,我以后要培养学生的视唱能力和辨别节奏的能力。由此,我意识到自己的责任重大,学生的基础需要长时间去抓,更要有方法去抓。

不足之处还有:

1. 没有注意整体的设置,更没有注重细节的把握,例如:教学语言不简练;各环节之间衔接不紧密;废话太多。

2. 缺乏足够的激情来引领学生走向更高境界的艺术殿堂,对教材的把握和理解还不够。

3. 对教材、学情分析不够彻底,不够细致。

4. 教案的书写还不够规范。

今后在教学实践中,我还会继续努力,不断摸索。

第二篇
02
| 专题学习平台 |

01　教师专业素养论坛

时　　间:2011 年 9 月 23 日

受邀专家:刘堤仿——杭州师范大学教师教育发展研究所教授

　　　　　赵群筠——杭州市文晖中学校长、中学语文特级教师

　　　　　柴玉宏——杭州十三中教育集团副校长、中学数学特级教师

　　　　　唐跃华——杭州保俶塔实验学校教管主任、中学科学特级教师

　　　　　顾群辉——杭州市采荷中学教育集团副校长、英语特级教师

专家报告

主持人:五位专家的到来,是我们学校的荣耀,也是我们老师的福分。我们常说,看一个人,跟他说几句话,就能知道这个人几斤几两。意思就是,从他的言谈举止就能看出他背后的文化底蕴、思想内涵。同样,作为一名教师,我们也可以从他的一堂课:备课、听课、说课等等,看出这位老师的基本素养,也可以看出老师的教育理念、学生观、教育观、教学观。我们五位专家对此可能会有更多具体的看法和想法,下面请五位专家就教师的专业素养、评价和提升说说自己的看法。首先有请刘教授。

刘堤仿:

各位老师下午好,按照我们教师专业发展的途径,根据"专业引领、自主选择、学科套餐、群体互动、滚动发展"的原则,这个学期我们又新增了一个选项,就是"教师专业角色"的第一个选项——教师的专业素养。这个新的选项主要有两个方面的内容:一是对教师专业素养的内涵的理解,二是教师专业素养的形成和发展。

教师专业素养的内涵,包括了教师的专业素质,这个绝大部分都是先天形成的、与生俱来的,按照传统的解释,就是从娘胎里带出来的;还可以后天培养或养

成,这样两者结合起来就是素养。当然这样理解可能比较机械,在不同学科里,对这个内涵可以有很多灵活的解释。

教师专业素养的形成:按照我们一些专家的意见(如魏书生),是通过行为、习惯、品质三者来看教师素养的形成,一共三句话,就是"行为养成习惯,习惯形成品质",后面还有一句"品质决定命运",这个不在我们教师素养形成的范畴里面,所以我后面那句话就不谈了。我们有些学校把它打成横幅标语,有的作为一种校训。所以我们在研究教师专业素养的形成的时候,往往就是通过教师的行为、教师的习惯、教师的品质来进行研究,具体来说,我们在教师专业发展微观评价活动的过程中,如果研究"教师的专业素养"这个选项,就可以研究教师的行为(包括教学、管理等等),从行为中可以看教师的习惯,然后从习惯中分析该教师的品质。所以大家在做教师专业发展微观评价活动时,很多可能就是通过观察教师的日常教育教学活动,从行为、习惯、品质三个方面进行研究。这个是大的、宏观方面关于教师专业素养这个选项的思路。

当然具体来讲,我们教师的专业素养,有专业学科素养、教育素养和综合素养。所谓学科素养,比如你原来的学科背景是物理、化学、数学、语文等等,这是学科方面的素养;教育素养,就是说我们师范院校、教育教学类院校毕业的,都是教师专业,这是教育教学方面的素养;综合素养很多,比较广泛。

在具体的各学科教师的专业发展中,在研究教师专业素养的过程中,不同的人可能有不同理解,我相信在座的四位专家会从不同学科角度对"教师专业素养"这个问题做出自己的诠释。在课程改革之后,我们有很多新课改的理念对教师的专业素养方面提出很高的要求。我们强调学科间的整合,也就是说做教师期间,教师的专业素养不仅是你自己学科的,也要揉注其他学科的内容,这样才能应对新形势下新的课程改革的需要,在新的形势下实现教师的专业发展。这些具体的、活生生的案例,有待我们今后在教师专业素养这一选项中做进一步的学习和研究。我先抛砖引玉,下面由各学科专家来对"教师专业素养"谈谈自己的理解。

主持人:刘教授将"素养"解读为"素质"+"养成"。素质是天生的,好比一座高楼打好的地基,在座的老师大多具有本科以上的水平,我想这样基本的地基已经打牢了,后面就靠我们老师的养成。养成呢,刘教授给我们建议了四个途径:一个是"生成与预设",第二个是通过课堂诊断,第三是通过学生的认知分析,最后提高我们的综合素养。我相信,如果我们认真的按照这四个途径去走,我们的明天会更美好。那么不同的学科对教师的专业素养有什么要求呢? 我们来聆听专家的意见。先有请语文特级教师赵群筼老师。

赵群筠：

谢谢大家！很高兴与大家又见面了,上一次我带来的更多的是刘教授所说的关于德育教师心灵方面的素养,今天呢是讲教师的专业素养,我就谈谈自己对专业素养的理解。我本来是做了PPT的,结果一来发现是这样一个架势——随便聊,我昨天备课是白备了(笑),以后反正还有机会。

我刚才想了一下对专业素养的理解。作为一个中学的老师,我讲三个短语吧:一个是"教学的预设与实现",然后是"作业的诊断与指导",第三块我们要研究"考试的评价与改进"。

作为一个老师,我们首先要备课,备课再上课。在上课中,我们的关键是预设与实现。我们老师的课堂教学存在三道坎:第一道坎是能不能非常好的来设计、分析、解读教材,不论是哪个学科;第二道坎是:有了好的解读后,你能不能将解读转化为教学设计? 昨天我听了几节课,是社会和数学,我当时的感觉是,对于初中的孩子来说,教学还是要有设计感,只要有了设计感,才能吸引孩子们的眼球,激发他的兴趣,因此设计这道坎我们一定要过。但是不是有了好的设计,就一定能上出好的课来呢? 这是第三道坎,就是我们老师的实践能力。课堂的对话、引导、课堂灵动的改变,我称它为"二度备课"或临场的解读能力,这个能力非常重要。

第二个,对于中学来说,我觉得大家研究的不是很多,但是非常重要,就是"作业的诊断与指导"。一个老师要有课堂教学能力,但一个全面的老师还要有"指导学生学习的能力",这个能力非常重要。这也是有些老师课不一定上得很好,但他教的学生考得特别好,就可能是他具备指导学生去学习的能力。因此我们可以把作业作为一个很好的抓手,去设计作业,去诊断学生的作业,我们老师有没有尝试过去诊断学生的作业? 学生的作业拿过来,你是只判断对错呢,还是去仔细分析它错误背后的原因? 如果你思考过,那么你就可以马上去做下一步,去指导他学习。诊断与指导是连在一起的,可以做到"磨刀不误砍柴工"。

第三个,对于我们中学来说就是"考试与评价"。考试到底是干什么用的? 考试是为了看学生拿多少分数,还是只排名次呢? 我认为考试最大的功效是诊断孩子们的学习情况和反思我们的教学行为。不要光去分析分数,要分析分数后面的那个人、那个人的学习特点,再来反思我们的教学行为,是否在哪方面可以改进、在哪方面可以提升?

因为今天是开场白,我只是将教师的专业能力(执教能力)概括为三个方面,可能还不够全面,只是与大家共勉,在今后的时间我们再一块一块的来讨论、交流,谢谢大家!

柴玉宏:

各位老师,大家好! 我今天就与大家讲三个内容:第一个内容是表达一下自己的心情,第二个内容是如何研读教材、教足教材,第三个内容是关于数学的课堂教学。

首先今天很高兴,第一高兴的是收了三个高徒,并且都是美女。第二高兴的是今天来到仁和中学,仁和中学很不一样。进来一看,一太大,二太新,三太广,四太宽。刚才校长介绍了一下,三校合一占地面积 115 亩,我们杭十三中三个校区、4500 名学生,加起来也就 90 来亩,我们教职员工加起来 300 多人也才 90 多亩;你们的专业教室 24 个,我们连实验室都做了教室,专业教室根本就没有,班级人数多,很拥挤。我相信你们这么好的条件,三年会变样,四年五年会大变样,是一个很有潜力的学校。所以来到你们学校,我很高兴。第三高兴的是,我刚才看了一下今天在座的老师,发现了三大特点:一个戴眼镜的老师比较多,60 - 70% 的老师都戴眼镜,很有文化,能学习、会学习、爱学习,有深厚的文化底蕴;第二个是女老师多,一大半,并且都是美女;第三是年轻老师多,估计平均年龄三十四五岁吧,很年轻,很有潜力。

第二,我就讲一下教学中的两个小问题。刚才已经有老师将教师的专业素养谈得很好了,我就乱谈吧,不论谈了。大家当老师肯定要研读教材,先问大家一句话:新课改、新课改,课程改革,改来改去,有那么两句话,大家看看哪一句对? 老师是带着教材走向学生呢,还是带着学生走向教材? (带着学生走向教材。)对,大家的新课改理念还是不错,是带着学生走向教材,用教材教,而不是教教材,也就是老师要研读教材。过去有句老话:一支粉笔,两本破书,三尺讲台,四季盲目。新课改以后,大家可以在课本基础上大胆的、创造性地使用教材。刚才有位徒弟跟我说:"我们的学生与你们十三中不一样,我们课本也做,作业本也在做。"说实在的,我们十三中的学生作业本是不做的,太简单,课本上的容易题也不做了,但是可以将课本的题继续深化、补充、变式,提高难度。这位老师也说了,余杭区考试初一初二简单,到了初三就难了,为什么难? 要应付中考呀。所以我们初一初二的老师可以创造性地使用教材,可以加、可以删、可以改、可以挪(挪动内容),不能以教材为纲束缚大家的教学思维。这是我要说的第一个问题,大胆的改造教材、使用教材。

第二点,关键的是课堂教学,也就是课堂教学模式怎么变? 可能现在数学、包括各科比较时髦的一种教学模式就是"先学后教"。现在我看到杭州市许多学校在探讨、在实验,这是洋思中学和杜郎口中学的一种教学模式,好几年了,全国都在学。近几年我们去过安吉的一所农村中学,这所学校在学洋思模式,很成功。过去这所学校的升学率就不用说了,全县倒数,学了洋思模式后,升学率不用说了,城里的学校反倒到那儿去参观学习,听课老师很多,包括西湖区许多学校。老师很少讲,全是学生自主学习,无论成绩好坏,自主学习与帮助学习怎么和谐一下?只有这样,教学才有出路。课堂教学改革,我觉得自主学习是个方向。我争取带领自己的三位徒弟在这方面搞些东西。

唐跃华:

刘教授给我出了个难题,原先跟我说来签签字就好了,不需要讲,我也没做准备。刚才几位老师都讲得很好,我自己私下把思路理了一下,供大家借鉴。

教师的专业素养,实质上是指教师的综合素养。我认为教师素养有八个方面:

首先作为一个老师必须具有教育理论素养,教师写不了论文、教学教不下去,其实就是他的理论素养缺乏。

第二个就是具有较深刻的、扎实的专业知识,也就是大家的专业背景,这是核心素养。你是学化学的,对化学得心应手,而在第一年、第二年教学时诚惶诚恐,怕教错了。而且你不敢脱离课本,围绕课本讲,别人一节课处理不完,你15分钟就搞定了,这就跟专业背景有很大的关系。而专业知识扎实的老师,到什么地方有什么节点?学生掌握情况会怎么样?他都一清二楚。

第三个,我认为一个老师应该具备较透彻的领悟能力,这很重要。为什么有的老师三年、五年就出挑了呢?他的领悟能力强。有的老师领悟能力差,又不勤奋、不注重反思,教了若干年书之后,他的进步不大。教材越来越熟,方法很老旧,这就是说明教学当中他的领悟能力需要提高。

第四点,一个老师应该具有较强的表达能力。这个表达能力不仅是归纳、总结,也不仅是口头表达能力,还有书面表达能力,这两点都很重要。

第五点具有较强的组织教学能力和应变能力。我们有的老师不成功或不够成功,就是这一点做得还很弱。他的课堂很乱,他在教学过程中对整个教学的掌控能力、洞察能力以及驾驭能力都很差,所以学生不可能学好他的那门学科。还有应变能力,就是在课堂上出现了一些偶发事件、一些教学过程中生成性问题,老师怎么引领?这是一个教育机智问题、智慧问题,我认为这种事情可遇而不可求,需要长期探讨、长期注意研究,方可得到领悟,每个人的表现都是不一样的。比如说刹车,很多人可能会懵了,等他反应过来车已经翻了,这就是应急能力。每个人的应急能力、反应的时间都不一样,但是经过研究、经过一段时间的训练,我觉得老师的这方面能力是会提高的。你可以预设到学生可能会提到哪些问题,这些问题如果你解答不了、解答不全怎么办? 这也是老师的教育素质问题。

第六点,作为科学老师,要有较强的动手实验能力,包括对实验的设计、准确的操作、对整个实验现象和原理的解释、对整个实验过程中的反思和评价。我们科学老师,在实验这一块,我是知道的,初中教了三年,三年的实验碱和盐还敢做、强酸不敢做,特别是反映在个别女老师身上,毛病比较厉害。比如稀释浓硫酸,我问学生为什么不会做,发现老师根本就没有做,怕出问题,小心翼翼地,有的干脆就把这个跳过去了,黑板上讲一讲,把化学当成"画"学,画图的画,在黑板上画,就这样操作。其实呀,你想一想,我们这个科学实验是有别于语文、数学、英语的最大的一个亮点,它是吸引学生、感召学生、号召学生的一个重要工具。说实在的,你把它并起来、放起来,你是不是很亏? 你还能拿什么给学生呢? 学生也许一直在期盼这个实验到来,等到这个月、这个星期,你却对他说:"对不起,由于实验器材不够,这个实验我们就不做了。"或者学生很想进实验室,你把这个实验做成自己的演示实验,学生没做成,就你自己在那儿做,这个过程就至关重要。但我们科学老师可能往往感觉到:实验现象不够明显,实验很烦、又很危险、气味又不好闻,所以呢就放弃了,实际上你放弃的是赢得学生的机会,培养他的兴趣、培养他走上专业道路的一个机会。

第七点,要具有较强的科研能力。要针对选择的课题、出现的问题进行系统的研究,要形成一定的成果。刚才一些徒弟来问怎么做课题、怎么写论文,好像总感觉到很腻心的,写不进去。第二个写论文也很功利,就是为了评职称,就在网上这儿抄一抄,那儿贴一贴,写出来的论文水平不高,而且没有自己的东西。为什么呐? 主要是把写论文、做课题看得太深沉,认为太难了,其实问题即课题,只要出现了问题,你怎么去发现、分析,你采取什么策略去应对、应对的整个过程以及结果与反思,把这个经验写成文章以后,就是一篇很好的论文。现在的问题是不要把论文、课题做得太大,一般认为课题要大一些,5000—10000 字,高级评审论文要5000 字以上,我不知道这是谁规定的,造成的结果是假、大、空,天下文章一大抄,你抄我、我抄你,都是在网上拉下来,实际上是没用的,一点用都没有,老师的能力不仅一点都没有提高,反而使老师变得不诚信,培养出这样的人怎么行呢? 现在早就转变了,看现在几年评论文,文章要求短小精悍,2000—3000 字就够了,问题涉及不大,但解决起来很有效、研究起来很透彻,这样的文章就是好文章。因此我们应该为教学服务、为课堂服务,这样才是好课题,希望老师们写自己的论文,做自己的课题,不要跟风。

第八点,我认为很重要,可能跟专业素养关系不大,我叫它"自我调节能力"。为什么会提出自我调节能力呢? 你想一想,一个人的一生不可能总是阳光,都可能历经风雨、有挫折,有他背时的时候、不顺的时候,这个时候怎么办? 还有疲惫的时候,我们叫他"专业疲劳症"。教了5—10年,还在教这个学科,教语文、教英语,教得疲劳了,慢慢地热情在退了,这时候自动调节、自我调节自己的心理、自己的状态,就非常重要,这能使一个老师始终保持对教育的热爱、对学生的热爱、对学科的兴趣。所以我认为生活的态度要乐观、要积极,这点很重要。我问你,你是否三十年过后仍然对科学有兴趣? 对学生还是那么喜欢? 离开了课堂,就会要你的命? 宁可校长不当,也要做老师? 说老实话,我的经历很复杂,在老家我做过校长、做过教育局副局长,这都不是我想要的,我最想要的是不离开我的课堂。调到杭州来了,我首先是做班主任,不要当副校长,做了两年校长后还要我搞校办处,我真是对这不感兴趣、不想做,因为这些角色我都尝试过了,我知道那个味道,还是课堂的味道最浓厚,做老师的感觉最好。首先学生喜欢你,你不上课,学生会把教室的窗户打开:"怎么还不来?""哎哟,今天很遗憾,他请假了。""他搞教研活动去了。"他很需要你,当你回来了,巴掌拍得厚深,这样的感觉怎么不好呢? 就如同歌者一样,你不给我钱不要紧,只要观众在下面静静地听,跟着进入状态,这就是歌者的幸福。做老师也一样,只要有学生需要你,怎么会不幸福呢?

顾群辉:

我还以为今天来是要表决心,怎么带徒弟,多久出成绩、培养几个名师? 没想到是让我正规地说一点教师的专业素养的问题,我也想了一下。

我先讲一个小插曲:今年高级教师评审面试的时候,一位老师走进来,我问他:你打算说几年级的内容? 这个老师说:初三的,我已经教了五年了。既然已经教了五年,那么对初三的教材应该很熟了,我就冷不伶仃地问了他一个问题:Can you tell me how many kinds of E - mail English are there? (有多少种 E - mail English?)他抓抓头,半天讲不出来。我就告诉他:有三种。又问:What are they, do you know? (你知道它们是什么吗?)他说忘了。我现场就告诉他是哪三种。他说:"哎呀,老师,你记得这么牢,我都记不牢!"从刚才的小事情可以看出,我们今天讲的教师的专业素养,或者说素质。素质有可能是天生的,就像我上次说的,也许我是喝红牛饮料的,我上课激情四射,就是现在到了五十几岁,我一节课上下来很吃力,但也很开心,学生与我一起拍着大腿笑。但有的老师可能天生就是农夫山泉型的,他是涓涓溪流、沁人心肺,那也可以的,娓娓道来,那也是一种享受。素质有很大一部分是由你的特质决定,有的时候很难改,但是你的后天培养,你的高楼要砌起来,你的砖瓦要自己备得很足,否则的话你怎么造得起大楼呢? 在讲这问题前我先讲了一个小插曲。

我对专业素养的见解可能很肤浅,我就用三句话六个字概括:第一个是"激情",第二个是"理性",第三个是"智慧"。

如果你要让这个老师让人觉得很有素养,我觉得这个老师必须要有激情。我记得香港进行教师大调查的时候,其中一个问题是"什么样的老师最受学生欢迎,可以作为当代教师榜样(model)?"33.6%的老师选择了"激情"。这个激情,不在乎你喝红牛饮料,还是喝农夫山泉,但是你做老师,就像刚才几位特级教师,走进教室要给学生一种姿态,给学生一种情感感染。所以我觉得,老师的专业素养在于:你是否有情感,是否有激情? 青田二中的教研组长周老师听了我的课后,写了这样的感悟:"原本在青田二中,我四十几岁就准备养老退休了,但是看到顾老师五十多岁上课还是这么有激情,就像二十几岁的小姑娘一样,在那里演绎着新课标下的英语,又重新唤起了我的勇气,我要重头再来一次,重新演绎英语教学。"所以说,激情真的是素养里一个非常重要的要素,要精心的去培养。不能像老话说的"两眼一睁,忙到熄灯",忙都忙死了,辛苦死了,还有什么激情? 没有激情! 我们有这么多年轻老师,应该是激情无限的。激情像个螺旋桨,可以把你带到胜利的彼岸。不管你是二十岁,还是五十岁,只要你的激情还在,你的素养就是第一位的。

第二个是理性。理性地对待你的职业,理性地对待你的学科,理性地对待你的学生,理性地对待家长,理性地对待校长。我最高兴的就是做老师,特别是当领导表扬我的时候,绝对是屁颠屁颠的拼命去跟你干,一点都不含糊。今天我又带了三个徒弟,人家都很羡慕,这时候你就要想到了,领导、校长对你是何等的重视。你要理性地对待一切,包括荣誉、成败、教学成绩等等,调整好自己的心态,调整好自己的工作方式,调整好自己的教学手段、策略。理性,就是利益的最大化,属于一个哲学范畴。我们把它用到教学上,就是让你的教学、你的一切达到最大化,获得成功。

第三个是智慧。要成为一个智慧的老师,也是教师专业素养中重要的内容。别的学科,我不讲,但是作为外语学科,一个智慧的老师绝对是非常棒的。这真的是要自己下功夫去让自己变得智慧。把自己原本平庸的变成智慧的,是可以后天养成。我经常跟我们的外语老师说:你把简单的语法教得复杂了,你是罪人,你对不起学生;但是你把复杂的英语,如定语从句、不定式、非谓语动词、被动语态,讲简单了,那你是伟人。你如果要成为伟人,你必须要有智慧,必须潜下心来,去学习,学习,再学习。今天我非常有幸收了三位老师当徒弟,从某种程度上讲,这三位老师也成了我的师傅。我们实际上是互相学习,互相进步。

我今天就简单地讲三句话:一是激情,二是理性,三是智慧。智慧来源于生活,来源于你普通的教学。记住了:平凡的教学可以铸就伟大的人,你的素养也就相应的上去了。谢谢大家!

刘堤仿教授:

前面几位专家从学科的角度谈了教师的专业素养。素养是人的内在的、隐性的东西,但它时时刻刻都会显现出来,通过教师的表现显露出来。新课改的综合化,不是一句空话。比如说有一个科学老师讲了物质的密度后,他向学生提了一个问题:有一个结论是"人体的密度是 1.07 吨/米^3",你怎么去验证这个结论? 因为根据密度公式:$\rho = m/V$,人的体积应该怎么去算? 这个科学老师敢于提这样的问题让学生去验证,说明这位科学老师有很过硬的综合素质,因为他要解决人的体积怎么算的问题,这需要数学里的化归意识。因为人的体积按常规来讲是很难算的,他可以通过学生小学时学过的《乌鸦喝水》这个寓言,让人跳到水池中,水池增加的容积就是人的体积。这说明这个老师既具备了数学素养,也具备了语文素养,现在《乌鸦喝水》又有了英文版本,这个老师还可能把英语引进来。所以说,人的综合素养是逐步形成的,而不是说,语文学科只能形成语文素养,数学只能形成数学素养;语文在教学过程中也可能形成数学、科学等素养,所以人的素养是一种综合性的东西。

主持人:

五位专家从学科角度给我们带来了有关教师素养的盛宴,我来把他们的关键词串一串:激情、理性、智慧、预设、生成、诊断、指导、学生、教材、课程,这样串起来,就构成了我们教师的专业素养。四位特级教师通过一些生动、具体、形象的身边小事把教师素养诠释得很清晰,所以我们感谢五位专家给我们带来的盛宴! 也希望五位专家多来仁和中学走走、看看,因为这里的空气很清新,这里的老师很热情!

学习者感悟

史珍玉:

我们知道,作为教师具备相应的专业知识和技能,熟练地掌握教育教学方法那是肯定的,不用多说。所以听了五位专家的论坛后,我只想结合自己平时的教学实践,谈谈自己对教师专业素养的一点点浅薄认识。我觉得教师还应具备以下

方面的能力和素养:

1. 驾驭课堂的魄力:教师的战场在课堂,教师的舞台在课堂。如何在课堂上充分的展示出自己和学生的才能,与学生一起拼杀,这无疑是教师必须具备的专业才能之一。我们每天的课堂看似平静,其实绝对不寻常。在那40分钟里,需要落实各项教学任务,需要指导学生学法,需要调动学生的学习兴趣,集中全班学生的精神等等。时不时地,我们的课堂上还会出现一些"小插曲",个别学生冷不防的打乱一下你的教学步骤,破坏了课堂学习氛围,进而影响到老师的上课情绪。这时更要求老师们,能够非常智慧地应对、处理各种意外,最好能从"乱"中,自然而然地引到我们下一环节的学习任务中。相信这样的课堂,学生的学习印象会更深刻,也会有更多的学生愿意和你一起投入到课堂的学习中去。

2. 引领学生的魅力:在我们这样的农村中学,学生的认知水平参差不齐,学困生占的比例相当大,不能学习的有,不愿学习的有,厌恶学习的有,厌恶学习进而仇视老师的有。这是我们老师现在面临的非常现实的情况。说实话,带领优秀的学生、酷爱学习的学生还不难,但怎样去带动上面谈到的这部分学生的学习,却是非常考验我们老师的。这时考验的不仅仅是教师的专业知识和才能,可能更多的是取决于教师的个人魅力了。我认为教师的个人魅力绝对不是可以忽视的一股力量,这股力量可以将学困生仅存不多的学习热情激发出来,喜欢你,所以喜欢上你的课堂,所以改变对学习的态度,渐渐地也愿意和大家一起努力。哪怕是从现在开始愿意努力一点,认真一分,作业肯主动多做一题,慢慢地,一天一天地学生在改变、在进步。这都是老师的魅力所在。老师们应极大的释放出自己的独特魅力!

这是我对教师专业能力和素养的一些很不成熟的看法,敬请指导!

涂 英

听了五位专家对教师专业素养的诠释后,我静下心来对历史与社会教师的专业素养进行了梳理。内容实在太多,我就着重从历史与社会教师应具备的专业知识方面进行阐述。

从大体框架来说,历史与社会教师的专业知识应包括以下几个方面:A. 基础教育知识:如教育学与教育心理学知识;B. 专业教学知识:如教学模式与方式方法等教学理念;C. 应用教学知识:如教学行为、表现、技能;D. 远程教学特别强调的媒介知识:用于即时与非即时或动态与非动态的交互的现代教育技术,如多媒体、电子白板技术等。

A部分知识用于教师了解教育应当是什么,而不是什么;以及了解心理学能够对教育教学有多少支持,怎样支持——简而言之就是了解学生学习心理在教学过程中的应用问题。

B部分知识主要是教学设计类的教学论问题。教师可以用什么理论、理念与模式预设自己的教学活动,在实施中要怎样生成这些教学活动是这部分知识要解决的问题。

C部分知识是强调具有实践意义的教学行为的表达知识。一名优秀的教师不是想象教学的良好,而是利用一些可见、可感、可知的行为表达出来的,如语言的穿透力、举止的表现力等。

D部分知识是教学的前提。难以想象打字速度很慢的老师能够有效解决网上教学的问题,更遑言利用其他日新月异的网络工具了。

当然,上述谈到的,只是进行教学所需要的教学技能类知识。一名出色的教师,必须有以上教学技能的支持。在木桶理论中,它们都是构成木桶的木板,同样重要。但是如果非要强调一些所谓核心中的核心的话,那么我会说教学设计的知识与教学表达的知识更需要我们去修炼。因为我们如果不是站在教育的立场认识教育的话,那么,至少我们还在受教育的立场认识过教育,对教育总有一个观念存在——且不管它的合理性问题,而不至于使教学无法启动与运行。即使我们不能准确地洞察学生的心理,但我们都还有一定的"将心比心"的认知迁移能力,去感受学习者的学习。但是,影响到教学内容的关键,恰恰是教师对教学的设计与组织,对这些设计与组织的表现能力。没有良好的吸引学习者的设计与组织,教学在师生分离的状态下就没有电波流动,教学行为也不会发生。就像赵群筠老师和唐跃华老师所说,再好的设想,都需要在课堂教学中表现出来。在现有技术条件下,教师需要将平面文字交流技能发挥到极致:用文字符号将你所构想的有声有色、有人有物、有血有肉的环境让学生感知,是需要很高的技巧的。而重要的是,这种技巧是不可或缺的,它在很大程度上决定了教学的实施。所以唐跃华老师强调:教师要有较强的表达能力,这个表达能力不仅是口头表达能力,还有书面表达能力,都非常重要。

随着课程改革的深入,"教师的职责现在已经越来越少地传递知识,而越来越多地激励思考;除了他的正式职能以外,他将越来越成为一位顾问,一位交换意见的参加者,一位帮助发现矛盾论点而不是拿出现成真理的人。他必须集中更多的时间和精力去从事那些有效果的和有创造性的活动:互相影响、讨论、激励、了解、鼓舞。"这也意味着,社会对我们教师的要求更高了,我们必须学习,学习,再学习,不断提高自己的专业素养,才不会被淘汰!

林海花：

尽管从事教师行业已经五六年了，但对教师专业素养却不甚了了。聆听完五位专家的讲座，我又去找来刘堤仿教授的《教师专业发展标准下的校本培训》仔细研读。刘教授在书里说：作为一名教师，就必须系统掌握应用性理论、新课程理论、心理学理论、教育学理论、学科理论等。

其实看到这段话的时候，我是很迷茫的，现在的我连"教书匠"都做得好累好累好累，又要我谈论这些"阳春白雪"的话题，我真的觉得很词穷。我只能有一些离题的来谈谈我去采荷中学随堂听课的反思与收获：

顾群辉老师在课堂上的激情与她的讲座一样激昂澎湃。顾老师非常注重学生的语音语调的训练，并且在课堂上每一位学生都操练得非常到位，并能及时恰当的给予评价。她让我感觉她是非常注重让语言真正用于实践的。其次，在上听力部分的时候，她又非常注重听力技巧的培养。总之，顾老师是一位注重学生全方位发展的老师，很仰视她。

第二位老师是一位从教才三年的年轻女老师，我听过她的两堂课。她给我的感觉很老到、老练。对于课堂的处理、教材的处理，都让我刮目相看。

听完课回来，我就开始反思，并尝试改进自己的教学方式。以前我备课只备一个课时，现在每个周五我就开始备下一单元的课，而且是以单元为单位来备课。也尝试充分利用单词表，不再让学生孤零零的记单词，而是把单词与句子相结合。两三个礼拜实践下来，学生在选词填空和根据首字母写单词这2块内容上有了较明显的进步。

总之，很感谢学校给我们提供这个学习的平台。虽然对于教师专业发展微观评价的内容，感觉有一些深奥，但愿自己能不断进步，领悟其中深层次的内涵。但愿在不远的将来，再来面对这个话题的时候，我能感慨一句：梦里寻它千百度，蓦然回首，却在灯火阑珊处！

沈惠芬：

听了五位专家的讲座后，我体悟到：作为一名语文教师需要具备的专业素养有很多，但首先必须具备科学预设、智慧教学的专业素养。

目前的班级授课教学，要求在规定的课时内完成教学任务，实现知识的传授、能力的培养和情感的体验。而语文教学是以课文为基本单位，通过师生深入对话交流，来培养学生的语文综合素养。中学语文安排的一百多篇课文既是教会学生学会学习的依据，又是提高他们语文素养的奠基石。

语文学科既要"教文"，又要"育人"，所以语文教师在教学过程中，必须"以学生发展为本,坚持全体学生的全面发展,关注学生个性的健康发展和可持续发展"。因此,确定课堂教学内容既要关注文章,又要关注学生,宜在依据文章体式和课程标准的基础上,从学生实际需求出发,在课堂里艺术、智慧地确定。我觉得这是作为一个语文教师应具备的专业素养,也是我的发展方向。具体来说:

一、语文教师应依据文章体式和课程标准确定课堂教学内容

文质兼美的文章、经典书籍中的宝物琳琅满目,美不胜收,教师要用慧眼去发掘,带领学生品味、咀嚼、体验、感悟。教师在准备文章的阅读教学时,必须根据文章的文体特点,从体式入手来解读文本,确定课堂教学内容。如教散文,教师不仅要让学生把握散文"形散神聚"的文体特点,更要引领学生在阅读中把握文章内在的情感;教小说,教师要让学生在梳理小说情节结构的基础上,深入认识小说人物的独特性和典型性,并能够说出小说的社会意义;教诗歌,教师要教学生学会分析意象、感受意境,并能结合诗歌的创作背景领会作者寄寓其中的特殊感情;教议论文,教师要让学生认识作者的观点,学会辩证地分析问题等等。

二、确定课堂教学内容要关注学生的学习实际

课堂教学的对象是人,因此要同人的身心发展水平相适应。我们追求的课堂教学要确立学生的主体地位,必须关注学生的已有经验、兴趣爱好和个性特长等发展特点。理想的课堂教学不再是一种单一的活动,而是教师的"教"和学生的"学"通过双边互动而形成的一种复杂的活动类型。苏霍姆林斯基说:"在课堂上,教师不仅要想到所教的学科,而且要注意到学生;注意到学生的感知、思维、注意力和脑力劳动的积极性。"为了准确地确定课堂教学内容,组织有效的课堂教学,促进学生发展,教师"研读课文的同时,必须研究学生的实际,并在此基础上确定教学目标和与之相关的教学内容、教学要求。"

三、课堂教学内容最终是在课堂里确定的

课堂教学内容的确定最终是在课堂里完成的。课堂教学是教师灵活把握教材、展现教学智慧的综合体现,也是教师综合素养的集中体现。教师在实施课堂教学时,要深入解读文本,要考虑学生实际,从而帮助学生增进对文本的理解与感受,培养学生健康的审美情趣,提升学生的综合阅读能力。要完成这一系列教学目的,必须科学充分预设与智慧艺术生成相结合,在课堂实践中最准确地确定教学内容、追求最有效的教学。

在课堂实践中准确确定教学内容,有效地促进学生的发展,就要立足课堂,进行有效的师生对话。"教学对话是课堂中师生互动的重要表现形式。"课堂教学中有效的师生对话,可以帮助教师及时发现学生的学习状态,反馈教师实施课堂教

学的效果。教师可以根据与学生的有效对话及时改进教学方法、调整教学内容，并最终确定最有效的课堂教学内容。

在课堂实践中准确定教学内容，还要考虑教师的特色。不同的教师有不同的教学风格。在实施课堂教学的过程中，不同的教师考虑的侧重点也是不同的，形成的风格是有独特性的。优秀的教师一定会教出自己的特色，并且用自己的感染力去影响学生，有效地促进学生的发展。因此，"教学也应该是融教师风格于一体的独特存在。"教师在确定课堂教学内容时，要结合自己的教学特色和风格，本着能够更加有效促进学生发展的原则确定。

总之，课堂教学内容是依据文章的体式特点和课程标准，从学生的实际需求出发，为有效促进学生的健康发展而确定的。课堂教学应该立体化、多功能，一箭多雕，"融知识传授、能力培养、智力开发、思想情操陶冶于一炉。"因此，课堂教学内容要根据课堂实际情况的变化而不断调整。课堂教学内容最终是在课堂里智慧、艺术地确定的。

以上是我对语文教师专业素养的一点理解和感悟。

王文彩：建立有效的评价体系

五位专家从学科的角度，用一系列的关键词"预设与生成""作业诊断与指导""考试评价与改进""用教材而不是教教材""激情""理性""智慧"，给我们诠释了教师的专业素养。我也一直在思考：如何评价教师，以评价促进教师专业素养的提升？

一、教师评价的意义

教师评价是鼓舞教师并激发教师潜能的途径，它具有建设性、前瞻性，是以教师评价对教师而言，扮演着极重要角色。教师评价意义为：教师评价系指兼顾教师绩效表现和专业成长等内涵，针对教师表现所做的价值判断和决策的历程。

二、教师评价的目的

教师评价是一个连续性、系统化的历程，不是一成不变的，它具有双重目的：

1. 形成性目的：透过评价过程厘清教师在教学上的优缺点及需求，协助教师改善教学及专业发展。

2. 总结性目的：将评价结果作为教师遴聘、升职、调动的依据。

三、教师评价的方式

教师评价的方式依评价者而言可分成教师自我评价、同伴评价、学生评价、校外人士评价或非教育人士评价等方式。

四、评价的形式

（一）教学观摩

教学观摩是指资深教师示范高品质的教学,透过资深教师呈现出教学的标准,以帮助参加观摩的教师能评估自我的表现。当教师仅能在有限的机会观摩其他的教师教学形态与方法时,观摩资深教师的教学能作为一个自我评价过程的起点。借由观摩示范教学,教师能比较其教学与资深教师的示范,以作为教学改进的参考。

（二）教室观察

教师对于自己班级教学的观察,可由共同教学的伙伴执行,并通过双方的沟通讨论确定观察内容与重点。该伙伴必须了解被观察教师所需要的回馈讯息,并于观察后进行研讨。

（三）教学录像

教学录像与教室观察相近,但比教室观察易于接受。有关评价的焦点与评价的结论必须通过教师与其他同事在课前和课后讨论。在课后讨论前教师应与其他同事回顾录像带内容以确定讨论的问题。此法优点在于教师和学生不会因观察者的存在而受影响,而且录像带可多次播放、反复查看,在时间上可随时处理。

（四）学生成就

教师评价的共同取向均视其学生学习的成果为依据,教师可检视学生学习成果以评断其教学优劣,而且学生学习成果能借由教师个人或其他教师来检视。

（五）日志

有关改变的经验叙述可作为洞察改进历程的参考。其日志可真实反映事实及教学状况,以作为评价之参考或依据,尤其在自我或同侪评价中更可说明事件的原委。

（六）档案

教师将课程计划、教学资料与测验以及教学品质的评价结果等置于档案中,档案除应具有保留有关教师反省的价值,亦应将同侪或教学专家检视教学结果及改进建议列于档案之中,以利于评价或改进教学之参考。

（七）问卷与面谈

填写问卷或面谈可获得家长和学生对于教学反馈的信息,虽问卷实施较有效率,但面谈更有机会细察回答者的深切反应。

五、教师评价的内涵

（一）知识层面:

1. 通识知识:丰富的人文、科技、经济、社会等素养。

2. 专业知识：教育与教学相关的知识。

3. 专门知识：丰富的学科知识。专业知识与专门知识合称为教学内容知识。

(二)技能层面：

系指将专业知识及专门知识实际运用到教学情境,以解决实务问题的能力,包括：

1. 教学能力：包括口头表达能力、书面沟通能力、教学计划能力、使用教学技术能力等各项与教学相关的能力。

2. 班级经营能力：即是指教师管理纪律的能力等。

(三)情意层面：

指的是基于对教育工作的认同与奉献所产生的使命感,包括工作态度与职业伦理及专业精神等。

(四)其他层面：

包括了与学校他人或行政人员、家长社区的人际关系及与学校行政配合的能力。

在教师评价中,透过上述的评价内涵可拟定各个层面的评价指针或评价项目,透过多样多元的评价方法及方式,来了解教师在教学过程中教学品质及绩效,并促进教师专业成长。是以教师评价的内涵有其评价积极意义。

02　仁和师道:坚守本心,做一个幸福的教师

时　　间:2014 年 8 月 27 日
受邀专家:邓新文——杭州师范大学国学院副院长

专家报告

一、师道尊严

(一)师道尊严的渊源

"凡学之道,严师为难。师严然后道尊,道尊然后民知敬学。是故君之所不臣于其臣者二:当其为尸,则弗臣也;当其为师,则弗臣也。大学之礼,虽诏于天子无北面,所以尊师也。"

在从师求学方面,尊敬教师是最难的。因为尊师才能重道,重道才能使人重视学习。所以君主在两种情况下是不以对待臣子的态度对待臣子的:一是当臣子在祭祀中是主祭者的时候,不以对待臣子的态度对待他;二是当臣子担任教师的时候,也不以对待臣子的态度对待他。按照大学的礼节,教师给君王讲书,是不行君臣之礼的,这就是尊师的意思。尊师重教在我国是由来已久而且也是深入人心的。

事实上,尊师重教的传统不仅见于《礼记》,一代代的封建帝王也认识到了教育的重要性,清世宗雍正就曾专门指出"五伦为百行之本。天地君亲师,人所宜重。而天地君亲之义,又赖师教以明。自古师道,无过于孔子,诚首出之圣也。""天地君亲师"是我国传统社会崇奉好人祭祀的最重要对象,表现了中国人对天地的感激,对国家社稷的尊重,对父母恩师的深情,表现了中国人敬天崇地、敬祖孝亲、忠君爱国、尊师重教的价值取向。而作为教育界的扛大旗者,孔子理所当然地被尊为"至圣先师"。

孔子的教育思想纷繁多样,我最欣赏的便是孔子"求仁得仁,又何怨"的旷达

平和。

(二)师者的内涵

教师的内涵究竟是什么,有很多的解读。但是最经典的莫过于韩愈的"师者,所以传道,受业,解惑也"。从最基础的传道授业上升到人生观的解惑,韩愈以自己独到的解读影响了无数中国人。

追根溯源的话,我们还是要从师字的源头说起,《说文解字》:"二千五百人爲師。从帀,四帀,衆意也。"《玉篇》:"範也。教人以道者之稱也。"《書·泰誓》:"作之師。"《禮·文王世子》:"出則有師。師也者,教之以事而喻諸德者也。"

无独有偶,被誉为"群经之首,设教之书"的《易经》也对"师"做了解读:第七卦 師 地水師 坤上坎下。其中,師:貞,丈人,吉,無咎。

彖曰:"師,衆也。貞,正也。能以衆正,可以王矣。剛中而應,行險而順。以此毒天下而民從之,吉,又何咎矣。"

象曰:地中有水,師。君子以容民畜衆。

(三)观照内心

时代变迁,大师迭代。大师者,不仅因为他们能承袭经典的儒家学说,也因为他们能在前人的基础上提出自己的独到见解,进一步丰富"师道"的内涵和外延。其中与浙江、与杭州(旧称仁和)渊源甚深的佼佼者就是马一浮。马一浮一八八三年四月二日(农历二月二十五日)生于四川成都,六岁随亲返回浙江故里会稽(今绍兴)。乳名锡铭,幼名福田,后又更名为马浮,字一浮,号湛翁,取义于《楞严经》卷三"如湛巨海,流一浮沤,起灭无从"句。晚号"蠲叟"或"蠲戏老人",义为"蠲除戏论"。

他在1917年11月写给宗白华的信中写道"《学记》曰:'君子知至学之难易而知其美恶,然后能博喻。能博喻,然后能为师。'《论语》曰:'温故而知新,可以为师矣。'二者浮皆不能有之。平日于记问之学,犹有所不及,曷敢抗颜而为足下之师乎?且师者非徒以多闻博识而已,必其道德已立,言行皆仪法,然后学者心悦诚服,严事而不倍焉。如浮者,何足以拟于是?"

马一浮是中国现代思想家,与梁漱溟、熊十力合称为"现代三圣"(或"新儒家三圣"),现代新儒家的早期代表人物之一,《浙江大学校歌》的词作者,浙江大学原教授。于古代哲学、文学、佛学,无不造诣精深,又精于书法,合章草、汉隶于一体,自成一家,丰子恺推崇其为"中国书法界之泰斗"。如此杰出的一代大家,在信中却表达了自己的谦虚,他认为自己既不能做到《学记》里的"博喻"也不能做到"温故而知新",此外他还认为老师除了应该在学术专业上有较高造诣外,还应在言行举止方面起到道德示范的作用。

两相对照之下，让人体悟到教师的外在地位和自己的内心应圆融相处，不能只一味向外界索取，有时候对于内心的观照也是非常重要的。

(四)几点体会

我给大家分享一下自己作为教师的思考：

三尺讲台有乾坤，千秋事业无等伦；位卑未敢忘忧国，力屏尤当思正心。

师生互敬真情厚，教学相长妙喜深；假象真相看得破，金杯银杯了无痕。

我的内心是幸福的，因为我从事着一项无比崇高的事业。哪怕人微言轻个人力量有限，但也忧心天下，心里装着整个国家。更何况在真实的工作中有融洽的师生关系，有教学相长的成就和喜悦。对于世俗的纷纷扰攘，我并不在意，因为我守着自己的本心。

二、正确看待成功

在这个纷繁复杂崇尚成功的现代社会，一名教师，如何看待成功，会真切地影响到自己内心的幸福。我认为教师对于成功一定要有自己的看法，切不可为世俗所裹挟，做出一些违背自己内心的事情。

谋事在人，成事在天。

成功 ≠ 幸福

成功 ≠ 汗水 99% ＋ 聪明 1%

成功 ＝ 汗水 ＋ 聪明 ＋ 福德

不同于世俗意义上的成功就是幸福，成功未必会幸福，成功也不仅仅需要努力和天分，有时候成功还需要一点点福德。至于福德，大抵是因为自己正确认识了成功进而努力为之却不强求结果的平和之心吧。

三、正确看待利益

如何看待利益，一千个人有一千种看法。对此梁漱溟有真知灼见：

作农民运动的人喜谈农民利益，这本是应当的；但他们把利益几乎讲成"多得钱少做工"那狭窄意思，则不免错误。何谓利益？就是好处。所谓好处，就是能增进我们生命之活动的，有裨于生命活动的。诚然，适当的物质资料，适当的闲暇休息，皆为生命活动之不可少。但他们只是一些相关系的条件，并非这就是好处，更非好处就是这个。

因此错误观念，行动上就蹈入了两种错误：一是领导农民专向人家争求这些利益，不惜伤和气毁交情，造成嫌怨仇忌心理；一是领导农民抛下当前工作，而争求一切现成的(土地、租谷、钱财)，养成其侥幸心理。人情和洽，最能增进生命的活动,论到好处,这是根本可贵的好处;毁伤这个,有形无形不知有多少损失,实非所以帮助农民之道。工作中的乐趣是生命活动的源泉,倘幸追求现成的,便丧失生命活动的根本。以此领导农民,无异使农民都变成流氓。(梁漱溟《乡村建设理论》,《梁漱溟全集》第二卷第410页)

但教师自己内心应有自己的预判和坚守。不能一味追求利益,因为利益是有限的,而工作的乐趣则是无穷的。作为教师,想要得到整个社会的尊敬,想要获得真正的幸福,私以为,还是要正确对待利益关系的。

学习者感悟

吴应琴:我眼中的仁中精神

一、"勤能补拙"的仁中精神

上学期,由于我们备课组老的老、小的小,我和金霞芬、沈立忠老师常身体不舒适,骨干力量陈忠燕和温雨老师有幼小的孩子需照看,所以,我组成为"老弱病组"。但经过两年苦战,我们从上届初三九上会考平均分和低分率位于全区的十六名、十七名跃居第五名,综合评价为+1。消息传来,我们兴奋得手舞足蹈,我们为自己感到骄傲,我们为自己能创下历史新高而幸福。"天道酬勤""勤能补拙"不正是我们努力工作的写照吗? 在这一成绩的鼓舞下,这个学期开学初,我们又暗下决心:继续往前冲,希望就在前方!

二、"众志成城"的仁中精神

(一)每上完一堂精心准备的课,我们深感满足

每次备课,我们3-4人会从不同的网站下载课件,为了下到精品课件,温雨老师还自己花钱买点下载。每个课时我们都会把不同的课件看一遍,综合比较,或筛或增,修改整合,然后组内推广。同时,我们还会针对教学中难点进行讨论,各抒己见,取其精华,弃之糟粕。每节课,我们都这样不厌其烦地备课,每次上完课后,我们也不忘谈上课的感受,一起分享得失。日久天长,备课效率、备课质量大幅度提升。此时,幸福感怎不油然而生?

(二)两位新教师的快速成长让我们倍感欣慰

1. 教学成长

两位新教师王文玲和田莉老师,她们上课的进度故意比我们慢了一个课时,这样就可在上新课的前一天听听我们组内老师上的课,然后融入她们自己的想法去上课。她俩还经常邀请我们去听她们的课,且规定每人提出不少于3条建议。同时她们也常向经验丰富的许兴高老师和沈立忠老师撒撒娇,缠着他们要去听他

们的课,这两位老师就像她们的慈父一般,耐心而又婉转的提出中肯的建议,毫不保留地传授他们的心得与经验。温老师和陈忠燕老师对田莉老师的指导,简直做到了手把手地教,特别是复习课时,田老师听一节就去上一节,感觉不好,再听一节,再去上一节。在她俩的虚心求教下,在我组所有老师的帮助下,这两位老师现已俨然一副老教师的老练模样,形成了各自独特的教学风格。

2. 职业成长

两位新教师非常敬业。如王文玲老师,办公室里很少看到她的身影。她每天都在利用课余时间对学生进行个别辅导或找学生谈心。虽说班主任工作仅仅一年,但做起学生的思想工作却有模有样,讲起道理让学生心服口服。例如,田莉老师,按理说,她仅仅替陈忠燕老师代课,等陈老师接替后,她的使命已完成,可卸下重担了。可是,她没有,她还是一如既往的配合陈老师辅导701、702班的学生。上个学期末,701班的平均成绩与我们平行班中最高成绩相差10多分,陈忠燕老师来上班后,非常的焦急,为了提高这个班的教学质量,她和田莉老师几乎把自己卖给了这个班,马不停蹄地、见缝插针地对学生个别辅导,皇天不负有心人啊,701班以80.82分的平均成绩回报了她们这种浑然忘我的精神。

(三)互帮互助让我们深感幸福

一直以来,我组体现了"一方有难,八方支援"的互帮互助的精神。只要哪个生病或有事请假,为了不耽误该班的教学工作,我们组成员及时配合年级组长进行集体分工,只要这天哪位老师能腾出点时间,就交给哪位老师上该班的课,且批改作业。如本学期,沈立忠老师外出培训3天,王文玲、田莉和金霞芬3位老师主动承担705班的课;王文玲老师出去培训2天,田莉和沈立忠老师分担了706、707的课;我生病了,许老师在忙得不可开交的情况下帮我承担了704的课,两位小姑娘又帮我上了709的课,还帮我批了作业。

严谨治学的许老师、风度翩翩的沈老师、精明能干的陈老师、温柔体贴的温老师、善解人意的田老师、活泼可爱的王老师、豁达大度的金老师、勤勤恳恳的我,组成了一道风味独特的菜肴,缺一不可。我们又如一个小家庭,大家齐心协力,同舟共济。在领头羊许老师的带领下,相信只要我们信心足,蜀道变通途;只要肯努力,铁棒磨成针;只要恒心在,滴水能石穿。我们憧憬未来,我们充满希望,我们在仁中大家庭中忙碌而快乐的工作着,生活着。

王文玲:仁中精神之我见

"仁"字的构造是人与二字的合写。《说文解字》中解释说:"仁,亲也,从人从二。"意思是,只要有两个人,他们之间就构成一种社会交往关系;要想维持人与人之间的关系，就要相互亲爱、亲近。所以，"仁"是处理人际关系的一种准则，推而广之，儒家认为通过"仁爱"，最终会达成一种和谐的社会关系，这也就是中国人非常推崇的"仁爱和谐"。

仁和中学就是秉着"仁爱和谐"的宗旨在教书育人。在仁和中学的这一年，我深深体会到了这种理念一直贯穿于每位仁中的老师身上。尤其是在我师傅的身上，她这种甘为人梯、无私奉献的精神打动了我，让我在这一年里体会到了作为一名老师你要给予学生的不仅仅是知识，不仅仅是成绩，你更要让他们成人成才。

我们初一数学组是一个集"老弱病残"于一身的小组，我们的成员包括我师傅吴应琴，她身体不太好，所以学校就没有安排她当班主任。还有两位"老总"："许总"，许兴高，大家都叫他"高兴"，我则叫他"许老头"。另一位"老总"是"沈总"，一位爱抽烟的老头。然后就是心态超级无敌年轻的金霞芬老师。剩下的两位妈妈级人物：温雨温老师有一对可爱的双胞胎女儿，她们还不满两周岁，可是她还是兼任了703班的班主任。另一位就是在我们初一第一学期末就去生孩子的陈忠燕老师，陈老师在临产前一个星期还在学校里坚持上课。还有一位就是我，一个初生牛犊不怕虎，本科四年都是非师范专业，凭着非凡的毅力，过五关斩六将的精神杀进教师队伍，只在临平一中实习了不到一个月就上岗的王文玲。这就是我们初一数学组的全部成员，称之为"老弱病残"组当之无愧。但正是这样的老弱病残组合让我对教育事业充满了激情，让我彻底感受到了教育者的伟大。

刚到这个小家庭，我什么都不懂。上讲台的次数屈指可数，更别说当班主任，纯粹是抱着我是新人我不怕丢脸的态度上岗的。可就是这样，我熟悉了我们办公室的第一位人物——我的师傅，这是仁和中学为我选的师傅，我很感谢仁和中学，因为正是她带领我成长。我师傅，吴应琴老师，第一次听她上课，整节课充满激情，每位学生的目光都在她身上，仿佛她会发光——这是我对她的第一印象。后来她教我怎么备课，怎么改课件，怎么上课，怎么运用书本知识，怎样把重点突破、难点讲透，她带领我开设了我人生的第一节公开课，忘记了那是哪一节课。但是我永远记得公开课前夕，她帮我下课件，带领我改课件。那天晚上11点多，她给我发短信说：王文玲，你那个公开课还要改，因为内容涉及后面那课了。我第二天早上看到这条深夜发出的短信感动不已。到学校，我发现她已经帮我改了课件。经过两三次的听课改进之后，我进行最后一次磨课，那节课师傅本来没空，她也告诉我她没有空过来听课，让我自己把握。可就在铃声响的那一刹那，那个熟悉的人就静静地坐在教室的最后面，她在最后那一刻还是去求别的老师换课，她要来帮我最后把关。最后上公开课之前她告诉我：得之淡然，失之坦然。她就是这样一个人。她让我体会到了仁中精神——仁爱和谐。

可能你会觉得我是她的徒弟，所以她会这样为我，那你就错了，她对学生都是如此。记得有一次她生病了，我帮她代课。一走进教室，学生一拥而上，老师今天是你上课吗，老师你是不是又要公开课了，所以就来我们班先上，对吗？老师你上课，然后吴老师听课，对吧？我的回答是你们吴老师生病了，所以我来代她的课。接着就是一系列的问题，老师，吴老师生什么病了？吴老师肯定是被我们的作业气得生病的。老师，吴老师什么时候回来？第二天来上课，那群孩子马上就来问，吴老师还没有回来吗？她什么时候回来给我们上课？在这群孩子眼中，吴老师仿佛不仅仅是他们的老师，更是他们的朋友，是他们尊敬爱戴的人，是他们从内心真正关心的人。这是怎样的一份感情？可能这就是真正的师生情。第三天吴应琴老师因为放心不下她的学生回来上课了。早自修刚结束，就有两个学生走进办公室，他们很腼腆地走到吴老师跟前，一句话也不说，吴老师以为他们来问问题，他们还是不响，吴老师就说那先去上课吧。他们就这么走到了门口，然后转过身说了一句：我们只是来看看你。这句简单而朴实的话打动了我们在场所有的人，我终于体会到了有一份感情，它不是亲情，不是爱情，不是友情，而是一种说不清道不明的师生情。吴应琴老师让我真正体会到了仁和中学的初衷——仁爱和谐。

郭伟芳：做一个幸福的仁中人

"幸福"是一个见仁见智的话题。爱阅读的我发现一个较具规律性的观点，但凡像张瑞敏、柳传志、马云这些成功的商界风云人物，哪一个不具有积极成熟的价值观？再张眼环顾四周，琢磨一下我们自己周边那些工作糟糕的、生活磕磕绊绊的、一脸委屈的、满肚子怒气的……诸如此类的人，从根子上寻找他们生活不幸福的原因，又有哪一个不是因为内心深处的价值观有问题呢？由此，作为教师，拥有积极成熟的价值观对于我们每一个人获得幸福乃至今后长远的幸福具有根本性的意义。

结合自己的理解和教师工作生活的切身体验，对幸福话题略做肤浅地聊述：

一、用爱去善待学生

说到教师，最关键的是"爱"和"关怀"。没有爱就没有教育。爱学生是一个教师最基本、最重要的素养。苏霍姆林斯基说："要关怀人，就是说对待儿童犹如对待自己的儿子一样。""教师对儿童的关怀首先表现在善于做到不让他成为坏孩子，防止他走上错误的道路。"他还说："能用心灵感觉别人情绪的儿童就会关怀人。"能用心灵感觉别人情绪，是一种高层次的情感修养。用《第 56 号教室的奇迹》一书中提到的道德发展六阶段理论分析，属于道德发展的第五阶段——我能体贴别人。用心理学的观点表达是能设身处地地为别人着想，将心比心。我们做教师的心中，每个孩子"不是班级记事簿上的一行字和一个符号，而是一个活生生的人、一个个性独特的人"（苏霍姆林斯基语）。情感是相互的，付出爱，才能得到爱；关怀别人，才能得到别人的关怀。一个教师如果能关怀别人，并且得到别人的关怀，他的情感生活才真正是富足的。北师大肖川教授说："对于我们普通人，同样可以拥有好人生：掌握谋生的技能，衣食无忧地发展自己的兴趣和爱好，尊重并善待我们身边的每一个人。"尊重并善待我们身边的每一个人是我们教师应有的情感表达方式，我们也会因此受到身边的人的尊重和善待。

二、用贡献赢得尊严

如何得到别人的尊重？我最推崇的一句话是"人必自重而后人重之"。职场中人最好的自重方式是敬业，教师也不例外。"敬业者，专心致志，以事其业也。"工作二十多年，作为一个职场中人，敬业是最基本的责任，也是最重要的素质。一个人干一行，爱一行，爱一行，钻一行，在自己的岗位上做出贡献，就能为社会所尊重。贡献越大，赢得的尊重越多。工作是我们立身的根基，干好了工作，才可能找到自尊，赢得尊严。一个人自暴自弃，不思进取，碌碌无为，不可能得到别人的尊重，不可能得到社会的认可。一个人最重要的自重方式是修身养性。"修身、齐家、治国、平天下"，修身是基础。一个人拥有正直、善良、诚信、谦逊、勤勉、刻苦等美好的品质越多，他赢得的尊重就越多。古人说："知足常乐，终身不辱；知止常止，终身不耻。""一切人为恶，犹可言也，惟读书人不可为恶，读书人为恶，更无可教之人矣；一切人犯法，犹可言也，惟做官人不可犯法，做官人犯法，更无禁治之人矣。"教师是读书人，尽可能多地朝向"善"，远离"恶"，是应有的价值取向，也是修养身心、完善人格、拥有尊严的不二法门。

三、有正确的财富观

多少年来，教师的工资待遇一直不算高，朋友间说到工资，做教师总是顾左右而言他。从去年开始，教师的工资开始真正有了大幅度的提高。经济地位决定社会地位，教师的腰板似乎开始直了，说话开始有底气了。社会上也有人对教师工资提高颇为不满。我听到此类言论，一定立即反驳。提高教师工资绝非政府领导一时头脑发热，而是顺应时代发展之需要和趋势的正确决策。如果教师的工资一直偏低，一流的学生不愿读师范，一流的人才不愿做教师，那么我们的下一代、再下一代可能始终是二流三流的人才在教，这对于我们国家民族的长远发展一定不是好事。前几届政府领导早已看到这一点，当时没有大幅度提高教师工资，是因为经济发展不足的制约。如今国家有了这一份经济实力，大幅提高教师工资，是现今政府顺应了这一种发展的趋势。当然,我们教师所能拥有的财富,应该主要就是这一份政府保障的工资收入。与23年前我毕业时108元的月工资比,现今的工资已经提高了30多倍。有了这份工资,我们做教师的,基本上做得到"教书不为稻粱谋"了,可以安心地从事教育工作了。每一个教师的物质欲望都应该是理性的、有节制的,财富观都应该是健康的。有的教师遏制不住自己不断膨胀的物质欲望,发生有偿家教、向学生家长索要或变相索要财物之类的违规行为,这是应该坚决反对并禁止的。财富观不健康还会带来两种现象:一是斤斤计较于物质利益,有时为一点点蝇头小利不惜损坏和谐的人际关系和团队氛围;二是按酬出工。给钱就干,不给钱就不干,给多少钱干多少活,没有奉献意识,缺乏团队精神。这两种现象都是要不得的。"君子爱财,取之有道。"一个教师如果勤奋工作专业发展较好,成为骨干教师,或成长为管理人才,按照现行的绩效工资奖励办法,都可以多得到一些奖励,这是一条正路。如果能够成长为行业的顶尖人才,著书立说,学术讲演,其收入会更多,这也是一条正路。教师走正路,在为学校、为社会做出贡献的同时,获取多一些的财富,是社会所鼓励的。

四、有高尚的美感

在谈论人的价值观时,总会论及美感。肖川教授说:"只有良好的教育才能使我们秉有渊博的学识、清明的才智、通达的情性、宽广的胸怀和高贵的教养。"我想,对美的追求应该属于高贵的教养之范畴。校园里是最具美的元素的。这种美不仅表现为窗明几净、花红柳绿之物质环境美,更呈现为学生跃动勃发的生命气息之美。甜美的歌声是美的,甜甜的笑声是美的,朗朗的读书声是美的。歌声、笑声、读书声,声声入耳。歌声、笑声、读书声,是校园里最动听的声音。法国著名雕塑家罗丹说:"生活中从不缺少美,而是缺少发现美的眼睛。"当我们用心去感悟、欣赏身边的美时,我们日常的学校生活便越来越多地呈现出美好的特质来。一个教师在孩子面前、在学校里有意识地展示自己优雅的衣着、文雅的举止,表现得积极、敬业、善良、真诚,努力地创造美好的教育生活,体现的是对美的自觉追求和主动创造。一个教师在日常的学生管理、学科教学、教育教学活动的组织中,自觉地引导、鼓励孩子们欣赏美、创造美,使自己的职业行为充满着审美的气韵,使自己的职业生活和孩子的学习生活始终朝向美好的事物,那是一种高贵的职业素养,也是一份应该承担的责任。

幸福感来源于价值观。人生总会面临着各种选择。当我们面对一个又一个选择之时,根据什么确定每个事项的轻重缓急?尤其是当我们面临人生的重大抉择之时,根据什么决定我们的取舍?根据我们心中的价值观。一个人的价值观潜在我们意识的最深处,决定着我们的取舍,决定着我们的行为走向。由于价值观的差异,便有了我们芸芸众生各自不同的人生。价值观直接关系到人生的质地和品位,关系到人生的祸福和成败。我深感每个教师都应该拥有积极的价值观,以利把自己的人生引向成功和幸福。

涂英:和而不同

仁和中学自成立以来,一直追求"仁爱、和谐"的人文精神,我们也将"仁爱、和谐"做为我们的校风。走过三年的风风雨雨,我对仁中精神理解、体会最深的就是"和而不同"。"和而不同"不仅是中华文明源远流长的力量之源,也是造就仁和中学蓬勃发展的内在品格。"和而不同"的思想最早见于《论语·子路》:"君子和而不同,小人同而不和。"孔子将其作为区分君子与小人的标准。但随着时间的推移,"和而不同"的内涵已远远超出了君子小人之辨。具体说来,仁和中学的"和而不同"的精神主要表现在以下三个方面:

一、海纳百川的包容精神

"和而不同"的第一层含义是多样性的统一与均衡,在仁和中学体现的是海纳百川的包容性。这是一种君子之风,也是协调学校上下关系的准则,同时也适用于处理学校、教师以及师生之间的相互关系。《尚书·尧典》中提到"协和万邦",承认族群间的差异性,主张用"和"的方式对待族群、邦国,即"和而不同"。在仁和中学成立的三年里,"和而不同"的包容精神内化成了仁中精神的重要特质,赋予了仁和中学海纳百川的巨大气魄。行政论坛、班主任论坛、与杭师大教师发展合作项目的推进、特级教师工作室的引入,都和仁中的包容精神有莫大的关系。今天,"和而不同"仍是我们进行教研活动、校本培训、与杭师大合作的教师发展项目的重要准则。如果我们希望仁和中学得到更好的发展,就必须以'和而不同'的态度对待教师、学生,在课堂教学、教研活动中充分吸收他人的教学长处,更新自己的教学思想、教学方法,以创造更加适宜学生成长的教学风格。

二、刚健守正的固本精神

"和而不同"的第二层含义指的是"和而不排异,和而不苟同",即每位仁和中学的老师与学生具有自己的独立见解,不盲目附和他人,就像孔子说的"当仁,不让于师"。要做到这一点,我们必须有刚健守正的固本精神。仁和中学具有海纳百川的博大胸怀,可以引入特级教师工作室、吸收杭州名师的优秀教学经验,但从来不会丧失自我,总是能够坚守以生为本、因材施教的本位性。

世界上没有两片相同的树叶,仁和中学每位教师的教学风格、思想观念、学识经历等不尽相同,其实这是一种宝贵的教育资源,我们充分利用这一"差异资源",

采取群体互助的做法,发挥教师特长,展示特色亮点,达到特长互补,促进共同成长的目的。如2012年上半年的"同课异构"活动,学校结合教师的实际情况,确定同学科的两位教师同备、同上一节课,教师先自主钻研教材,预设教案,然后互相交换教学设计,提出修改意见。由于同备一节课,所以在互相修改时教师有话可说;在充分备课的基础上,其中一位教师先上展示课,教研组所有教师参与听课,互动评课,进行集体研讨。在参与式研讨中,每位教师都能说出自己对这节课的看法,并提出建议。学校领导参与到每个组的教研活动中,根据教师的发言,适时总结,相机点拨。第二位教师,根据组内集体研讨提出的建议,再次修改自己的教案,然后进行展示课,全组教师再听、再评,生成集体的智慧来提升教师的教学水平。由于是同学科教师共同研讨,所以在互动中容易产生共性的问题,使大家对某个教学现象、教学方法、教学理论,或学科知识、概念形成更加正确清晰的认识。而这个共性的问题则是"和",但是由于每位教师教学风格、思想观念、学识经历等不尽相同,对具体问题的处理方式也并不相同。三年来正是这种"和而不同"促使仁中每一位教师的成长,同时也在促进学生的成长。

三、生生不息的创造精神

"和而不同"的第三层含义是"和实生物,同则不继"。万物的创生都以和为基础的,但万物都相同的话,就会失去生机。也就是说作为仁和中学的教师,既要和谐共处,但不能绝对同一,要具有创造性,才能创造仁和中学更美好的明天。

和则生物,这也是老子的思想。《老子》第42章谈道:"道生一,一生二,二生三,三生万物。万物负阴而抱阳,中气以为和。"和则生,同则绝,和而不同,生生不息,从万物的产生到学校的发展,都是这样。三年来,仁和中学的中考成绩在余杭区21所公办初中中由倒数第一、余高数为零,发展到现在余高录取12人、余二高以上上线37人、中考成绩第八,很大程度上得益于"和而不同"的创造精神。

仁和中学的发展道路还很长很长,我们只有坚守"和而不同"的精神,承认差异,包容差异,尊重差异,才能使仁和中学所有的教师与学生在多样性发展中达成和谐,共生共荣,创造出仁和中学更美好的明天!

姚建良:学习身边好榜样　争做最美仁中人

"仁爱和谐"的仁中精神已经深入我校师生心中,仁中精神的内涵也不断被赋予新的生命。仁中精神不仅是我校传统美德的一种积淀,也是一种随着时代进步而不断发展的与时俱进的精神。仁中精神是团结和睦、助人为乐的精神;是干一行爱一行钻一行,立足岗位艰苦奋斗的敬业精神;是对同事、对学生像春天般温暖,全心全意为师生服务的精神……仁中精神是我们重要的精神支柱,是我校道德建设的重要方面。

建校三年来,仁中众多的优秀师生用自己的实际行动诠释着仁中精神。

首届感动仁中校园人物之——陈香强老师

作为体育老师,在大课间锻炼时,陈老师领着我校所有体育教师尽心尽职的工作,把师生的大课间活动搞得有声有色。学生做课间操时,他总是在操场上从不同角度进行全方位指导;学生长跑时,他一边手拿话筒,一边跟着学生跑,还不时指挥同学们调整步伐和队形。作为年级德育组长,他对年级组的管理主动积极,想方设法为同组教师服务,为学生服务。作为学校安保主任,他身上的担子更重了,责任也更大了。对校园安全隐患无死角地排查,上学、放学路上为学生护航,组织广大师生开展疏散逃生演练,带领职工给全校教室消毒……无论大事小事,都紧紧围绕"安全"二字,确保师生在校平安、健康地生活和学习。

首届感动仁中校园人物之——姚金妮老师

再来看看首届感动仁中校园人物之姚金妮老师。这是一位从教34年的高级教师,现任904班班主任。她总给我们一种亲和的感觉,不管是对同事还是对学生,她总是微笑而谦和。姚老师也总给我们带来工作的热情。无论是穿着还是工作,总让我们感觉到精神,所以我们不会将"老"与她联系起来。哪怕刚刚嗓子疼得厉害但上课铃只要一响,她就快步走向教室。在办公室的时间,你总会看到她伏案备课的身影。时间长了,摘下眼镜,站一站,转眼,她又拿了红笔,在批批改改!姚老师,兢兢业业奉献,从不抱怨,不追名逐利。她为什么总让我们感动?是她亲和的笑容,是她辛勤工作的背影,更是她几十年如一日的工作热情!

平安护航队

周五下午3点,仁河大道——北自仁和中学校门口,南到中国农业银行,这段全长约一公里的路上,总有佩戴红袖章的志愿者在站岗,护送学生放学。这支"平安护航队"是我们学校政教处发起和组建的,从最开始的8名志愿者,发展到现在的16名,他们就是学生放学路上的"安全守护者",是实践"仁爱 和谐"校风,积极落实"学生向往 家长放心 人民满意"办学宗旨的缩影。现在,在"平安护航队"的基础上,我校又召集了45名团员和党员教师,组建了安全护校岗,给学校原有的安保队伍注入了新生力量。他们风雨无阻地为学校无私奉献的精神,值得每一个仁中人敬仰!

仁中之星

这些老师给我们树立了最朴素的榜样,在我们的学生中间也有很多具有仁中精神的好榜样。我们学校志愿者服务队的环保卫士,每学期两次清理学校围墙外的垃圾,不仅给我们带来了整洁的环境,还给我们树立了爱护环境的好榜样。志愿者服务队还走出校门,和仁和社区联动,进社区宣传"五水共治",上街开展垃圾分类宣传和志愿者服务活动。如果说这是有目的、有组织的在弘扬仁中精神,那接下来我要表扬的这位同学,那真的是自觉地在践行着仁中精神。他就是我们现在906班级的胡毅泽同学。事情还是他读7年级的时候,在周五放学的日子,校外培训机构的工作人员在我们学校大门口发宣传单。部分学生、家长缺少卫生意识,看完了宣传单就随手一扔。而胡毅泽同学,则默默地将这些垃圾全部捡完,扔到垃圾箱中。这事是学校的保安叔叔告诉我的,他们说,只要是礼拜五有人来发资料,总能看到胡毅泽这么做!感谢胡毅泽同学,他让我这个仁和中学的老师感到骄傲,我们要向他学习!

发扬仁中精神

这些事情,平凡而具体,就在你我的身边。仁中精神,在这些人身上都得到了生动的体现。仁中精神,就是爱岗敬业、求实创新、乐于助人、扶贫济困、善待他人的代名词。

认真完成自己的作业,努力做好自己的值日工作,弯腰拾起一张废纸,伸手助同学一臂之力,捐出自己的一份爱心,帮助需要帮助的人……这些小事,我们每一个人都能够做到,也应当做到。只要发扬仁中精神,有一种认真劲儿,有对自己的责任心、对他人的爱心,许多事情都可以做到尽善尽美。

为了构建仁爱和谐的校园,为了让我们的仁和更加美好,我们要从仁中精神中寻找动力,争做最美仁中人!

03　案例研究:班主任研修的有效路径①

时　　间:2017 年 1 月 20 日
受邀专家:周　俊——杭州师范大学教授

专家报告

近年来,对中小学班主任专业发展的关注开始逐渐由被动、外在的理论灌输转向主动、内在的自主成长,强调在真实教育情境中寻找班主任专业发展的有效路径。在这一背景下,班级管理案例研究因其与一线班主任实践性的工作性质高度契合,并能有效促进班主任记录和反思自身班级管理实践的独特魅力,日益受到中小学一线班主任的青睐。当前,越来越多的学校开始将案例研究作为推动班主任专业发展的重要途径引入校本研修,大力倡导一线班主任开展班级管理案例研究。

一、"应然"与"实然"的背离:传统班主任培训的误区

传统班主任培训活动注重理论学习,重点在于提升一线班主任的各种理论素养,指导思想往往自觉或不自觉地基于这样的假设:理论素养低下,理论准备不足,是制约班主任专业水平提升的重要因素。然而,事实并非如此。

在班主任的实际工作中,他们常常会面临这样一种困境。尽管他们已经学习并掌握了相当丰富的班级管理理论,熟知班级管理规律和重要原则,通晓常用的班级管理方法,但一旦到真正面临实际的班级冲突情境时,常常感到这些原理与现实反差很大,有无从下手之感。

在一线班主任身上之所以出现理论与实践的巨大脱节,与人们对理论的两个认识误区有关。第一,理论是一种非实践性思想体系,所以有关教育和管理理论

---

①　部分内容已发表于《中国教师》2017 年第 11、12、13 期。

的学习过程就仅仅是通过辨别、假设、整理论点、检验假设和论据等程序,找出作为基础的普遍原理,考察这些原理背后的内容。对班级管理和教育理论的这种理解,使理论与当下的班级管理实践完全区分出来,在班主任培训的课堂和许多教育理论书籍中,大量充斥着这种高度漠视班级管理实践活动的深奥、玄之又玄的原则和规律。其实,班级管理和教育理论更应是一种实践性理论,关注的重点不是学科内在逻辑体系的构建和完善,而是鲜活的班级教育实践问题。理论的目的或功能,不仅是提供理性的解释,更应为相关的班级教育实践提供行动准则。这就决定一线班主任的理论学习不能仅仅停留在思辨、推理和演绎等层面,更应高度关注与班级管理实践密切相关的知识和信息,切实有效地发挥理论对班级管理实践的指导和迁移作用,增加理论的效度。

第二,掌握相关理论就一定能够解决班级管理的实际问题。毫无疑问,班级管理理论对班主任的教育管理实践具有较高的指导作用,提供认识的框架,进而能够指导和完善班级管理实践。但现实却存在这样的情况,有些班主任熟知相关理论,但却是一个蹩脚的班级管理者;相反,一些教师对教育理论知之甚少,但在班主任的管理实践中却能得心应手。这是因为,班级管理和教育活动并不是具有严密体系、完全遵循逻辑法则的理性活动。

可以说,传统班主任培训活动的误区,其根本原因是混淆了"应然"和"实然"的区别。"应然",是指从理想主义的角度来看待班级组织和班级管理过程,班级应该按事先设定的计划和理性的原则去运行;"实然",即实际存在的班级组织及其活动过程,不仅具有合理规范、有条不紊的理性,同时包含大量的非理性。班主任面临的实际班级情境,具有模糊、随机和非理性特征,包含大量的相互联系的可变因素,需要班主任针对实际情况进行灵活多变的决策或调整。因此,像传统班主任培训活动将希望寄托在单纯的理论学习上,指望借助或照搬某些手册或管理宝典所宣扬的原理来解决实际班级管理难题的做法,无疑是幼稚和不切实际的。

从这一角度看,案例研究作为一种质的研究方法,在一定程度上架起了一座沟通班级教育管理理论与班级管理实践的坚实桥梁。将案例研究作为班主任研修的路径和抓手,能够有效地化解传统培训中"应然"和"实然"的冲突。教育与管理理论揭示了班级教育与管理活动的一般规律,而班级管理实践却可用不确定性和不可预测性来概括。当下不少学校在校本培训中倡导的班级管理案例研究,引导班主任综合运用各种知识,对基于班级真实事件和情境而创作的学生转化和班级管理案例进行认真研究和分析,通过模拟决策和判断,提高分析问题、解决问题的能力,丰富自身的教育体验,精进班级管理的水平。

不难看出,班级管理案例研究将班级管理中真实、典型的问题和冲突展现在班主任面前,要求他们设身处地地做出反应,为他们提供一种不用真正深入实践的条件下能在短期内接触并处理大量的各种各样的班级教育与管理实际问题的机会。在班级管理案例研究中,班主任必须灵活运用教育学、心理学、管理学、社会学等学科理论,分析、讨论复杂、不确定和典型的教育问题,把握问题关键,从而做出合理的"决策"。班级管理案例研究架设了跨越理论与实践两者之间鸿沟的桥梁,体现了对不可预期的班级教育事件的一种把握方式,对典型的班级问题的解决方式。

二、案例研究作为班主任研修路径的价值分析

当下,教师要成为研究者,以教育研究促进自身的专业发展,这已成为常识。但教师如何开展研究,开展怎样的研究,却存在不小的争论。英国教育学者斯坦豪斯认为,中小学教师作为研究者,并非要让他们承担科研人员的研究工作,而是要关注教育实践,反思教育实践,进而不断提升教育实践。因此,让中小学一线班主任完全像专业科研人员一样从事研究,不仅是不可能的,也是不现实的。这种做法既没有真正尊重一线班主任的实践优势和现实可能性,同时也没有尊重教育实践研究的特点,使大多数班主任对教育研究产生不应有的畏惧感,不敢或不愿开展研究。

一线班主任工作的实践性特征,让他们具备开展案例研究的绝佳条件。对他们来说,记录、描写、分析和反思班级焦点事件,是他们熟悉的一种言说方式。班级管理案例与一线教师的日常工作、经验背景高度契合,在记叙和分析案例时,他们能够很容易地进入角色,找到感觉,自然地运用熟悉的思维和表达方式,自如地表达和交流。而且,由于教育案例源于班主任每天的工作,其生活是与一个个精彩的班级故事联系在一起的,因而案例研究更是一线班主任的一种特有的生存方式和成长方式。对他们来说,论文写作不时会有"失语"的窘迫,但进行班级管理案例研究绝对有事可写、有话可说、有感可发。诸多学校的实践表明,引导一线班主任开展班级管理案例研究,对促进其专业发展具有十分重要的价值和意义。

1. 容忍模糊,乱中求序

在科学管理理论和科层制管理思想的影响下,学校教育和班级管理逐渐形成追求规范、清晰和有序的价值观,但现实的班级管理过程始终存在着模糊、无序甚至混乱的一面。由于案例是对真实班级教育情境和教育事件的描绘,真实再现了教育与管理过程的现实性和复杂性。同时,案例研究是一种乱中求序的过程,一线班主任通过班级典型案例研究,能够较为深入地认识和理解班级教育与管理实

践的复杂性,提高对模糊和不确定性的容忍度。在案例研究的过程中,班主任必须学会利用案例提供的模糊、有限的信息,进行尽可能"满意"的判断和决策,从而增强对班级管理实际情境中信息不完整性和模糊性的容忍度。

2. 增加情境体验,优化知识结构

知识结构是教育观念形成和决策判断的基础。拥有一个合理、多元的知识结构,对一线班主任而言具有重要意义。近年来有学者提出,完整的教师专业知识结构应由三类知识构成,即原理知识、专业的案例知识及运用原理规则于特殊案例的策略知识。和理论学习相比,案例研究的最主要功能体现在它可以为分析者提供一个个逼真的班级教育典型事件和管理冲突情境。班主任可以分享同伴经验,积累反思素材,增加真实班级冲突管理的情境体验,自觉反思班级冲突思路和行为,形成新的教育对策和实际问题管理策略。

显然,案例分析能为学习者提供大量的第二、第三类知识,从而较好地弥补一线班主任在知识结构上的缺陷。同时,案例研究还是教育与管理理论的"故乡",可以提炼、生发新的理论观点,丰富理论内涵,优化理论品质。

3. 培养反思精神,发展批判技能

通过反思提高实际的教育与管理水平,是近年来教师培训理论研究的重要发现。美国心理学家波斯纳提出的"经验 + 反思 = 成长"这一教师成长公式已成为共识,其与以下两种理论的支持有关:经验性学习理论和情境性认知理论。经验性学习理论的代表人物有杜威、勒温和皮亚杰等,主张学习应该从经验特别是个体问题开始,使学习者感到学习的必要性,从而更多地参与到学习中,这样的学习才会更有效,更可能导致行为的持久变化。情境性认知理论会同时考虑学习过程和学习情境,认为学习最好通过积极、社会性和真实性的过程来实现,使学习者极大地参与到学习中去,学习应在与学习者相关的情境中发生,这才是有效的学习。

班级管理案例研究符合经验性学习理论和情境性认知理论的主张,案例研究行为本身就蕴含着反思实践的方法论因素,因而是一线班主任反思自身班级教育与管理经验的绝佳载体。在实践中常常出现的情况是,虽然某个班级管理的问题被解决了,但班主任对问题解决的真正原因可能并不是十分清晰,仍然停留在经验和自发状态。通过案例研究,可以将这一事件进行记录和梳理,为他们提供进一步发现、思考问题,澄清认识的绝好机会。一旦案例研究形成习惯,必然会极大地推动班主任专业化水平的持续提高。

三、班主任有效开展案例研究的三个关键环节

基于以上认识,近年来我与浙江省多所中小学合作开展了基于案例研究的班

主任研修活动。在实践中，我们逐渐认识到案例开发、案例分析、案例研讨是一线班主任有效开展案例研究的三个关键环节。在这三个环节中，各校要根据本校校情和班主任的实际水平，抓住关键因素，给予班主任以必要的政策支持和专业引领。

1. 树立案例开发意识，提供相应的政策支持

开展案例研究的前提，是要有足够的文质兼优的好案例。"巧妇难为无米之炊"，如果没有储备丰富、切实有效的班级管理案例，在校本研修中大力开展案例研究，只能是美好的愿望。优质班级管理案例资源的严重匮乏，已成为制约班主任案例研究的主要瓶颈。要想在班主任研修中大力推行案例研究，学校应在两个层面树立案例开发意识，提供相应的政策支持。

一是重视学校层面的案例收集和知识管理，将班级管理典型事件收集起来，汇编成册，或上传至学校电子资源库，供班主任交流和研讨。这在一定意义上也可将案例开发视作校本培训的校本课程开发，对本校班主任具有特殊的亲和力，会使他们产生极大的认同感，也易收到较好的效果。

二是出台相应激励政策，鼓励班主任开展个人层面的案例开发或案例编写。这是指班主任将日常教育与管理实践中的典型事件作为研究对象，加以记录和提炼，以达到积累感性经验、反思班级管理实践得失的目的。

2. 学习相关理论知识，掌握案例分析技术

案例分析有无深度和创造性，决定了案例研究的质量。对一线班主任来说，收集和撰写班级管理案例并无太大的困难，但在案例分析环节则普遍感到棘手。正如美国著名案例教学专家列恩所言："由于短短几页的案例常常引发深刻而根本的问题，所以案例分析要比案例本身复杂得多。"这是因为案例分析要求班主任能够综合运用教育学、心理学、管理学等多门学科的相关原理，利用特定的分析技术，对案例背后蕴藏的深层次问题进行抽丝剥茧的系统探究，发掘真正的问题症结，提出相应的解决方案。一线班主任很难达到这样的要求。学校可以适当聘请校外专家，对班主任进行专项的指导和引领，帮助他们系统学习相关前沿理论，掌握案例分析的具体策略和技术。

比如，近年来笔者在杭州天杭实验学校、余杭区仁和中学、义乌市后宅小学等，邀请相关专家为一线班主任系统开设了"班级管理的心理效应""人性假设与班级管理""焦点解决在班级管理中的应用""案例分析的局外人和当事人视角"等专题研修活动。这些专题学习给班主任提供了案例分析急需的思想养分和有力工具，受到各校班主任的热烈欢迎。

3. 建立案例研讨制度,打造班主任专业学习共同体

基于案例研究的班主任研修过程中,学校要建立相应的研讨制度,围绕困扰班主任的焦点和难点事件,定期组织班主任开展班级管理案例沙龙活动,为他们彼此分享经验、加强沟通提供渠道。长期以来,在我国的传统学校文化中,教师习惯于单打独斗,彼此常常是孤立的。这种"孤独"的教师文化,严重制约了教育教学的质量和教师的专业发展。在案例研究中,学校通过建立案例研讨制度,有规律地开展班级管理案例沙龙活动,可以为一线班主任提供相互合作的环境、情感的支持和团队学习的氛围。这一制度有利于打破传统的教师"孤独者"文化,搭建班主任彼此交流和了解的平台,形成班主任专业学习共同体,让个体知识经验有机会为大家所共享,实现传统单打独斗式班主任所无法达成的诸多教育和管理目标。从这一角度看,班级案例研究不仅仅只是班主任个体专业成长的推进器,更应该且必须成为促进学校全体班主任专业发展的宽阔平台。

学习者感悟

侯会会:公平公正,让更多的人得到成长——关注班级管理中的马太效应

马太效应是指强者愈强、弱者愈弱,这一理论经由美国科学史研究者罗伯特·莫顿于 1968 年提出,被广泛应用于社会心理学、教育、金融和科学等领域。它出自圣经《新约·马太福音》:"凡有的,还要加倍给他叫他多余;没有的,连他所有的也要夺过来。"亦即一些个体、群体或地区,如若先于其他个体在一些方面获得哪怕是非常微弱的成果,就会产生一种比较优势,从而会有更大的概率获取更大的成功和进步。它深刻揭示出现实生活中存在的一个问题:富的更富,穷的更穷,两极分化越来越严重。

同样,马太效应也适用于教育领域,但在学校作用方面往往是消极的。例如,一个行为习惯较好、自我管理能力较强的学生,甫一入校,班主任就会关注他并会在教学过程中给予他足够的重视和机会——任命其担任班干部或课代表、经常点名回答问题、口头表扬、要求其他同学向他看齐等,无形中会让这些学生产生更强的自我约束力,发展得更好,逐步成为更优秀的学生。而一个调皮、爱动、自觉性不强的学生,则会引起教师、家长的反感,批评之声不绝于耳,想要一句表扬几乎不可能,常常被当作"反面教材"。越是被批评得多,他的信心就越受挫,表现只会越不好,长此以往,出现恶性循环,两极分化问题愈加凸显。

早在两千年前,我国伟大的教育家孔子就提出一个非常具有人文关怀的观点:"有教无类",倡导公平地对待每个学生,给他们成长的机会和空间。在当今倡

导和谐校园、平等育人新理念的趋势下,公平公正地对待每个学生,给那些不被关爱、不被重视的"差生"更多的改变机会,是需要每个教育者重视的问题。

不忘初心,公平为先

许多教师在初入职场时非常有干劲,不吝付出热忱和心血,将一腔热情灌注在学生身上,不忘初心。作为从事"太阳底下最光辉的职业"的教师,理应时刻记得自己作为一名班主任教师的职业理想和职业道德,因为一个小小的举动都可能影响一个学生的一生。韩愈指出,"师者,所以传道授业解惑也",但随时代的发展,教师的身上被赋予更多的时代属性,不仅要传授知识,解决学生遇到的各种问题,更应关注他们的全面发展和大多数学生的基本发展,尤其是一部分总是被忽略的学生群体。

班级事务千头万绪,错综复杂,班级学生性格迥异,有不同的问题。这时班主任要做的是静下心来,分门别类,归置问题,逐一解决,即适当关注"优等生",适时推拨"中间生",重点关注"后进生"。相比前一种只关注"优等生"的情况,班级工作另一容易出现的误区是,班主任过分关注"后进生",进而导致另一种形式的马太效应的出现。所以,教师要尽量照顾到不同层次的学生。在班集体中,班主任要尽可能公平公正地对待每名学生,"一碗水端平"。既不漠视"后进生",也不偏袒"优等生",更不能忽视总被堂而皇之遗忘在角落的"中间生"。

公平公正既是班主任工作的基点,也是至关重要的一环。在管理学生的过程中,"优等生"(包括班干部、课代表等)犯了错误,也要严肃处理,绝不姑息。对于那些学习比较差的学生,则要注意切忌伤了他们的自尊,应心平气和地对其进行说理教育,耐心地引导他们积极地改正错误,关注其后续反馈。如果发现他们在犯错后有了哪怕只是一丁点儿的进步,也要适时大力表扬,让他们重新找到自信心,这是消除马太效应的根本所在。对于一些基本不会出现什么问题的"中间生",也应予以适当关注,因为这些学生往往在九年级时容易出现心理失调。唯有如此,方能算得上公平公正。

耐心呵护,搭建平台

在班主任工作中,教师要尝试给更多的学生以成长锻炼的机会,让他们主动参与班级事务管理工作。借鉴其他优秀班主任的经验,我在班里采取了班干部轮值的做法,即由全班学生轮流担任班干部,任期一个月,在任期间管理班级并处理班级中出现的一些问题。这个设想的出发点是好的,尽量让每个学生都有锻炼的机会,但在实施过程中却遇到了很多阻力。比如,部分学生不愿担任班干部,部分学生心有余而力不足,个人资质难当重任,无法处理好班级事务。

在学生的支持以及我的坚持下,这些问题都逐一得到解决——开诚布公地跟学生申明这样做的目的和用意,是为了让他们能够在初中阶段体验一次做班干部的感受,并能从中得到锻炼。此番交流之举得到学生的全力支持,后期细化、具体的事务安排会不断根据实际情况做出及时调整。前期,我们会做好充分准备,制定班级总体目标、班级分块目标(学习、纪律、卫生、考勤等),根据学生的性格特点、特长安排相应的职务和任职时间,给他们足够的时间熟悉业务流程和进行心理建设。在实施过程中,我们也会跟进相关前后任的工作交接——前任有义务带下一任,直到他熟悉业务为止。这样的"一带一路",一方面加深同学间的感情,另一方面也可有效节省时间,提高工作效率。

立足学科,放手学生

我既为班主任,也是班里的语文教师。所以,德育课堂不仅是一周只有一次的 40 分钟的班会课,还包括语文课堂。语文的学科特性使教师可以将更多的时间还给学生,甚至可以让他们上台当"小老师",有更多的展示自己的机会。毕竟来自农村的学生,从小到大基本上没有太多展示自己的机会,缺乏锻炼的一个直观后果是这些学生特别缺乏自信。没有自信,何来成就感? 没有成就感,何来做事的热情? 很多人是"趋光"的,渴望得到别人的关注和认同。

对于这些"积贫积弱"的学生,仅靠几句表扬很难真正地打动他们,要尽可能地搭建平台,让他们自由自信地成长。因此,依托语文学科,我在每节课正式上课之前开设了"三分钟演讲时间",每天请一位学生上台演讲,主题不限,时间限定在三分钟以内。对此,学生既紧张又充满期待,早早就开始了准备工作。有时上课匆忙忘记这个事情,他们会不依不饶,一定要补上才肯罢休。上台的学生,有些准备充分,落落大方,挥洒自如,收获掌声无数;有些内向胆怯,结结巴巴,但在同学报以热烈掌声后似笑似悟。一学期下来,很多原本内向害羞的学生,渐渐地活泼了起来。

马太效应看似消极,但如果正视它所带来的消极后果,并有意识地主动克服,班级工作肯定会更得心应手。

班主任,美其名曰"主任",大概是这个世界上最小的主任了。班级管理工作千头万绪,琐碎繁杂,往往吃力不讨好。但如果沉下心来,依托理论的指导,肯定会乱中有序。毕竟,作为一线教师,我们的最大财富就是实践。若有高屋建瓴的理论指导,相信班级管理工作一定会势如破竹,再上一个台阶。

王红平:教育无小事——"蝴蝶效应"在班级管理中的应用

1979年,一位美国气象学家经过长期的研究和验证提出:一只蝴蝶在巴西丛林的一朵花瓣上轻轻扇动一下翅膀,便有可能在美国的德克萨斯州引起一场龙卷风。这体现出一个小小的起因,便会产生巨大的影响。正如一首西方民谣所说的:丢失一个钉子,坏了一只蹄铁;坏了一只蹄铁,折了一匹战马;折了一匹战马,伤了一位骑士;伤了一位骑士,输了一场战斗;输了一场战斗,亡了一个帝国。这其实是我们经常说的"蝴蝶效应"。

"蝴蝶效应"同样适用于教书育人。教育无小事,我们要特别注意初始状态的微小变动,保持敏锐的嗅觉和高度的洞察力。有时,我们一句话的表述、一件事的处理,正确、恰当的可能影响学生的一辈子,错误、专断的也可能贻误学生的一辈子。

关注学生成长的细节

十几年的班主任教育教学经验让我颇有感触:在班级管理中,如果能多关注学生成长的一些细节,因势利导,给他们一点启示、赏识、喝彩,就有可能在学生心中产生"蝴蝶效应",甚至改变他们的人生轨迹,成为其生命的新起点。

记得我刚成为一名初一年级的班主任时,班上有一名学生从小学开始成绩就不是特别突出,在班级的几次考试中,成绩也一直徘徊在后面。他是一名性格比较内向、自卑的男生,一直不敢和其他同学有进一步的接触和交流。渐渐地,我发现他一直是形单影只。虽然他对自己没有什么自信,但从平时的表现中能看出,他其实是非常想参与到班级活动中来,只不过觉得成绩差,有点自卑,怕别人嘲笑,没有足够的勇气迈出第一步。在与其家长联系后,我发现他在绘画方面比较有天赋,因此挑选他担任班级的宣传委员,主要负责板报设计工作。

在得知自己成为班级宣传委员这一消息时,他鼓起勇气来到办公室,支支吾吾地表达了自己胜任不了这项工作。在我的耐心沟通和鼓励下,他终于答应尝试一下。在设计板报工作开展前,我便鼓励他和其他同学沟通,以了解班里哪些同学小学时出过板报,能够在出板报时贡献自己的一份力量。但开始他很腼腆,不愿跟别人交流。第一期黑板报是他一个人出的,等到检查时班级扣分了,黑板报只出了一半。一个人的力量是有限的,不能在预期时间内完成,但从完成的一半中能看出,他在画画方面非常有天赋,色彩鲜明,构图搭配非常好。

班级同学议论纷纷,有的说是因为他影响了班级考核,有的说如果他能完成肯定拿一等奖。我将他推到了浪尖上:试问,黑板报是他一个人的事吗?为了班级荣誉,他在尽心尽力时,你们为何不能试着搭把手,画画的画画,写字的写字,做到各尽其能？其他同学低下了头，他眼睛里闪烁着泪花。课后许多同学到他那报名一起参与黑板报的策划。慢慢地，他开始能很好地组织同学们展开板报设计工作。

同时，在学习方面，他也变得更加积极，认为作为班委，成绩绝不能拖后腿，和同学的相处也更加融洽。渐渐地，在班级活动中能看见他的身影，课堂上也能听见他的回答，他整个人都变得开朗、阳光了。现在，他不再像以前一样形单影只，能够真正地融入班级。这让我明白，班级管理中如果能灵活运用"蝴蝶效应"，利用有效契机，便能让学生渐渐改变。当学生不相信自己时，只要他人的一点点帮助和鼓励，便可能往积极的方面改变。

的确，倘若一个没有信心的学生一直是班级的"后进生"，没有丝毫改变，那么他可能会一直处于消极状态。但只要他们取得一点进步，且教师能够抓住时机鼓励他们不断积极向上，他们的闪光点便可能越来越多，变成积极向上的好学生。

从大处着眼，小事着手

经过此事，我认识到了"蝴蝶效应"在班级管理中的威力，告诉我们要从大处着眼，小事着手。教师要善于从学生日常行为的微小变化洞察教育契机，及时干预，为他们的成长提供积极向上的推动力。

第一，重视班级思想建设，营造良好的班级舆论氛围。只有拥有明确的目标，才会有前进的方向和动力，就好比大海上航行的帆船。教育是一个长期、循序渐进的过程，教书育人绝非一朝一夕之事，要培养出一名好学生，任重而道远。当教师发现良好的教育契机后，一定要有耐心，不断坚持，才能达到良好的教育效果。学生尤其是部分"问题学生"，其转化工作绝非一朝一夕就能完成。因此，教师要能在很长的一段时间中，不断地发现学生的问题，与其沟通、交流，才能真正抓住关键问题，进行有效转化。

第二，综合了解班集体，注重因材施教。学生的生活环境、心理因素和家庭教育各不相同，教师要根据学生特点因材施教，鼓励他们产生积极向上的变化。因此，平时教师要对学生进行认真的了解和研究，对班集体开展耐心细致的观察，捕捉每个细节，及时发现微小起因，以动态的眼光看待问题。班级中每个独立个体组成拥有不同特点的班集体，如果不能及时关注班级的"不良蝴蝶"，他们便会从身边同学开始影响，进而带动整个班级出现不良变化。当然，班级中也会有一些"优秀蝴蝶"，如果教师能及时地将班级的积极影响给予发扬，便能使班集体营造出良好氛围，呈现蓬勃发展的状态。

第三，采用敏感分析法，观察学生的微小变化，开展个别谈话教育。初中生正处于身心发展的巨变时期，一些微小变化可能就是对学生产生积极或消极影响的起因，所以在日常教育教学工作中，教师不要害怕麻烦，更不能敷衍和忽视各种因素对学生的影响，要细心观察，提前发现问题，想出解决对策，避免班级中形成不良现象的"龙卷风"。与此同时，一旦发现学生的问题，要及时地与学生沟通、交流，防止他们的成长往消极方向转变。如果时机合适，甚至可以抓住这个教育契机，给学生带来积极的影响和转变。

在处理学生问题的过程中，使用"蝴蝶效应"让我尝到运用心理效应解决问题的"甜头"。的确，教育问题纷繁复杂，教师常常会有手足无措之感，但在与学生打交道的过程中，如果适当运用心理学和相应的心理效应，读懂学生的心理，很可能会让教师的教与学及班级管理收到事半功倍之效。因此，在教育教学实践中，应巧用教育中的心理效应，最大限度地实现教育智慧。

十年树木，百年树人。教育无小事，教师只有锲而不舍地坚持对班级学生进行观察和转化，才能真正对学生往积极方向转化起到推动作用。因此，在面对学生时，教师要坚持耐心细致的观察，果断迅速地抓住契机，具体问题具体分析，才能真正地找到教育的真谛。在教育与班级管理中充分运用"蝴蝶效应"，可充分调动班级个人的积极性，相信班级的发展势头会更加蓬勃，学生的精神面貌也会焕然一新。

史珍玉：班主任不能"戴有色眼镜"看学生——警惕班级管理中的"标签效应"

美国心理学家贝科尔认为："人们一旦被贴上某种标签，就会成为标签所标定的人。"这种现象被称为标签效应。班主任在与学生的长期接触与管理过程中，也极易产生标签效应，给一些学生主观地贴上不良"标签"。这时班主任处理问题早已被先入为主的臆断想法霸占了应有的理性分析，出现的结果往往考虑不周全，对学生是不公平的，甚至会深深伤害学生。

我就经历过这样一件事情。当时班中有这样一位学生，父母长期在外做生意，一直是老人照顾孩子，但隔代教育往往出现一味地宠溺、毫无原则。渐渐地，这孩子在七年级下学期时开始有所失控，成绩飞速下滑，在校各种违纪违规行为屡见不鲜。他的父母也常常在电话里向教师抱怨孩子不懂事、不长进，简直让他们操碎了心。在八年级上学期，我接手该班，尽管对他关注有加，寻找一切机会进行说服教育，但似乎见不到明显效果。

有一次，上课铃响了，其他学生进了教室，我却在走廊的另一端看到这个学生正和他班学生相互传递着什么，似乎迟迟不愿进教室准备上课。这下我的气不打一处来,疾步走向他,严厉地批评了他:"你平时好玩,总喜欢和他们混在一起,上课了还不舍得分开,怎么回事?"这下他可急了,似乎十分委屈,扯着嗓门喊道:"我不是故意迟到,也不是瞎混,是他向我急着借鞋套!"原来他是在做好事,我错怪了他。

这不得不让我联想到衣柜中那些已经长久闲置或渐渐遗忘的衣服。买的时候,都是自己喜欢的,但可能只穿了一次,因他人依据自身喜好评价为"不好看""显胖""不适合你"等,从此就把这些标签贴在衣服上,再也没有想去穿的欲望。

衣服遭受冷落,倒不是什么大不了的事,毕竟只是一件物品,最多浪费了一些钱财。但班主任应该非常清楚,学生不是物品,他们是有血有肉、有思想、有灵魂的存在。他们的心是稚嫩的,一旦受到伤害,就很难愈合。因此,教师在批评学生前一定要好好想想:"事情弄明白了吗?"千万不能草率主观地去判断、处理。如果学生和教师产生了对立情绪,那今后的教学工作会进行得如履薄冰。

时势在变,教育在变,学生也在变,班主任一定要时时学习新的有用的东西,永远要走在时代的前面,绝不可用固定老化的教育理念和思维,单方面地捆绑学生甚至"看扁"学生。班主任若戴着"有色眼镜"看学生,看到的学生肯定已失去了自我的"本色"。

此事后的很长一段时间,我和他父母的联系越加密切,尽量把他表现好的一面放大地呈现在家长面前。在班里,特意给他安排一些日常工作事务,让他觉得自己一直是班集体的重要存在。私下里,时常利用微信、QQ、短信等,保持着家长里短般的交谈……果不其然,他在教师、家长和同学们面前的信心大增,形象大为改观。父母给予他的更多的是温暖的关切与鼓励,不再是永无止境的抱怨与责怪。

班主任教师摘下"有色眼镜",看到的学生会更加真实、更加亲切,更容易察觉他们身上被遮掩着的多面优势。后来我逐渐意识到,这个学生身上几乎再也没有出现过任何出格的现象,学习热情被重新点燃,考试成绩在稳步提升。令人惊喜的是,他会主动找我谈谈班里出现的不良现象,勇敢、主动地站出来,帮助教师及时了解并纠正班级的不良风气。他身上散发着的正义、正气,不正是一个人最难能可贵的品质吗?而我以前竟然一点儿都没看到,就是被他身上那些"不良标签"蒙住了眼,不愿去发现。

这对我触动很大。班主任一定要树立正确的学生观,学生都是可教育、可塑造的,只是过程、方式不同,教育效果也会不同。所以,当学生犯错时,班主任绝不可太过冲动。可能由于教师急躁的情绪或一时不冷静说出的过火话语,会严重伤害学生的自尊心,使他们失去努力改正缺点的勇气和信心。批评应就事论事,今天的事就说今天的。班主任也一定不能用一成不变的老眼光看学生,而应用发展的眼光,注意学生取得的每一点进步,善于捕捉他们身上的每一处闪光点。

心理学家普遍认为,"爱是教育好学生的前提"。作为教师,要"以学生为本",尊重爱护每位学生。班主任的最好的教育方式,肯定是对学生发自内心的公平的爱。

教育无疑是启迪心灵的一门艺术。教育学生,首先要与学生建立一座心灵相通的爱心桥梁,这样师生间的沟通才会顺畅无阻,教师给予学生的知识与能量,才能及时有效地输送到位,而学生的各种表现与成长也会全方位地进行反馈、回复。教师看到的是全面真切的学生,学生亦能真切地感受到教师无限的关心与爱意。学生与教师心意相通,相互珍重,这应该是教育的最美境界。我们教师,尤其是班主任,更应摘掉"有色眼镜",摒弃一切主观臆断,用真心真爱、温暖行动,化解一切困难与冷漠,拉近师生心灵间的距离,让生命之花在灿烂的阳光下多姿多彩地绽放。

周金平:"风"吹有度,化危机为机会

"南风效应"(Warm Wind Effect)源自法国作家拉·封丹的一则寓言:北风和南风比威力,看谁能把行人身上的大衣脱掉。北风首先来了,冷风凛冽、寒冷刺骨,结果行人为了抵御北风的侵袭,把大衣裹得紧紧的。南风则徐徐吹动,顿时风和日丽,行人觉得春暖上身,始而解开纽扣,继而脱掉大衣,南风获得胜利。"南风效应"给我们的启示是:"春风化雨"胜于"横眉冷对"。教育者应像南风一样,遇事不骄躁,多三思,不粗暴,多镇定,分析利弊,考虑感受,以情感人,会达到意想不到的良好教育效果。

手机引发的风波

这学期,我接手了一个新班级。这个班级很不一般,这个学期除了科学老师,所有教师都换了,一般新教师都不敢进这个班,非常难管。这天,上课铃已响,教室里仍然吵吵嚷嚷,我点名批评了几名交头接耳讲话的、趴睡的、看闲书的同学,这边刚有了一点好转,那边几个人又故态复萌,所以当我看到教室最后一排靠窗的一名学生正聚精会神的低着头、对提醒置若罔闻时,我十分生气,但仍按捺住怒火,轻轻走到他身旁,趁他不注意,迅速拿走他正在玩的手机,全班瞬间安静了下来。我感觉得到同学们似乎都在屏住呼吸等待接下来的一幕。被没收手机的学生脸瞬间通红,有几秒呆住,而在这几秒时间里,我也在脑子里快速的想:怎么处理? 是全班批评来个下马威,还是冷静后下课处理? 短短的几秒钟似乎一下子变得有些漫长,班级里鸦雀无声,我决定不必急于一时气愤,继续上课。而这个学生却等不及了:"把手机还给我!"不大不小的声音在安静的教室里听起来格外刺耳,我当没听见,若无其事继续讲课。他突然站起来,脸红脖子粗的朝我大声地又吼了一句:"把手机还给我!"同时人已经离开座位,欲走向讲台夺取手机。全班同学目光齐刷刷的从他身上移到我身上,看我如何处理。事后才知道以前也发生过这样的事情,师生发生冲突后学生竟用凳子伤到了老师,这也是这个班难管的原因之一。当时我想到的是既有处罚也考虑学生情绪,不扩大。而冲突的焦点就在于我是否要把手机还他?还他班规何在?校纪何在?如何给同学们做榜样?若不还他,看这情形,他似乎会为了手机豁出去,动手也不是没有可能,这种事情媒体报道的多了,现在有些学生会因为一点芝麻绿豆大的小事闹出人命。于是我快速分析了这个学生的基本情况:该生是班级"名人",平常总表现出一副吊儿郎当的样子,和班主任老师交谈中得知他上课多是趴睡(上午头两节课就趴睡)或做无关事情,屡次提醒屡次批评,他只当耳边风,一不如意就不来学校上课,且抵触情绪相当严重,一激动就会因老师批评教育而顶嘴甚至争吵动手,或是直接离开教室逃出去,根本无视校纪校规。不仅如此,他敲诈勒索同学,还怂恿他人合伙偷窃手机,被警察抓住,竟叫别人顶包,同学们都说他是"刺头",听起来确实够糟糕的。现在我当堂缴收了他的手机,这是其他教师不曾做的,且在他两次要求拿回手机无果的情况下,一定觉得自己被惹毛了,不舒服了,若是我处理不当,依他性格及平日表现和当下的情绪状态,武力冲突即将发生。班里同学这时全都聚焦在我们身上。想到这儿,我有那么一刹那的后悔,若刚才我没直接没收,等下课再叫到办公室处理,也许可以避免。但现实没有如果,我必须立刻做个决断。我一脸镇定的扫视了全班同学,眼光落在讲台上的这部Ipone6Splus上,虽然他是静音状态,但屏幕上的信息一停不停的闪来闪去,一转眼我看到黑板上的板书:公民的权利,一刹那我知道该怎么处理了。正在学习的课程会是最有力的说服武器,首先必须在道理上让他口服,情感上又照顾他让他心服。想到这我清了清嗓子,扫视了下全班,"同学们,有个问题我想问问你们,上课期间能用手机嘛?""不能!""为什么?""学校规定。""这就对了,大家都能认识到课堂上不玩手机的校纪校规,此时XX同学硬是想要回手机,说小了是挑战校纪校规,说大了放到社会里就是挑战法律法规,你们说最后会是怎样的结局?"同学顿时笑了起来,紧张尴尬气氛瞬间又缓和了。各种回答都有,有的说"自讨没趣",有的说"不堪一击",有的说"自寻死路",有的说"以卵击石"……这时候我去观察XX同学表情,我看见他本欲转身的姿势收了回去,开始面朝讲台,渐渐低下头,一声不吭,任凭大家议论。"成了!"我在心里窃喜,我知道我和同学们的对话他听进去了,群众的教育力量是巨大的,一个人再怎样桀骜不驯,然而面对集体中所有人众口一词的指责和反对时也只能顺应大势,他已经口服心服了。说完这些我面色一转,严肃起来,"然而国有国法,校有校规,同学们都能认清这个道理,我很高兴,但法也讲情,看在 XX 同学是第一次课上玩手机,且态度不错,周老师决定给他现在行使一个权利,怎么样?""什么权利啊?"同学们显然十分好奇,本以为就此结束,没想到话锋一转还有玄机,大家都很期待是啥权利。我将目光再度移到信息闪烁不停的手机上,并望向 XX 同学,他也抬起了头,等待我的回答。"手机的主人犯错了,手机却依然没有收敛,信息一个接着一个,打开的页面也还等待主人,你说我是看呢还是不看呢?"同学们七嘴八舌"看呗,反正打开在那里,又不是老师自己去打开要看的。""这下惨了,里面不会有……"一句话引来同学们的笑声,这种情况下大家更来劲了,"打开看看有什么?"此时我发现 XX 同学一脸惊恐,脸色由白变红,越涨越红,我示意大家安静,朝着 XX 同学说"这就是周老师给你的限时权利,你上来亲自将你的手机关机。"这样做的目的有三,一是从学生隐私考虑,无论手机里有怎样内容,全班同学面前维护他的隐私是对他的尊重。二是想看看他经过了刚才一番思想斗争后,现在上台来是否还会做出不明智的行为——将手机拿走,甚至冲突。三是放在讲台上叫他来关机而不是把手机递交到他手里直接关机,是希望他能从离开座位到走上讲台这一段短短的路程再次思考自身行为。结果如我所期望,他上台关掉了手机,又从容回到座位,我们继续上课。下课时我走到他座位旁轻声告诉他,课余时间来我办公室。看见他点头,我知道事情会变得越来越好。

随后他来办公室,我和他进行了一场比较深入的谈话,更加详细的了解了该生的一些性格特质和家庭教育环境。他对此事的处理也表示心服口服,更十分感谢老师课堂上保护了他的隐私,他原本以为老师没收手机之后一定会翻阅手机内容,他已经做好了争斗到底、鱼死网破的准备,但是老师与同学们的话让他认识到与规则作斗争只会是自取其辱,且老师又维护了自己隐私,这正是他所需要的。

南风效应,化危机为机会

一堂日常课上的教学事故片段,在教师的有效处理之下变成了和谐的课堂故事,其中有值得我以后继续推行的,也有引起我反思的。

1. 风要吹得适度

(1)不能无风

不能对课堂上发生的事故或故事无动于衷,不作任何处理,这显然不是教育的要求,对学生也无益。无论是南风还是北风,想好了都要吹一吹。

（2）不能滥风

对学生的教育本质都是爱学生的表现，因此要处理好惩罚与爱护的关系，既不能采用北风式的简单粗暴，也不能温暖过度，甚至无原则迁就、纵容，放弃学生，理智的教育才是真实有效的教育。

（3）不能偏风

不能因为发生问题的是平日表现不好的学生就过度严厉，失去了惩罚的公正，北风过多。也不能因为发生问题的是学习成绩好的学生就一味迁就、放纵这种行为，南风过多。对学生的教育都需要掌握一个度，本着公正公平的原则，要让和煦的南风吹到所有人身上，温暖所有人的心。

2. 允许学生犯错

学生成长是一种体验的过程，不可能一帆风顺，每个人的个性也不尽相同，教育者要做的是帮助引导学生在成长过程中少犯错误，改正错误，而不是不允许学生犯错。对待学生的错误不必表现得过于激烈，从爱生角度出发，帮助他们。

3. 先心情再事情

处理学生问题，永远要先处理心情，再处理事情。教师若因为对学生存有不好的印象先入为主而一味批评惩罚，或只是为了发泄情绪、不满、生气而批评，那么教育中就有可能会带有教师的个人情绪，这样处理事情会缺乏公正的判断和应有的教育目的。

3. 关心尊重学生

学生上课玩手机困扰很多教师，即使没收了交给家长，之后他们还是会想到办法又带手机进教室、进课堂或当你发现没收时给你一个老年机、模型机等，遇到这样的情况，教师需"知之深，爱之切"，了解学生心理，做到既有惩罚又要教育，尤其当下对这些青春期的孩子要保护他们隐私。在学生看来，老师保护的不仅是隐私，更是尊重他们的体现，尊重会相互感染，学生从老师身上学到怎么做，他们会适可而止，并自觉做到减少、杜绝，甚至去监督他人。

金罗千："后妈"成功转型"亲妈"

魏书生老师说过："一个优秀的老师首先得是一个优秀的班主任。"做为一个教龄只有三年的新教师，笔者经历了两次中途接班，其中所获、所得，皆是财富，受益颇多。第一年接管八年级的一个班，这是我教师生涯的第一届学生，倾注了全部的心血，而这也是成功的一届，为我接下来的班主任工作奠定了良好的基础。工作第三年，我再次中途接班，此次挑战更甚之前。所接班级，七八年级已换两任班主任，可以说，我成了"后妈中的后妈"，该班级在各方面均差强人意。接班之初,内心无疑是抗拒的,但这一年的班主任工作,让我在之前的中途接班经验上,不断反思,不断改进,一路成长,一路收获。

一、接班时面临的困难与挑战

中途接班的班主任工作之所以比较困难,原因在于:这个班级的学生已经相处了一段时间,班级内部已经形成了一定的班风,学生之间也有了一定的默契,此时接班的班主任只能想办法尽快地融入这个大集体;同时,学生还会将新班主任与原班主任进行比较,原班主任在学生心里已经有了一定的地位,所以对新班主任持有一定程度的戒心,而沟通与交流在此刻显得尤为重要。

古人云:"知己知彼,方能百战百胜。"在接手这个班级之前,我已和原班主任进行工作交接,大致掌握了班级以下情况:

1. 缺乏沟通、心灵阻隔

该班级在我接手时已经换过两任班主任,频繁更换班主任,对于正处于青春期、内心敏感的孩子们来说,无疑是一种消极影响,甚至会让孩子们觉得他们是被"抛弃"、被"放弃"了。在之后的接触中,我也明显感觉到,班内孩子不愿意与老师交心,甚至同学之间的交流也不是特别多。

2. 团结不足、凝聚力弱

班内学生缺乏集体荣誉感,并没有把自己真正融入到这个大家庭。班级凝聚力薄弱,班级活动的参与率很低,同学之间缺少互帮互助,都是以自我为中心,置身事外,鲜少关心班级内的事情。

3. 自控力差、行为散漫

该班级八年级时的班主任性格比较温和,管理风格与前班主任差异极大,在经历了七年级的"专政"管理后,八年级的"民主"管理似乎不适合这个班级,导致该班学生逐渐出现散漫、积极性差等问题。学生的自控能力非常薄弱,自习课的纪律"一言难尽",甚至部分同学的散漫已经蔓延到课堂上。

二、巧用心思、"后妈"转型"亲妈"

1. 沟通与交流——搭建师生心灵

从七年级的中等班级到八年级的后进班级,没有哪个孩子希望自己的班级落后于他人,在他们内心深处定是隐藏着一颗不服输的心。而在这种时刻,孩子们所缺乏的,正是别人期待的眼神、信任的目光、不抛弃不放弃的支持。与其说是开学第一课的自我介绍,倒不如说是初次见面时的推心置腹。冥冥之中,我与该班有着不解的缘分,该班七年级时的班主任竟是我上一届接班班级的原班主任。也正因有着这么一层关系,似乎第一次的谈话就有了诸多的共同语言。

这样一个频繁更换班主任的班级,在孩子们心目中,似乎所有老师抛弃了他们,不愿意管他们。从他们的眼神中,我读懂了一种情感,叫做——渴望,渴望被关注、渴望被约束、渴望被认可! 当我问及"你们对自己有信心吗? 对我们这个班级有信心吗",只稀稀疏疏地听到几句蚊子般的应答声:"有……",而大部分人则是低着头不吭声。这一刻我深知,树立班级自信心才是重建该班级的重中之重!

2. 借力活动——凝聚班级人心

中途接班的班主任,要想快速融入这个大集体,走进孩子们的内心,最好的方法无疑是让他们觉得,在我这个新班主任眼中,他们被认可、被关爱、被信任。初中阶段的学生,正处于青春期,内心渴望大人的世界,行为上却脱离不了孩子的稚气。在课堂上跟他们讲再多的大道理,倒不如通过一些班级集体活动,真正融入他们,成为他们课余的好伙伴。当他们愿意让你走进他们的世界了,还怕你说的话他们不听吗?

"机会总是留给有准备的人"。早在开学初,我就对九月中旬的秋季校运动会有了一定的筹划,想借力运动会,增强班级凝聚力。

运动会的报名,我全权交给体育委员以及组织委员,让他们以"重在参与"为原则、鼓励尽可能多的同学参加初中生涯最后一次运动会。放手让他们去做,这也是锻炼几位班干部的一个非常好的机会。最终,还有几个项目空缺,无人愿报。于是我借此次事件,以"班级集体荣誉感"为主题召开了一次主题班会,让同学们感知何为"班级集体荣誉感",更让他们明白我们是一个班集体,所有事情都应把"班级集体荣誉"放在首位。班会课后,不出意料,马上就有几位同学踊跃报名。

运动会之前,我们还定制了班服。我把班服的设计交给了几位有绘画才能的同学,发挥所长。通过运动会的报名以及班服设计定制,大家为了班集体而忙碌,我明显感觉到他们之间更加团结、更加融洽了。

3. 从"他律"到"自律"——重塑班级灵魂

苏霍姆林斯基曾说:"只有学生把教育看成是自己的需要而乐于接受时,才能取得最佳的教育效果。"以往的班级管理模式一直是班主任的"保姆式"看管,学生缺乏自我约束能力,从内心觉得,所谓的纪律、成绩都是老师的事情,自己只是被迫服从。在这样的心理状态下,学生很难去真正理解何为"自律",更谈不上去落实。只有把"要我做"变为"我要做",把"他律"变为"自律",学生的"自律"能力才能被开启,其思想境界才能真正得到提高。基于以上认识,我在班级管理中分别从班干部管理和小组合作监督两方面着手。

3.1 任用原班干部,全力支持班级工作

一个优秀的班集体需要一支优秀的班干部队伍,班干部的个人素养将直接影响班风和学风的建设,班干部更是班主任的得力助手,更是另一个"班主任"。

中途接班的班主任对学生的了解是非常有限的,与其在开学初重新指定一批新的班干部,倒不如继续任用原来的班干部,挑选其中 5 位相对来说管理能力较强的班干部,实行班干部轮班制,管理班级纪律。同时让班内同学行使好自己的"监督权",监督班干部的日常工作。在一个月的试用期内,我对原任班干部进行考察,密切观察这批班干部的行为处事方式、班级管理能力等,并在一个月后的班干部重新选举中,选出一批更加优秀的班干部。

3.2 小组合作,互相监督

在我和 5 位班干部的共同努力下,班级的纪律、卫生等方面均有了很大的改善,但仍有极少数的同学觉得班级管理与自己毫无关系,甚至有时不服从班干部的管理。为此,我在班级内开始实行"小组合作"管理模式,人人都是小组的主人,个个都是班级管理的参与者。每个人都要对小组所有成员负责,维护小组的集体荣誉,这就促使学生在日常学习管理过程中既要严格要求自己,又要积极与小组成员合作,互相监督。

我结合班内学生的性格特点、行为习惯、学习成绩等方面,将班级学生分成了6 组,每组 6 – 7 人。组长由组内成员选举产生,副组长则是每周轮流,人人都有机会管理。小组考核内容包含了纪律、课堂表现、作业完成情况、班级活动参与率等,每周班会课由副组长作为小组代表,汇报本周小组内的先进事例以及不足之处。而组长则负责组内成员的分工以及下一周的安排,并于周一班级晨会时针对上周的不足之处,统筹本周的安排。

"小组合作"管理模式实施后,大部分的同学都能积极参与到班级的管理当中,班级的各个方面都有了极大的提高,组内成员互相监督、互相鼓励,小组之间互相竞争、互相较劲。这样的一个管理模式,不仅让我从班级管理当中"脱身"出来,也在一定程度上减轻了几位班干部的管理任务,一举多得。

三、勤于反思、展望未来

"后妈"生涯相信大多数的班主任都经历过,其中的艰辛、困难怕是"只可意会、不可言传"。初建班集体,"沟通与交流"无疑是通向学生心灵深处的一条"捷径",也只有"沟通、交流"方能迅速融入一个陌生的集体,把班级经营成师生之间共同的家园。而在打造我们共同家园的过程中,班级活动则是必不可少的良方,通过活动,不仅能迅速拉近师生之间的关系,也能促进学生之间的团结,增强班级

凝聚力。而当一个班级的凝聚力到达一定程度,则是要重新塑造班级的灵魂。而一个班级最重要的灵魂应该是"自律",一个能够自我约束的班集体,无论在何时,都能取得惊人的成绩。

三年时光,两届学子,一路辛苦,万般滋味,尽在心头,可心中从不曾后悔半分。我的教师生涯才刚刚开始,就像魏书生老师说的"一个优秀的老师首先得是一个优秀的班主任",毫不犹豫地,在接下来的教师生涯中,我一如既往的想把自己的青春奉献给一届又一届的学子。无论是"亲妈"也好,"后妈"也罢,只要有爱心、信心、耐心,希望的阳光终将会洒在幸福的远方!

许阳英:巧用微信 家校联手

上班这么多年,当班主任的年限不长,在班主任的工作上,一直处于摸索阶段。曾经的我是那么自信:我年轻,我有一腔热情,我一定能够管理好班级。如今的我扪心自问:只有一腔热情就够了吗? 我对学生的成长负责了吗? 我有把欣赏与期待投向每一个学生吗? 我有关爱到每一个学生吗? 这一个个问题一直困扰着我。

几年的班主任生涯让我感悟最深的就是关爱和责任心是做好班主任的基础,这也是我在班级管理中一直秉承的原则。然而这还不够,家校联手才是营造优秀班集体的关键。苏联著名教育家苏霍姆林斯基说过:"教育的效果取决于学校家庭的一致性,如果没有这种一致性,学校的教学、教育就会像纸做的房子一样倒塌下来。"确实,只有争取到家长的力量,我们老师、学校的教育才会事半功倍。我也结合案例谈谈自己在处理班级问题时如何做好家校联手的。

案例:

我们老师之间经常会流传"5+2=0",意思是学生在学校5天的学习非常认真刻苦,然而周六周日两天在家,由于家长的放任自流,以及各种外界的诱惑,结果不仅周末的学习为0,原来5天的学校学习效果也变为0,从周一一切又得从零开始。这种"5+2=0"的现象也在我们班级出现了。一次家长会上,很多家长反映孩子们周末在家从不主动完成作业,周五总是看电视到很晚,周六早上很迟起来,作业总是周日下午才开始做。可想而知,匆匆忙忙完成的作业质量是不会高的,同时老师布置的背记的作业更不会完成。其实,开学初,我就和孩子们说过先苦后甜的思想,并且希望孩子们能够有这样的意识,先把该做的作业完成,可是效果并不理想。特别是家长会刚结束的星期一早上,还是有多位孩子没有完成作业,其中有两位孩子有多项作业没有完成。当时的我很生气,因为家长会上我给家长提了一个要求:周六要对照家校联系单检查孩子的作业。本以为至少这个周一不会再有作业不做的现象了吧,可依然有五六个孩子的个别作业没完成。询问家长后,有的家长说我们很忙,没有时间管孩子;有的家长说,我们自己也不识字,根本看不懂孩子的作业;有的家长说,学习是孩子自己的事情,自己不自觉家长管也没有用。

对于这些家长的回复,我也很无奈,也深感家长的不负责任。当时头脑一热,我想既然家长这么不负责,那就我来监督孩子的作业。于是,我把没有完成作业的孩子叫到一起,和他们说这周周末,我会打电话检查他们的作业。和孩子们说完以后的一两周我都通过电话检查孩子的作业完成情况。可时间一久,我发现,一次两次我可以做到,但是长期可能就很难坚持下来,孩子的作业最好还是由家长监督。

怎样才能让家长主动地监督孩子的作业,怎样才能让孩子周末在家主动地学习?困惑时,微信上家长们正热火连天,这时我突然想到,也许可以利用微信,让家长和老师联手起来,共同监督孩子周末的作业,帮助孩子养成良好的学习习惯。从家长那里,我了解到周五晚上七点到九点这个时间段是孩子们可以利用的时间,周六孩子们有很长的时间可以利用。是不是这些时间可以让孩子们真正利用起来?我先在微信上把周末作业表现有所进步的孩子(原来作业都完成不了,现在可以全部完成)表扬一番,然后夸奖了这几位孩子的家长周末监管到位(其实家长根本没管,是我利用电话监督),这一番表扬马上迎来了很多家长的点赞。看着一波波的点赞、羡慕,我提出了我们家长现在的严管其实是为了以后的少管、不管,家长们纷纷赞同,但也有家长说孩子不听家长的话,老师的话还会听听。于是打铁趁热,我把我的想法告诉家长:我们可以家长、老师联合起来管理孩子周末的作业,周五晚上七点到九点,让孩子们做作业,期间家长拍下孩子做作业的照片,九点左右把孩子完成的作业拍下来,并且把照片发到微信群里;周六孩子要安排好时间完成作业,周六晚上家长拍照记录;周日剩下背记的作业,孩子可以自由支配,也希望家长记录下来。本以为这只是我的一厢情愿,谁知家长非常赞同,也愿意配合我们的工作。

之后的一次班会课上,我把和家长商量的策略,告诉了孩子,希望孩子能够主动配合。那天晚上六点,抱着试试的心态,我打开了微信,一张张孩子做作业的照片陆续传了上来。看到孩子们认真的模样,我内心升起一股自豪感!

家长看到孩子主动认真的样子也很有感触,很多家长在家校联系单上留下了感慨和寄语。

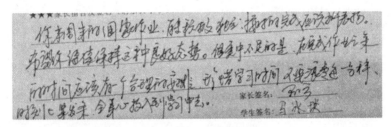

之后老师也反馈,这周孩子的作业质量明显提高。

孩子们认真的模样,家长激励的话语,老师的评价,给孩子们看看,也许他们会有更多的感受。在周五的班会课,我把每周孩子认真做作业、家长评语、优秀作业的照片给他们欣赏,孩子们流露出了自信。之后不完成作业的孩子越来越少,作业质量也在不断提高。

我的感悟:

在学校也有老师对我说过,学校没有了你,会找到人来代替,但是家里缺少了你,就会坍塌,没有必要把这份工作看得过于认真,学校里尽责就行了,干嘛回去还要这么辛苦。也许背后有很多人在笑话我,有必要把工作延续到家里吗?

可是,家长把他们唯一的孩子交到我们手上,给予我们老师很多的信任,我能辜负家长和孩子们吗?其实对于我来说,只是占用了一点点休息的时间,看看微信,和家长聊聊,但这小小的举动却把我们老师和家长联合起来,一起共同教育孩子。我们家校的联手,可以帮助40个孩子养成良好的习惯,帮助了40个家庭。

这个案例也告诉我们,只有家庭、学校统一教育思想,互相配合,保持一致,就可以形成一种教育的合力,在教育孩子上就可以达到事半功倍的效果,促进孩子健康快乐地成长。

"做最好的自己!做最好的班主任!"是一种平和的心态,也是一种激情的行动;是对某种欲望的放弃,也是对某种理想的追求;是平凡的细节,也是辉煌的人生;是所有老师对自己的要求,其实何尝不是我的追求呢?

做最好的班主任,我时刻准备着!

第三篇

03

| 课程开发平台 |

01 历史与社会:仁和中学的昨天、今天、明天

适用年级:七年级　　开发教师:涂　英　　李群华

背　景

2012 年 10 月我校李群华老师在余杭区历史与社会教师说课比赛中脱颖而出,准备代表余杭区参加杭州市的说课比赛。市教研室事先明确了比赛主题及要求,主题是"凸显课标意识,践行课标理念",因此依据依标施教的原则,市教研室事先明确了说课的 4 条课标条目。其中一条条目是:"1-3-2 观察自己所在学校、社区或家乡的变化,评析这种变化的快慢和好坏。"这条课标看似简单,但由于新版历史与社会教材只有七年级上册,课标对应的内容预计在下册,而下册并没有发行,也就是说我们的现行教材还没有一篇课文与之相对应,这就为李老师的赛前准备提高了难度。

1-3-2 这条课标的要点是:生活的变化表现在方方面面,这些变化无论是否令人满意,都是历史发展的过程。① 那么我们是否可以指导学生通过观察我们学校的变化,评析、感受这种变化的意义,感受到身边的一切都有历史,历史就在我们身边呢?

仁和中学是由原獐山中学、原东塘中学、原云会中学三校合并而成,2011 年 8 月 25 日落成,2011 年 9 月 1 日开学。校址在仁和街道獐山港北岸,规模大,设置新。学校合并一年多来,大家或许会有一个共同的感受——学校在不断地变化。

---

① 韩震、朱明光主编:《义务教育历史与社会课程标准(2011 版)解读》,北京:北京师范大学出版社,2012(120)。

学生人数、学习、生活环境的变迁、校园文化的发展……都会让我们感到学校的变化。而这些变化都是学生看得见的变化,通过这些可见的变化,让学生了解仁和中学的历史与现实,帮助他们理解学校的变化是家乡变化的缩影,明白学校变化无论是否令人满意,都是历史发展的过程;树立热爱学校、热爱家乡的意识。这比空洞的、远离学生实际的说教更有实效性。

针对课程标准1-3-2的要求和学校实际情况,李群华、涂英两位老师对历史与社会课程进行拓展,开发设计了拓展性课程《仁和中学的昨天、今天、明天》。

专家点拨指迷津

2012年11月7日李群华老师将她花了半个月思考的课程设计用说课的形式做了展示:

一、李群华老师说课

(一)课程标准解读:

1-3-2观察自己所在学校、社区或家乡的变化,评析这种变化的快慢和好坏。

课程标准中使用了"观察""评析",观察是体验性目标行为动词,评析是能力性目标行为动词。从观察到评析,对学生的要求不断提升,观察事物的表面,再去分析内部的实质,由表及里,从现象到本质,从感性提升到理性,符合学生认知的发展规律。

根据课程标准,我选择的课题是《学校的变化》,因为学校是学生最熟悉的小社会。通过认识学校的变化,来了解家乡的变化、社会的变化。

相对应的课标还有:1-4-6归纳获取生活信息的基本途径与方法,评估具体条件和需要选用适当的社会调查方法。

(二)理论依据:建构主义理论和SOLO分类理论。

(三)说教材:

本课是让学生体味自己生活中的"历史",是学生从七年级地理学习向八年级历史学习过渡的一课,起到承上启下的作用。为此我以学生的视角为中心,从学生身边的区域环境出发,了解学校,感受学校发展的巨大变化,为学校发展献计献策。

本节课的要求是观察自己所在学校的变化,并评析这种变化的好坏。这是一节探究课,以学生的探究为主。我设想让学生分组合作,通过实地考察、网络、询问家长老师、查找书籍等方式全面收集学校在地理位置、学习环境、生活环境、文化环境、师生发展等方面的变化。在这个过程中,学生收集、处理、整理信息很关键,所以我给学生定小组、定任务、定方向、定形式。再通过课堂展示,与现在的学校进行对比,了解学校的变化。教师补充材料,分析出现这些变化的主要原因。最后通过小组合作讨论,评析这种变化的好坏。所以课堂结构是:学生收集信息——观察整理——合作探究——讨论分析。

(四)说学情:

学生心理特点:七年级学生对一切新鲜事物感到非常好奇,对学校的历史非常愿意去了解,具有丰富的想象力,对美的事物充满向往。求知欲强,乐于观察,但缺少观察的方法和手段,不善于观察。

认知特点:我所教的学生是我校三校合并后的第二届学生,对目前学校的环境已经非常熟悉,但对学校的过去知道的不多。在这些学生中农村学生和外来务工人员的孩子占大多数,学生的认知水平和学习能力有较大的差异。我利用比格斯的 SOLO 理论对学生的认知水平进行分析。把学习基础和学习能力很好,达到拓展抽象认知水平的学生划到 A 层;把学习基础和学习能力良好,达到关联结构认知水平和多点结构认知水平的学生划到 B 层;把学习基础和能力都不够理想,在单点结构水平和前结构水平的学生划分到 C 层。

(五)说教学目标:

根据以上对课程标准的解读和对教材、学情的分析,我确定的教学目标是:

1. 通过网上查询、实地考察、调查访问(父母、老师、朋友、已毕业学生)等活动,运用所学知识和经验感受,了解学校的历史,培养收集信息、整理信息的能力;

2. 比较分析手中的资料,感受学校发生的巨大变化,提高学生比较分析的能力;

3. 通过小组讨论,学会分析,能用一分为二的观点评价学校变化的好坏;树立用全面的观点评价事物的意识;

4. 通过探究活动,了解过去的学校,热爱现在的学校,期望未来的学校。

具体的分层目标:

C 层学生初步学会收集信息的方法,了解学校发生的巨大变化,能够用一分为二的观点去评价学校变化的好坏。

B 层学生在 C 层学生基础上掌握收集信息的方法;能够分析学校变化的原

因；

A层的学生能够对收集的信息进行处理和加工,并且会运用信息解决问题;理解学校的变化是家乡和社会变化的缩影;

(六)说教学重点和难点:

根据教材和课程标准,我确定的教学重点是感受学校的变化。根据对学情的分析,我确定的教学难点是收集、处理信息和评价学校变化的好坏。因为收集信息和评价的综合性强,跨度大,不仅要了解信息,还要学会做出正确的判断。尤其是C层的学生无法收集有效的信息,语言表达能力也欠佳。

(七)教学准备

给学生分小组、设任务、把方向、定形式。

1. 分小组:根据互补原则,将C层学生和A层学生搭配分组。全班分成五个学习小组,分别是地理组、学习环境组、生活环境组、文化环境组、师生发展组。

2. 设任务:

地理组:(1)负责查找学校位置的变化;(2)学校周围环境的变化;

学习环境组:可以从各种教室、教学设备、学习仪器、室内电器、学习时间等方面查找学校的变化;

生活环境组:可以从宿舍、食堂、浴室、卫生间、绿化、环境卫生等方面查找学校的变化;

文化环境组:可以从图书馆、各类竞赛、社团活动(兴趣小组)、运动设施等方面查找学校的变化;

师生发展组:可以从人数变化、本地学生占总学生数的比例、教师与学生的竞赛获奖数量、质量的变化等查找变化。

3. 把方向。对学生收集信息的途径的建议。通过实地考察、采访长辈、老师、毕业学生、网络、地图、查阅书籍资料、档案等方法收集信息。

4. 定形式。推荐组长,将收集的信息进行整理,可以以书面材料、照片、PPT等形式在课堂上呈现。

(八)说教法与学法:

教法:1. 实践教学法:实地考察和感受学校的历史;

2. 任务驱动教学法:通过布置任务,了解学校的过去,从而感受学校的巨大变化;

3. 合作探究法:评价学校变化的好坏。

学法:经验学习、自主学习、探究等基本学习方式,以培养学生发现问题,自主探究问题、综合解决问题的精神与能力。填表格对比法,观察学校的变化,落实重点;合作讨论的学习方法,能够分析学校变化的两面性,突破难点。

（九）说教学思路:

本课设计是以学生的视角为中心,以"学校"——我们生活的空间为立足点。教师作为引导者,学生作为主体。围绕学校的变化分为以下环节:找变化→谈变化→评变化→品变化。找变化是通过学生小组探究的形式,查找学校的历史,在这个过程中感受学校的巨大变化。此活动在课外进行,但在课内展示。通过第一环节,对比现在的学校,让学生谈变化。在了解了学校的变化后再分析变化的原因,以表格的形式评价变化的好坏,针对不好的地方提出改进意见。最后品变化,让学生谈最喜欢目前学校哪一方面的生活。呈现出学校的过去→现在→未来。找变化→谈变化是由表面向本质逐渐过渡;谈变化→评变化是从感性到理性的过程;评变化→品变化从理性上升到新的感性认识。

（十）说教学流程:

1. 导入:

GOOGLE 地图查找学校的位置,再导入学校照片,让学生谈谈看到这些照片的感受。

意图:初步了解学校所在的位置,了解电子地图的使用方法,培养学生感受美的能力和热爱学校的情感。

2. 新课教学

第一环节:找变化

操作:晒晒各小组收集到的信息。开展一分钟小老师活动,由各组长上台展示学校过去的信息(使用投影仪、多媒体、照片、文稿的形式)

意图:培养学生收集、整理信息的能力和语言表达能力,对学校的历史有感性认识。

第二环节:谈变化

操作:小组讨论。学校的哪些变化是从无到有? 哪些变化是从有到无? 哪些变化是数量上的变化? 哪些变化是质量上的变化? 哪些是时空上的变化?

采用小组竞赛的形式,答得越多,得分越高。

意图:通过小组竞争,充分调动学生的积极性,提高归纳概括的能力,从整体上把握学校的变化,落实教学重点。

第三环节:评变化

操作1:分析学校发生变化的原因

出示材料：

材料一：改革开放的浪潮激励着富有创业精神的仁和人民，牢牢把握经济发展主题，走社会经济和谐发展的科学道路。近年来，仁和工农经济迅速发展，城镇建设步伐加快，城乡面貌变化显著。先后建设了仁和中心小学、仁和成人文化技术学校、仁和中心幼儿园等一批优质学校。仁和中学总投入达1.2亿人民币。学校占地115亩，建筑面积42000平方米，有计算机教室、物理实验室、生物实验室、化学实验室、劳技教室、美术教室等24个专用教室；有广播网、双向闭路电视、图书室、体音美劳器材室、大型会议室等，科室齐全，设备一流。

材料二：

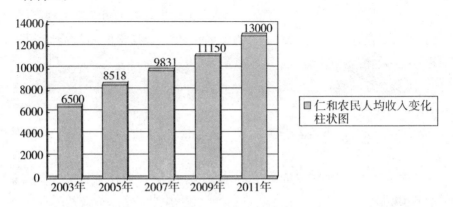

结合两则材料，分析学校发生变化的主要原因。

意图：培养学生从材料中读取信息的能力，让学生了解学校的这些变化都与经济发展有关，学校发展是社会发展的一个缩影。

操作2：填表格：对比学校变化的好坏

		好的变化	不好的变化
学校位置			
学习环境	各种教室		
	教学设备		
	学校仪器		
	室内电器		
	学习时间		

续表

		好的变化	不好的变化
生活环境	宿舍		
	食堂		
	卫生间		
	绿化		
	房屋		
	浴室		
文化环境	各类竞赛		
	社团活动(兴趣小组)		
	图书馆		
	运动设施		
师生发展	本地学生占的比例变化		
	学生的获奖数、教师学历与荣誉		
	师生总人数		

意图:通过表格对比的形式,使问题直观化、简明化,降低学习难度,突破难点,同时培养学生用一分为二的观点评价事物的思维。

操作3 献计献策

根据学校变化中的不足方面,提出合理的改善意见。

小组竞争,看哪一组提出的方法多,而且科学,具有一定的可行性。

意图:通过群策群力,为目前学校存在的不足,提出合理化建议,使学生形成关心学校发展的意识。

环节四:品变化

说一说,你最喜欢学校生活的哪一方面,说说你的理由。

意图:进一步激发学生对学校的热爱。

3. 学习评价反馈:

利用小组加分,评选最佳小组,最大限度地激发学生的积极性和集体荣誉感。同时加强对学生的个体评价,以让学生积极主动的参与课堂,并让学生明确自己在课堂上的具体表现,体验积极学习的快乐。

评选要求	小组名称
材料收集最丰富	
成果展示最优秀	
回答问题最多,语言表达较好	
组内成员参与度最高	
总结出优胜组	

4. 布置作业:

C层:以"我的校园生活"为主题,画一幅画,选出优秀作品贴在校园宣传栏上。

B层:整理各小组收集的学校变化的材料和照片,选出优秀作品上传校园网。

A层:给校长写一封信,主题是"为了更美好的校园",可以谈谈你认为学校哪些方面很好,哪些还应该再改善,如何改善。

5. 板书设计(见右图):

(十)教学设计反思:

亮点:1. 我的课堂教学,从课外延伸到课堂,又从课堂走向课外。

2. 学生在收集学校变化的过程中,学生的生成可能会超出我的预设。

学校的变化 { 1找变化 { 地理位置 / 学习环境 / 生活环境 / 文化环境 / 师生发展 } 2谈变化 3评变化 一分为二的观点 4品变化 热爱学校 }

3. 重视学生的直观感受,切实培养学生自我探究的意识和能力,坚持"以学生为本"的原则。

4. 把教与学、内容与形式、感性与理性、个性与群体、网络与生活、科学与人文有机地结合起来,使学生积累更多的直接经验,促进学生综合素质的形成和提高,培养创新精神和实践能力,为学生终身学习打下良好基础。

不足:学生收集的信息不加鉴别,可能会直接采取,对资料的归纳整理能力欠缺。

二、同伴互助

许琴芳(教师效能):

李群华教师将代表我校参加杭州市说课比赛,今天她把自己精心准备的说课稿与我们分享交流并进行了试讲,给我们带来了很多的惊奇和经验,本人仅从教师效能的角度对李老师的说课进行分析与点评。

　　本人认为教师效能可以分为三个方面,即效率、效益、效果。①从教师效率来说,李老师在说课过程中对教材的把握极为娴熟,基本能脱离稿件侃侃而讲,其驾驭教材的能力极强;在说课过程中李老师以 SOLO 理论为依据,用一双教育的慧眼,根据学生知识背景、生活经验等方面的差异,把学生分成三个不同的层次,针对不同层次的学生提出不同的学习要求,并在具体实施过程中通过不同问题和作业的设置,结合学生的理解能力,及时捕捉住有价值的、值得生成的疑问,并试图引领学生在自己不同的理解中达成效果,进而生成出精彩来。②从对学生预设的效益来说,李老师首先能对课标进行准确的解读,从而正确把握教学目标,教学的重难点突出,分解课标后李老师有针对性地落实课本知识对学生学习的掌握程度,做到有的放矢;其次李老师对教学流程进行了精心的设计,我们的历史与社会教材中是没有《仁和中学的昨天、今天和明天》这一课的,李老师通过"找变化—谈变化——评变化—品变化"的主线串联,不仅使过渡衔接自然流畅,环环相扣,而且充分优化整合了教材内容,使各板块的知识元素井然有序,讲解时通过老师的层层推进,并适时联系前后知识,呼应前面的设计理念和教学目标,清楚细致。而学生则通过仁和中学的变化,感受我们身边的变化,从而提高比较、分析的能力,更加热爱我们的学校,期望未来的学校,提升了人文素养,潜移默化中接受了爱学校、爱家乡、爱祖国的思想品德教育。这些设计都能体现出李老师对于学生认知的充分考虑,通过其中的探究、合作,极大增强了教学的直观性。③从最后达成的效果角度来说了,李老师在说课过程中充分运用了多种教法和学法,如利用多媒体、情境法、运用表格对比、利用任务驱动法以及合作探究法,多种形式交叉落实教学目标,充分体现了以学生为主的教育理念。其次李老师在说课过程中从容镇定,语速适中,讲解清晰明了,知识框架一目了然,充分展现了扎实的教学基本功和课堂素质。

　　总之,李群华老师的说课对本人的启发很大,也让我深知作为一名一线教师,不能仅锢守于自己的一方小天地里,应打开思路,不断提高。

　　石守平(预设与生成):

　　作为参与活动的老师,以教师的专业发展为主题,从教学设计的预设与生成这个角度谈谈个人的一点看法,权当抛砖引玉,仅供大家参考。

　　预设与生成是课堂教学的两个不同方面,预设体现教学的计划性和封闭性,生成体现教学的动态性和开放性;预设更多关注的是教师"怎么教? 教什么?"生成更多关注的是学生"怎么学? 学什么?"至于预设与生成的关系,或者是说谁更重要? 在我看来,它们就像鸡跟蛋一样,都很重要。

从李群华老师的说课中,能看出她在课前预设上下了很大的功夫,具体设计亮点如下:

1. 主线明确、准确把握教材:

一般来讲,说课有相对较为固定的模式,例如"说课标""说教材""说教学"等环节都是必不可少的。但说课切忌"眉毛胡子一把抓",说流水账。而李老师恰恰抓住了说教学流程这条主线,有详有略,一气呵成。

2. 教学手段多样,重难点突破有奇效:

所谓"工欲善其事,必先利其器",李老师在教学设计过程中运用了多种教学方法,几堂课均采用了现代化的多媒体教学手段;并充分利用了诸如情景教学法、表格对比法、任务驱动法等多种教学方法。在学生活动环节也有灵活多样的活动方式,如小组合作、同桌互助、实践探究等。教学重难点的突破是达成教学目标的关键所在,老师将"感受学校的变化"确定为教学重点,那怎样才能达成这一教学目标呢?李老师采用填表格对比法,引导学生观察学校的变化,落实重点;又采用合作讨论的学习方法,引导学生分析学校变化的两面性,突破难点。学生课前的充分准备,老师课上精心的活动预设,都为教学重难点的有效突破打下了良好的基础。

3. 语言表达精准、清晰、富有感染力:

初中历史与社会作为人文学科,教学中老师的主观引导显得十分重要。而老师教学语言的表达将带给学生最直观的感受,语言表达是否清晰、准确、有感染力等,都会影响到学生的听课兴趣和老师的教学效果。李老师的说课在语言表述上简洁清晰,声音抑扬顿挫,再辅以适度的肢体语言,很有感染力。相信学生一定会喜欢李老师的课。

当然,任何课都不可能是完美的,李老师的说课也有几点值得商榷的地方:例如教学三维目标的表达不够准确;对学情的理解过于简单,未进行重点或指向性的分析;在教学环节中有重复、繁缛之嫌等。我想,只有当我们了解自身存在的问题,才能找出"病因",迎难而上,争取更大的进步。

总之,李群华老师的说课充分体现以学生为主体的新教学理念,教学设计精良,主次分明,点线面结合,视野开阔,思路流畅,似行云流水;说课表述语言精炼、有张有弛,从多角度向我们展示了教师良好的专业素养。

涂英(认知才能):

李群华老师在说课的过程中使用了 solo 分类理论。Solo 分类理论是把学生的认知水平分成了五层,而李老师则把学生分成了 ABC 三层,但她在阐述的过程中,关于 ABC 三层的表述存在问题。如她把前结构水平的学生分为 C 层,那么下面听说课的老师是否清楚到底什么样的学生才是前结构的,要分到 C 层呢? 多点结构的分为 B 层,那么这些学生掌握的是什么? 我这里并不是要李老师在说课时把 solo 分类理论的概念解释一下,比如说,李老师把"学习基础和能力都不够理想,只能在单点结构水平和前结构水平的学生划分到 C 层",其实可以表述为"我根据课前对学生的调查,把对学校过去的历史知道很少、无法用自己的语言表达学校发生的变化的学生划分到 C 层;把能通过图片对比、说出学校变化的学生划分到 B 层;把能够用一分为二的观点去评述学校变化的学生划分到 A 层。"这样表述可能会好一些。因为你一直讲单点结构、多点结构、关联结构,下面听的老师可能一点都不知道,满头雾水。

李老师把教学目标也分为 ABC 三层。就我的理解,目标陈述应该由简单到难,C 层目标是所有的学生都要达到的,应该放在最前面,然后再 B,再 A,这样会更好一些。

在作业布置时,李老师也是分层布置,那么我有一个疑问:C 层学生做的作业,B 层学生要不要做? A 层要不要做? 如果不做的话,教师的工作量就会非常大,要预先对作业进行梳理、判断难易,再根据难易程度布置给不同层次的学生。我个人的看法,C 层教学目标是课程标准提出的面向所有学生的最基本要求,所有的学生都应该达成,这一层的作业最好所有的学生都做;B 层在 C 层的基础上稍微拔高一点,布置 1 – 2 题,这样题量就不会很大;A 层再在 B 层的基础上难度加大一点。C 层是必做题,A、B 层是选做题。在实际操作中,有些学生,老师认为是 A 层的,但基础题他得不到分。所以我就在思考:三层作业有没有必要完全分开?

三、专家点拨

刘堤仿(杭州师范大学教授):

韩愈说:"师者,所以传道授业解惑者也。"这句话实际上道出了教师的专业职责。

"道"方面:李群华老师运用 solo 分类理论,对学生进行分层,分别对应 solo 分类理论的五个方面,由低到高,还是非常清楚的。涂英老师刚才已经分析得很详细,我就不多讲了。地理这门学科离不开地图,李老师利用 Google 地图及表格,这都反映了教师在行使教师专业职责时所行的"道",即她的教育教学朝着什么方向去走? 李老师是非常清楚的,教学环节也是蛮清楚的。

"授业"方面:《仁和中学的昨天、今天、明天》是教材上没有的,那么如何向学生传授知识? 我看了说课稿,感觉不是很明确。你这堂课到底要向学生传授哪些知识? 这些知识与地理学科本身有什么关系? 为了培养学生的人文素养,你要选择什么样的学习材料? 这些材料一方面教师自己要能够找得到,另一方面还要说服专家、评委,这些都是需要考虑的问题。如果后面还有时间修改,我觉得有个材料用上去是蛮好的,就是我们的校徽。我们去年设计校徽时,就是反映仁和中学的昨天、今天、明天,当时是在全校征集设计方案,最后由美术老师完成设计。如果把这个材料用上去,是能够打动专家的。昨天(过去)仁和中学是三所学校:与山有关,是獐山;与水有关,是东塘;与云有关的,是云会——这三个学校在百度地图或 Google 地图上还能够搜到。今天这三所学校合并在一起,成为仁和中学,仁和中学在百度和 Google 上也能搜到。当时我们设计时有个理念:"仁者乐山,智者乐水,云会仁和。"这个理念把地理科学与历史文化关联起来,形成了这样一个校徽。如果要找过去的资料,就必须涉及过去的三所学校,如地址、面积、多少校舍、多少学生……现在这个学校在什么地方? 面积、多少校舍、多少学生……这样就有具体的东西把整堂课串起来,在地理科学教学中有了人文底蕴。在说课过程中,就把老师的素养充分体现出来。

包括后面的分层,你可以对学生进行关联性或拓展性训练。当然还可以与校训、教师专业发展项目等结合起来。如果弄得好的话,还是蛮精彩的。

唐西胜(杭州市下城区教师教育学院院长):

我先谈一下活动感受:对我来说,更像是一种学习。通过这个活动,我看到了你们徐校长在教学管理上的智慧,看到了我们团队一种非常好的合作氛围,也看到了今天主讲老师良好的个人教学素养。作为徐校长来讲,他能利用这么一个教师去比赛的契机,把大家组织起来,通过主讲,大家一起诊断、分析、点评以及提出一些很好的建议,这是一个非常好的实现共同成长的机会,这是一种校长的教学管理智慧。我们团队的氛围很好,大家都能够民主的、开放的、自主的、自由地去表达,并且非常精准、非常到位,很多建议和意见、评价都非常中肯。李老师的个人素养是蛮优秀的。我一开始拿到 4 份说课稿,就感觉李老师准备得非常充分,内容非常精细,设计非常科学,这既可以作为教师成长的一个很好的案例,也可以作为教师教学的一个很好的案例。我回去后,也要向我们的老师积极推荐。这样一种方式对促进我们教师专业成长非常有益,这是我的感受。

说到说课,大家是第一线的老师,更有发言权,刚才也说得非常好。我也只是谈谈个人对于说课的理解。最基本的讲,说课有两条基本的思维路线:"说什么"

和"怎么说"。我们要研究说课的三大难点,它可能比上一堂课更难:一是时间短,只有 10 - 20 分钟;二是信息量大,我们平时上课可以隐藏的东西,如教学目标、教学方法,说课时不能隐藏,要把隐的东西显现出来,要把软的东西硬化,其实这是最难的地方;第三是它的表达难。其实别人用文本也好、口头表述也好,说得容易,但准备的时候非常艰难。因此围绕这三大难点,如何去突破? 李老师非常优秀,围绕这三个难点,她梳理得非常好。

在说课的过程中,李老师有四个维度做得很好:

1. 设计要精练:4 份稿子的框架基本一致,这个框架代表一种思路。我将评分标准与李老师的说课稿做了一个对照,如果是到外面比赛争取获奖,两者尽量要做一个结合,结合到位的话,得分会更高一点。评分标准的指导性很强,要求更精炼一些,李老师有些部分重复的比较多。如教学目标,教学三维目标是共识,李老师没有把三维目标清晰地表达出来,但对达成这些目标的过程与方法,表述得很细致,这里可以更精练一点。

2. 分析要精准。李老师分析得真的很好,如课程标准解读、教材分析、学情、重难点,都分析得很精准。建议:有些东西概括性要更强一点,有些重复的语言或重复的地方要删掉,如李老师在教学目标中书写了达成方法,又在其他地方(教法、学法)讲了很多达成方法,这样会影响表达的层次性。还有,李老师的每份说课稿都有教学理念,而且每个教学理念文字都很长,应该用精炼概括的文字,如:以生为本、自主学习,这都是概括性的理念。如果需要展开的话,你再适当地展开一下,尽量开门见山"我的理念是……"文字太长,别人还是不知道你的理念是什么。所以有些理念具有高度的概括性和凝练性。另外,有些知识性的问题还要更准确一点。

3. 操作要精巧。前面都是分析,后面尽管不是现场操作,但也是怎么操作的问题,所以操作要精巧。李老师每节课都能找出一个主线,比较精巧。导入有新意,主线很清晰,讲解的内容能够层层递进,整个操作起来很精巧。

4. 表达要精彩。表达精彩主要体现在以下几个方面:语言的节奏,语言的风格(风趣、幽默、轻松自如、自然),尽量让人留下深刻印象。李老师的文字内容还是太繁琐、太多了,需要花大力气去进行删减、整合,这样才能做到表达精彩。否则庸长、繁琐、重复,会非常影响你的表达效果。既然你每堂课都能找到主线,那么你也要简明扼要地向别人传达你要表达的内容。还有激情呀等等,这都需要花时间去打磨。

为什么我要反复强调一个"精"字呢? 这都是围绕说课的三个难点"时间短、

信息量大、表达难"展开的。表达越难,你越想把它表达清楚,可能会适得其反,所以必须"精"。你不精,有些东西你想去说明,你想去补充,可能会越说越麻烦,越说越繁琐,越说越不清楚。所以我觉得 4 个"精"字是说课的精髓点,这是我的个人观点,也是听了李老师说课后得到的启发,仅供参考。

在刘堤仿、唐西胜 2 位专家的点拨下,在教研组同伴的打磨下,李群华老师对其说课内容进行了多次修改,最终在杭州市说课比赛的现场,从容而自信的一举夺得杭州市说课比赛一等奖的桂冠。

教授指路定文本

2013 年初,刘堤仿教授提出:既然这堂课取得了如此好的效果,能否趁热打铁,将其用文本的形式固化下来,开发成学校的校本教材。任务再次落到了我校社政组教师身上。但如何进行校本课程开发?我们是一片茫然。也许正如刘教授所说,课程是一个复杂的系统,即使我们每天面对,但由于一个个"身在庐山",自然"不识庐山真面目"。

刘教授毕竟是刘教授,面对我们的重重疑惑,他没有急躁,而是花了不少时间思考如何进行课程开发。3 月初,他将思考的成果《校本课程开发中的有关问题》给我们做了一个专题报告,简简单单 19 张 PPT 却成为《仁和中学的昨天、今天、明天》课程开发的纲领性文件。

在刘教授的指导下,课程开发的参与者在课程性质、课程目标上取得共识:

课程性质:历史与社会拓展型课程

课程目标:

1. 运用 google earth 判断学校的位置,学会用年代尺梳理学校发展的历史脉络;

2. 通过网上查询、实地考察、调查访问等活动,了解学校的昨天和今天,初步学会收集信息、整理信息;

3. 比较分析手中的资料,知道学校发生的巨大变化,能够区分第一手资料和第二手资料,提高比较分析的能力;

4. 通过探究活动,理解学校的变化是家乡变化的缩影,明白学校变化无论是否令人满意,都是历史发展的过程;树立热爱学校、热爱家乡的意识。

有了课程目标的引领,再加上李群华老师的说课提供的教学思路,课程文本似乎指日可待,那也把课程开发看得太简单了。俗话说:"一千个读者眼里有一千个哈姆雷特。"刘教授的讲座只是为我们提供了一个方向,李群华老师的说课也只是提供了一个教学框架,我们开发的课程将来会提供给不同的老师面向不同的学生授课,因此这个课程应该具有一定的开放性。

经过近半年的讨论、修改、验证,终于我们确定了适用于七年级的课程文本:

仁和中学的昨天、今天、明天

京杭运河蜿蜒自北向南,在临近杭州处似龙尾轻轻一甩,散落的点点水滴成为一个个水塘,串串水珠汇成条条河港,这就是仁和,典型的江南水乡。运河和苕溪似两条飘带,水塘似明珠,妆点着她。仁和中学就坐落在这旖旎风光之中。

仁者乐山(獐山),智者爱水(东塘),仁、智之士云集会聚(云会)。原獐山中学、东塘中学、云会中学三所学校合并成仁和中学,改变了仁和教育的格局,是仁和教育史上一块重要的里程碑。

如何了解学校的变化

仁和中学于 2011 年 8 月 25 日落成,2011 年 9 月 1 日开学。校址在仁和街道獐山港北岸,规模大,设置新。原獐山中学、原东塘中学、原云会中学撤销以后,三校合并,仁和街道的所有学生都进入该校求学。

学校合并一年多来,大家或许会有一个共同的感受——学校在不断地变化。学生人数、学习、生活环境的变迁、校园文化的发展……都会让我们感到学校的变化。

1. 仁和中学的位置
_____
2. 仁和中学是由
_____、_____、
_____ 合并而
成,请在图上指出他
们的位置。

		昨天	今天
学校位置			
学习环境	教学设备		
	学校仪器		
	室内电器		
	学习时间		
生活环境	宿舍		
	食堂		
	卫生间		
	绿化		
	浴室		
文化环境	各类竞赛		
	社团活动(兴趣小组)		
	图书馆		
	运动设施		
师生发展	团队合作意识		
	学生的获奖数		
	教师学历与荣誉		
	师生管理		
	师生总人数		

①你在认识学校变化时,运用了哪些资料?

②上述资料中,哪些是第一手资料,哪些是第二手资料?

如何看待学校的变化

学校的变化,有快有慢,有好也有坏。即使是同一个变化,在不同人的眼里,也会产生不同的看法。

234

现在学校的位置比以前路途要远，但是四通八达的马路还是很方便快捷……

学校的位置非常好，离我家不远，我可以选择很多交通工具。有时候走路，有时候骑车，有时候坐公交车。

根据学校对学生的调查统计，大约1.2%的学生每天步行上学；1.8%的学生由家长每天接送；97%的学生为寄宿生，家长在星期五放学和星期一早上接送。

※上述对学校位置的描述,哪些属于对事实的描述,哪些属于观点?

※对学校的变化,你有什么看法?

课堂实践展风采

有了课程蓝本,有了教学框架,我们就开始翻山越岭、淌水过河了。这样的日子,整整一年,自2013年3月28日第一次试教到2014年4月17日课堂展示,我们的课堂实践探索没有停止。这不能说不辛苦,尤其是李群华老师。

刘堤仿教授始终牵挂和指导着我们的工作。第五稿是2014年3月6日出来的,当天我们就把教学设计与课件发给刘教授。刘教授第二天就赶到我校召集课程开发组成员研讨:"做得很细致,也很有新意。不过现在是信息化社会,一定要注意现代信息技术在课程中的运用。"

根据刘教授的意见,我们又进行了多次修改,4月17日由李群华老师展示了最终稿。

一、教学设计

(一)教与学的分析

1. 教材分析

本课的综合性强,作为七年级历史与社会课程拓展课,涵盖了综合实践、美术、信息等课程的部分内容,目的是让学生体味自己生活中的"历史",是学生从七年级地理学习向八年级历史学习过渡的一课,起到承上启下的作用。本课从时间和空间两个维度认识学校的发展变化。这种变化无时无刻不在发生,都是历史发展的过程。目的是让学生了解过去的学校,感受学校发生的巨大变化,展望学校的未来。

2. 学情分析

学生心理特点:七年级的学生对一切新鲜事物感到非常好奇,对学校的历史非常愿意去了解,具有丰富的想象力,对美的事物充满向往。求知欲强,乐于观察,但缺少观察的方法和手段,不善于观察。

认知特点:现在的学生是我校三校合并后的第三届学生,对于目前学校的环境已经非常熟悉,但对学校的过去知道的不多。

(二)教学目标

1. 通过对仁和中学校徽的解读,初步了解学校的历史,培养从图片中获取信息的能力;

2. 通过地图,能够判断仁和中学与原獐山中学、原东塘中学、原云会中学的相对位置关系,并能利用比例尺计算实际距离;通过小组合作查找位置,初步学会使用电子地图;

3. 通过现在学校与以前学校的图片对比展示,感受学校的巨大变化,培养热爱学校的情感,展望美好的未来。

(三)教学重难点:

重点:感受学校的变化并热爱学校 难点:展望未来

(四)教学过程

导入:以学校的校徽导入,谈谈你对校徽的理解。

新课教学:

第一环节:回顾昨天

1. 在地图上找一找原东塘中学、原獐山中学、原云会中学和现在仁和中学所在的位置。

2. 判断原东塘中学位于仁和中学的什么方向?

3. 计算从原獐山中学到仁和中学的实际距离。

第二环节:畅谈今天

1. 图片展示,感受变化

2. 谈谈你最喜欢学校变化的哪一方面?

3. 结合地理位置的不同,利用3则材料,区分事实与观点,并根据自己的实际情况,说一说自己的观点。

4. 了解目前我校的学生和教师的发展水平

第三环节:展望明天

1. 小组合作:利用电子地图,查找 2 年后想升入的高级中学;
2. 谈谈我的梦想。

二、课堂实录

师:今天李老师想跟我们 712 班的同学一起来学习《仁和中学的昨天、今天、明天》。首先,我们一起来看一下(PPT 展示仁和中学校徽),这是我们仁和中学的校徽,我想请同学们来说说看你在校徽当中看到了哪些图案? 这些图案有什么含义? 我们请单个同学来讲。(教师举手示意学生举手回答。)

生 1:那个鸟的组成部分是"仁和"开头的首字母。

师(在投影上指出仁和首字母的图案):还有吗? (学生小声讨论。)

生 2:它的背景是座山。

师:哦,背景是一座山,你知道山有什么含义呢?

生 2:代表獐山。

师:还有没有?

生 2:下面有水。

师:水是代表?

生 2:水是代表仁和的河……(学生回答不上来)

师:好的,先请坐。你来(教师换一位学生回答问题)。

生 3:下面有云,代表云会。

师:还有吗?

生 3:我感觉那只鸟就像腾飞一样,就是发展得更好,就像仁和中学。

师:说得非常好,我们为她鼓掌(教师鼓掌激励学生)。还有没有补充的?

生 4:水是东塘。

师(PPT 展示校徽图案含义):山代表獐山,云代表云会,水代表东塘。这里也有两层含义,我们可以理解为什么呢? 我们仁和是由(生)三校合并的。当然也可以包括我们仁和这个镇区范围主是要由(生)獐山、云会、东塘三个区域组成。那老师再补充一下,下面这个三角形,它代表的是……

生:三个学校。

师:三角形代表的是我们学校内部教师发展、学生发展、学校发展三者之间(生:稳定性)息息相关。我想问一下,你们知道现在这三所学校还在吗?

生:①在的。②不在了。(学生集体回答,有两种看法。)

师:那云会中学变成了?

生(齐):小学。

师:东塘中学?

生(齐):小学。

师:我们班有哪些同学毕业于这两所老中学所在的小学?

(生举手示意)

师:还是挺多的。那么我们要请这些同学来跟其他同学说说看,老的学校和现在的学校相比,有哪些不同?(板书:回顾昨天)

生1:老的学校的教学楼和这里不一样,这里教学楼比较新,也比较大。而且操场也比老的学校大。

师:你是毕业于?

生1:云会。

师:教学设施、操场等等都比现在要小很多。还有没有同学有补充的?

生2:新的学校比老的学校设施要更先进。

师:你是毕业于?

生2:云会。

师:也是云会小学。我们现在学校设备更先进。

生3:新的学校比老的学校宿舍要更好。

生4:现在的班级比以前多。

师:班级多也就意味着我们的人数很多。可能我们很多同学对于以前的学校不是非常了解,但是有一方面的变化是在座所有同学都是可以肯定的,那就是现在你们手中的这一张地图。(向学生展示地图)你看一下,这是什么方面的变化?

生:位置。

师:好,接下去,请同学们以最快的速度找到我们原先三所老的中学和现在仁和中学的位置,把它圈出来(PPT展示地图位置)。看看哪个同学找得最快,可以举手示意。

（生在地图上找学校位置。）

师：我看到第一组刚才很快就好了，我们来看一下。（由于投影仪的问题，教师没有向全班学生展示第一组学生的地图，只是自己看了一下。）你们一共画了几个地点？

生：三个。

师：三个？到底几个啊？

生：四个。

师：我们要比较三所老的中学和现在这个学校的位置，那么，是不是应该是这样的？（PPT上显现四个学校的位置。）那么这一次是第一组最快。判断原东塘中学位于仁和中学的什么方向？我看到第三组已经有同学举手了，来，你说说看。

生：东北。

师：东北方向，原东塘中学在仁和中学的东北。好，请坐。第三题，计算从原獐山中学到仁和中学的距离。

（学生在地图上计算从原獐山中学到仁和中学的实际直线距离，教师巡视。）

师：我们请刚才速度最快的，我看到是第六组。来，你来说说看。

生：750 米。

师：跟大家说说看，你怎么算出来的？

生：先量出图上原獐山中学到仁和中学的距离，然后除以比例尺1:1000，算出实际距离750。

师：后面的单位是？

生：米。

师：看来同学们速度都很快。其实学校除了位置上的变化，还有许多变化。那么接下去，老师收集了几张照片，我们一起来看一下（PPT 展示照片）。

生（观看图片）：哇！（小声议论）

师：还有一些从无到有的变化……学校的变化远不止这些，同学们每天生活在校园当中可以慢慢地感受到。那么，你作为学校的一位小主人，肯定有喜欢学校的方方面面，接下去请谈谈你最喜欢现在学校生活的哪一方面，说说你的理由。你可以从这些

角度来回答(PPT展示,板书:畅谈今天)。

生1:我喜欢这里的环境,风景比较优越,交通比较方便。

生2:我喜欢这里的学习环境。因为有很多新的课程,同学们都很积极,能得到老师的关注。

生3:我喜欢这里的师生活动,可以去参加一些学习之外的体育活动之类的。

生4:我喜欢这里的师生发展,因为现在老师和学生之间相处得很融洽,沟通很多。

生5:我喜欢这里的学习环境,因为现在学生多,但竞争激烈,让人更加地勤奋学习。

生6:还有一个是生活环境,因为绿化很多,宿舍很干净,食堂特别卫生。

生7:我喜欢现在的地理位置,因为现在这个仁和中学在中心的位置,离我们很多人的家都比较近。

师:刚才有两位同学都很喜欢我们现在学校的位置,那其他同学是不是也一样,都喜欢我们学校现在的位置?(学生回答)我听到不同的声音,有同学喜欢,有同学不喜欢。其实关于学校位置的这个变化,我们曾经展开过讨论,请同学们来看一下(出示PPT)。

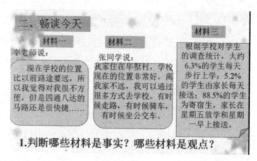

题目来了,判断这些材料当中哪些是事实?哪些是观点?注意,事实指客观发生的、可以被证明的事物;而观点是作者对某件事的看法,带有明显的主观性。

生:材料3是事实,1、2是观点。

师:你判断得很准确,那能不能告诉大家,你是如何判断出材料1是一种观点?

生:"李老师说"。

师:"李老师说",而且材料当中也提到了"我觉得对我",所以,带有很明显的主观性。我们可以从材料当中获取一些信息。那看看材料2哪些词组告诉你这是一种观点?

生:"张同学说""我可以"。

师:那材料3是事实,哪些可以证明是事实?

师生合作:调查统计,而且有这些数字。

师:接下去,请同学们结合自己家所在的位置,谈谈你的观点。注意,请用事实来证明你的观点。(学生思考)

师:想好了吗?

生1:我觉得现在的学校比原学校虽然近了一点,但路途还是很远,花费的时间也需要将近半个小时,一直在走,实在是有点漫长。

生2:现在学校虽然交通非常方便,但离原来的学校还是有点远的,因为我家到原来的学校走路也只要15分钟,但到现在学校就算是坐车也要半个小时。

生3:我认为还是现在的学校好,因为,要说像我,是原来读的话,应该读在獐山中学,獐山中学距仁和中学大概也就750m,而仁和中学却比獐山中学好很多。

生4:我认为不是很好,因为原来假如仁和中学没有合并的话,我是去云会中学,而现在要来仁和中学,距离是2437.5m,路途非常远。

师:关于位置的变化,很多同学说对自己有利,也有同学说对自己不利。我们的立场不同,导致我们的观点也不同。那么想一想,我们三校合并以后,为什么将我们学校的位置选在现在的地点?想想看,有什么优越性?

生1:离三个学校的中心点更加接近,如果建在其他地方的话,那对其他两个学校就比较远了。

师:相对来说,是在三个学校的中间。是的,说得很好。

生2:这里马路比较多,交通比较便利。还有就是,这里离各种人家住的地方也是比较近的。

生3:因为这里比较发达,经济比较好。然后这里的交通在三岔路口。

生4:因为没有什么特别大的工厂,非常安静,适合学习。

师:说得非常好。这里环境非常好,没有大的工厂。而且你看我们学校的西面有一座小山丘,我们的东面有水。有山有水的地方,这里的环境也非常的优美。学校的变化,无论好坏,它都是社会发展的产物,那么我们学校现在发展的状况如何?请同学们来看一组

2013年数据(PPT展示)。上面这一段文字都是描写教师的,下面的都是描写学生的。同学们,你们看一下这些数字,想一想,这些数字代表了什么?

生1：代表了我们学生除了学习之外，课外的活动也很多。

生2：这些数字代表了仁和中学会向好的方面发展，代表了我们学校的荣誉。

生3：代表了优秀教师、学生都很多。

生4：代表仁和中学人才辈出。

师：说得很好。这些数字，它都是从一个侧面反映了目前我们学校的学生和教师的发展水平。那接下去，请同学们再来看一组数字（PPT 展示）。同学们有没有想过，我们学校为什么能发生如此大的变化？

> 仁和中学总投入达1.2亿人民币。学校占地115亩，有计算机教室、劳技教室、美术教室等24个专用教室，科室齐全，设备一流。成立2年来，各方面都取得重大进步，得到政府领导和学生家长的一致肯定。
>
> 2011年三校合并前考入余高三校总学生数：1人
> 2013年三校合并后考入余高学生数：5人
>
> 目前我校在编教师107人，研究生学历3人，本科学历85人，专科学历19人，区教坛新秀以上荣誉的有24人。

生1：因为三校合并，然后政府给的经济多，还有就是现在教师多、学生多。

师：说得已经很好了，归根到底是经济的发展。

生2：我感觉是教师的水平也越来越多了，然后教师的水平多了，学生也就多了。学习方面和硬件方面也更加行了。

生3：因为三校合并，学生数目就更多了。学生数多了，学习竞争也就更多了。竞争多了，学习也就提高了。

生4：三校合并资金多了，设备一流，然后教师也丰富。

师：我觉得说得很好，他已经从材料当中也提取了一些信息。刚才同学们所说的都对，归根到底是经济的发展，然后是各方面的，你看，社会各方面的关注、正确的领导，还有我们学生、老师的努力。我们老师为了提高教学成绩，也经常要到外面去学习。比如老师下个月要到杭州采荷中学学习，可是我没去过。接下去，我想请同学们帮我一个忙，请同学们利用现在的电子地图，找一找，帮我推荐几条从仁和中学到采荷中学的路线（PPT 出示任务）。看看哪一组速度最快。如果你找出来了，就可以举手。

（教师巡视，帮助、指导学生完成任务）

师：第二组已经完成了，可能慢的同学还没有，那我们请第二组的同学去上面展示一下，看看你是怎么操作的。如果还没有找到的，可以看看这位同学是怎么找的。

（第二组学生利用教师电子展台演示，其他学生继续小组合作、完成任务。）

师：那你们找到几种出行方式啊？出行方式是我用什么交通工具？

生:公交车、自行车、汽车。

师:公交车有什么优点?

生:便宜、钱少。

师:如果自驾车呢?

生:速度更快。

师:那公交车是不是就只有一条路可以走?

生:有两条。

生:有好多条……

师:如果是驾车呢?

生:有好多条。

师:那么我们请一个同学来跟我们说说看,如果我坐公交车去,应该走怎么样的路线?

生:先步行至仁和镇政府站890米,再乘坐778路公交车,在农副产品物流中心站下车,再坐191路公交车,在大关西六苑路站下车,再乘坐80路公交车,在采荷路站下车,再步行至杭州市采荷中学。

师:谢谢! 我想请同学推荐一条自驾路线。

生:从仁和中学出发向西北方向出发,沿仁河大道行驶370米,调头进入仁河大道。沿仁河大道行驶1.7公里,向左转入东西大道,沿东西大道行驶335米,左转经余杭收费站直行进入长深高速G25杭宁高速,沿杭宁高速G25行驶22.1公里,从庆春路出口离开,过广利大厦约500米,稍后沿中河北路行驶63米,左转进入庆春路,沿庆春路行驶1.6公里,进入庆春东路,进入江干区行驶207米到达终点。

师:你推荐的这一条自驾路线有什么优点?

生:时间短。

师:感谢同学们给老师的帮助,我们712班的同学既热情又充满着智慧,体现出我们仁和中学的一种精神风貌。那两年以后,同学们也即将毕业,相信同学们心目当中都有想去的高中。那么接下去,请以小组合作的形式(PPT展示),查找从仁和中学到那所高中的路线。注意:限时三分钟,一人操作电脑,有人出谋划策。(一组同学的电脑出故障,教师带领该组同学到讲台上进行活动)注意,等下我要叫人准备发言,不能跟其他组重复。

(教师巡视,帮助、指导学生完成任务;学生合作,利用电子地图,查找从仁和中学到XX高中的路线。)

师:好了,我们的时间已经差不多了。那么我们要请各小组来说说看,你们想去什么学校,然后走什么路线。大家要竖起耳朵听清楚,不要讲重复的路线。你们的理想是去哪所高中?(教师请一组同学代表发言)

生1:余高。先步行到仁河大道站,大约是1.12公里。然后乘787路公交车到荷花塘站,差不多是21站。然后再步行到余杭高级中学,大约是750米。

师:一个组在汇报的时候,我听到其他组也有声音,你敢确定,你们的路线就跟他们的不一样?要仔细听,不能有重复。

生2:我想去余杭第二高级中学。坐公交车有5条路线,驾车有三条路线。

师:那你推荐一条吧。

生2:驾车的话,从仁和中学向西北方向出发,沿仁河大道行驶370米,调头进入仁河大道。继续沿仁河大道行驶1.4公里,左转入东西大道。沿东西大道行驶190米,直行。继续沿东西大道行驶720米,过余杭互通约210米后直行进入长深高速公路。沿长深高速公路行驶5.5公里,在马庄桥朝宁波/黄山/千岛湖/G2501方向,稍向右转进入南庄兜枢纽。沿南庄兜枢纽行驶1.3公里,过贺家桥直行进入杭州绕城高速公路。沿杭州绕城高速公路行驶6.9公里,过半山互通直行进入黄鹤山隧道。沿黄鹤山隧道行驶1.6公里,直行进入杭州绕城高速公路。沿杭州绕城高速公路行驶6.9公里,在乔司枢纽朝上海莘庄/S2方向,稍向右转进入乔司枢纽。沿乔司枢纽行驶800米,过乔司枢纽约210米后直行进入杭甬高速公路。沿杭甬高速公路行驶4.2公里,过右侧的联胜村,从临平/乔司出口离开稍向右转进入余杭互通。沿余杭互通行驶630米,过余杭互通约800米后直行进入迎宾路。沿迎宾路行驶650米,直行。继续沿迎宾路行驶50米,在第1个出口朝南大街方向,右转进入五文线。沿五文线行驶3.5公里,左后方转弯进入人民大道。沿人民大道行驶130米,到达终点。

师:你们觉得这一组汇报得怎么样?

生:太长了。

师:太长了,但是有个优点就是比较详细、细致,不知道同学们有没有听清楚。我们再请一组。

生3:我们想去杭州高级中学(其他学生:哇!)。从仁和中学向西北方向出发,沿仁河大道行驶370米,调头进入仁河大道。继续沿仁河大道行驶1.4公里,左转入东西大道。沿东西大道行驶190米,直行。继续沿东西大道行驶720米,过余杭互通约210米后直行进入长深高速公路。沿长深高速公路行驶6.3公里,过南庄兜枢纽直行进入上塘高架。沿上塘高架行驶290米,右前方转弯。继续沿上塘高架行驶600米,稍向右转上匝道。沿匝道行驶40米,左前方转弯进入通益路。沿通益路行驶780米,在马角羊桥稍向左转上匝道。沿匝道行驶30米,右前方转弯进入上塘高架。沿上塘高架行驶11.4公里,过右侧的武林府写字楼,稍向右转进入中河高架。沿中河高架行驶480米,在中河路立交桥从中河路/体育场路出口离开稍向左转进入中河立交桥。沿中河立交桥行驶170米,在梅登高桥稍向右转进入中河北路。沿中河北路行驶740米,在西桥调头。继续沿中河北路行驶60米,到达终点。

师:由于时间关系,我发现同学们的兴致也很高,那你们课后再去查。我也希望通过同学们的努力能够将来实现你的梦想。如果说去这些理想的高中是你近期的梦想,那老师想要知道,你更远大的梦想又是什么?

生:北大,南开,哈佛……

师:老师的梦想就是想要成为一个受学生爱戴的优秀教师,将来能够桃李满天下,在他们身上闪耀出我的价值。那你们的梦想呢?

生1:我的梦想是成为一名优秀的教师,然后将我所学的知识传授给学生。

生2:我的梦想是成为一名艺术家,因为我喜欢画画。

生3:我的梦想是成为一名画家,将我看到的美用画笔传达给人们。

生4:我的梦想是成为一名舞蹈家。能在舞台上表现我优美的舞姿。

师:看来我们将来有很多同学多才多艺。

生5:我的梦想是当一名医生,让每个人都健康。

生6:我的梦想也是当医生,帮助病人解除痛苦。

生7:我的梦想是当玩具设计师,因为我喜欢玩具。

师:同学们,我们要实现自己的梦想,现在就要努力。我们要树立信念,才能放飞梦想,相信我们的明天一定会更好。我们仁和中学一路走来,也承载了许多人的期望和梦想。我们的努力也会为学校的发展添砖加瓦,相信为梦想插上翅膀,就一定能够冲上云霄。

接下来,我们来看一下我们的课后作业(PPT展示)。三题当中可以任选一题。最后,我们请各小组统计一下,我们今天班级当中最活跃的同学是哪一位? 我们班刚才这个活动小组当中,哪一组的得分最多? 大家算一下分数看看。

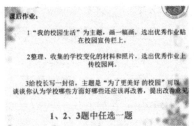

课后作业:
1 "我的校园生活"为主题,画一幅画,选出优秀作业贴在校园宣传栏上。
2整理、收集的学校变化的材料和照片,选出优秀作业上传校园网。
3给校长写一封信,主题是"为了更好的校园"可以谈谈你认为学校哪些方面好哪些还应该再改善,提出改善意见。
1、2、3题中任选一题

（学生在任务单上统计分数。）

师：我们最活跃的小组应该就是第二组。

三、同伴互助

王丽娟：预设才能

今天，聆听了我校李群华老师的《仁和中学的昨天·今天·明天》，我就从"预设与生成"的角度，谈谈自己对这堂课的一点粗浅的看法。

课堂是一个充满活力的生命整体，处处蕴含着矛盾，生成与预设之间的平衡与突破，是一个永恒的主题。课堂教学既需要预设，也需要生成，可以说它们是课堂教学的两翼，缺一不可。

俗话说："凡事预则立，不预则废。"预设是教学的基本要求，因为教学是一个有目标、有计划的活动。李群华老师对这堂课的预设之精心，据我观察，主要体现在以下四个方面：

1. 教学目标的预设。教学目标是一堂课的出发点，李群华老师在对本课教学目标的预设中，前两个目标比较侧重能力的培养，重点则放在感受学校的变化和对学校的热爱之情。

2. 教学内容的预设是说说学校的变化。这个内容范围很广，为此，教师课前做了精心的预设，提醒学生从地理位置、学习环境、生活环境、师生活动、师生发展等角度入手，这样一来，原来开放的内容就变得可控了。

3. 教学过程与环节的预设。李群华老师将课堂教学环节紧扣课题《仁和中学的昨天·今天·明天》，设置成"回顾昨天""畅谈今天""展望明天"三个环节，每个环节的衔接、过渡都预设非常到位，同时又留出足够的时间和空间让学生思考、合作、尝试、展示。

4. 教学方法与手段的预设。因为教学中预设了"查找位置，学会使用电子地图"的目标，李老师对"电子地图"的使用，课前做了精心的准备，预设非常仔细。

教学是一个动态生成的过程，再精心的预设也无法预知整个课堂的全部细节。因此在实际的课堂教学中，难免会发生诸多的意外，一旦出现"不速之客"，我们教师要有充分的心理准备，灵活应对，而不能一味拘泥于课前的预设。若能巧妙利用意外的"生成"，我们的课堂也许会更加精彩！

在李群华老师的历史与社会课中，课堂意外也是层出不穷，有的李群华老师抓住了，成了这堂课的精彩之笔；有的则忽略了，值得我们同行反思。比如，李老师的预设中，这节课是从 8:50—9:30 的，但在实际教学中，由于听课教师途中有变故,李老师能及时根据这一意外,马上调整策略,让学生利用电子地图尝试找找自己家的位置,既缓解了课前等待的尴尬,又为后面的小组合作"查找位置、设计路线"打下了基础。再如,在小组合作时电脑的意外。无论是课前发现第四组的电脑死机,还是课中小组合作时发现第五小组的电脑发生意外,李老师都能沉着冷静地及时抓住课堂的生成:或与技术员协商,或邀请学生上讲台操作,都能迅速调整教学策略,及时因势利导。这样的"生成"既体现了对学生的尊重,也体现了教师的教学机智!

与此同时,有些课堂的意外则被李老师忽略了,成了大家的遗憾。比如,李群华老师在预设的目标中有"通过地图,能利用比例尺计算实际距离",这里的"实际距离",其实应该是实际的直线距离,教师预设时没到位,当学生说计算方法时,提到"先用尺量出图上的直线距离,按比例尺计算出是 750 米……"此时完全可以临时生成教学——提醒学生这里的实际距离乃是实际的直线距离(因獐山中学距离现在的仁和中学最近,很多学生都认识,750 米的距离若不强调"直线",和现实中七拐八拐的路线距离明显不符),但李老师没有反应过来抓住这一时机,及时引导。即使到了后面学生在讲"地理位置的变化对自己的利弊"时,再一次提到"原来假如仁和中学没有合并的话,我是去云会中学,而现在要来仁和中学,距离是2437.5 米",这个学生计算的也是实际的直线距离,李老师还是没能及时提醒学生,可能会对学生现实中的感知造成一定程度的误导,李老师没有抓住这个生成,可以说是一处小小的败笔。

所以我想,我们教师得有备而来,顺势而导,才能有真正的生成! 李群华老师在本课的教学中,生成的现象是很多的,可能由于教师紧张等原因,有些"生成"没能兼顾好;有些则是课前部分"预设"没能到位,课堂的达成便成了问题。否则,教学效果会更佳!

张承震:专业职责

非常感谢各位专家对本次活动的指导,我的任务是从教师专业职责的角度谈谈李群华老师的课。说句心里话,对于教师专业职责系统化的理论知识,我也没有学习过。我真正的开始成长起来,还是与杭师大刘教授合作项目开展之后,可能有许多地方说得不是很到位,请大家多多批评指正。我更多是从学习者的角度谈谈自己今天对李老师这堂课的感受。

关于教师专业职责,我专门翻了一下字典,所谓专业是指人类社会科学进步、生活生产实践中,用来描述职业生涯某一阶段、某一人群,长时期从事的具体业务作业规范;职责是指任职者为履行一定的组织职能或完成工作使命,所负责的范围和承担的一系列工作任务，以及完成这些工作任务所需承担的相应责任。华东师范大学李伟胜教授关于教师职责的概括是教师为完成教育教学工作在所负责范围内所承担的任务以及为完成任务所承担的责任。

结合李群华老师今天的这节课，她以仁和中学的昨天、今天、明天为切入点，很明显，这是李老师精心准备的一堂课。在这堂课中，李老师结合我们仁和当地的人文、地貌及一些自然科学知识，这些知识既丰富了我们课堂教学的内容，又进一步开阔了学生的视野。东塘、獐山、云会三个地方由于间隔的距离比较远，学生从一个地方到另一个地方，了解的也不是很深刻，那么今天通过李老师对我们校徽的诠释，让处在共同区域的学生对我们仁和有了更深入的了解。同时李老师还能够把握学生的实际情况，进行合理的课堂安排，充分体现因材施教和启发式教学的原则，目的明确，对学生的指导、培养学生实践精神和创新精神、贯彻教学常规也有很大的帮助。其次，在这堂课中，李老师比较重视学生能力的培养，发挥学生特长，学生课堂气氛比较活跃。

就这堂课的内容而言，我也有自己的一点点想法：其一，教师的课堂教学不能仅仅为了完成教学任务而进行。我是一个思品老师，已经从教好几年了，在我们进行教学的过程中，是否应该更多的贯穿一下对学生正确人生观的培养？尤其是在今天这节课中，针对学生的回答，老师仅仅"好的"、"不错""请坐下"……教师是否可以对学生回答进行一个适当的引导（一个符合我们教学目标的情感态度价值观预期的引导）？我们在实际教学过程中，可能很多时候以为完成了知识的传授，教学任务就结束了，忽略能力目标和情感态度价值观的教育，这应该是我们每位教师共同努力的方向。其二，教学固然是为了让学生获取更多的知识，但不可否认的是在没有完全摆脱应试教育的大背景下，教学还要为学生面临的一次又一次考试负责，尤其是为初中生面临的中考负责，这就需要教师从课堂每一次的教学过程中仔细斟酌，从初一开始培养学生良好的学习习惯，尤其是在课堂实际教学中，重点强调一下学生答题的格式、错别字（如：李老师说："我要到采荷中学去。"后面好几位学生都在问："采荷的荷怎么写呀？"）……对学生形成潜移默化的影响，否则学生会无所适从。

以上是我关于本节课的一些不太成熟的看法，不足之处敬请各位专家、同仁批评指正。

石守平：教师效能

各位来宾，各位老师，大家好！今天，有机会在各位专家、学者面前讨论教学、发表意见，本人既深感荣幸，又有那么一点压力。所谓"教无定法"，课堂教学本无固定的模式和文本可循，由此可见，教学评价也是仁者见仁，智者见智。接下来，我就从教师效能这一角度谈谈个人对李老师这堂课的一点看法，一家之言，权当抛砖引玉。

所谓"教师效能"，是指教师在教学工作中，能使学生在学习上或行为上具有优良的表现，以达到特定的教育目标的行为。教师所表现的行为方式是否对学生的学习有所助益，则决定于教师行为与学生学业成就之间的关系，教师的行为有助于学生成就提升者，即显示出具有教师效能。就我个人理解，教师效能，就是教师在课堂教学中所呈现出来的教学效率、教学效应和教学效果。

总的来说，教学效能有以下几个特点：

1. 教师效能是一种信念：它是教师的一种主观的判断，这种判断来自于教师个人的教学魅力和教学风格。也就是说，教师个人的主观教学水平会影响到学生的学习效果。

2. 教师效能是一种能力：教师效能越高者，越能表现较佳的教学能力。

3. 教师效能具有复杂性：教师所面临的教学情境颇为复杂，常会遭遇到各种问题，而这些问题亦会影响教师效能的高低，所以教师效能研究常需从多层面来考量，此乃因其本身具有复杂性。教学效能并非单一因素形成，它经常会受到多重因素的影响。既取决于教师自身内在的素养（知识储备、专业技能等），又常被外在环境因素所影响（学生的课堂表现、课堂突发事件等），因此说教学效能具有复杂性的特点。但我个人认为良好的课堂教学效能，更多的是教师专业素养的厚积薄发和人格魅力的外在彰显。

下面我就结合教学观察量表，从效率、效应和效果三个角度对李老师的课谈一下自己的看法。

首先从教师的效应看，李老师呈现给我们的是一堂气氛轻松、教学活跃的课。整堂课中李老师对学生提问约30次，不包括对学生个人的追问和启发式提问，学生回答问题达45人次；学生之间的对话（包括讨论）有8次，小组合作学习有6次；因为这是一堂校本课，没有教材，所以没有生本对话，学生在充分利用电脑的基础上完成了本课的学习任务。课上学生活动较多，学生踊跃回答问题，积极参与，课堂上洋溢着浓郁的学习氛围，反映了良好的课堂效应。

从课堂的教学效率角度看，李老师的课堂教学主要分为3个环节，即"回顾昨天""畅谈今天""展望明天"。其中，"回顾昨天"用时9分钟；"畅谈今天"费时15分钟；"展望明天"耗时17分钟。从总体看，教师的课堂设计中规中矩，布局合理；时间掌控收放自如，恰到好处；课堂效率突出群体有效，个体（优生）高效。

接下来我重点从这堂课的认知目标、能力目标和情感目标来谈一谈这堂课的教学效果。整堂课从结构上来讲,分为三段式:"回顾昨天"——"畅谈今天"——"展望明天"。

上课伊始,教师通过展示仁和中学的校徽,引出仁和中学的昨天,使学生了解学校的过往历史。在这一环节,初步培养了学生读图分析、获取信息的能力,而这仅仅用时4分钟。接下来,老师引导学生利用地图,学会判断原址中学与仁和中学的位置与方向关系,并学会利用比例尺原理测量图上两点间的实际距离。这一过程用了5分钟,学生再一次重温了地图三要素知识的实际运用,这些活动也充分锻炼了学生的合作学习、同伴互助的能力。

在"畅谈今天"这个环节,老师抛出话题:学校和以前相比有哪些变化? 今天学校的变化给你带来了哪些影响? 学生畅所欲言,课堂气氛热烈。学生通过图片对比,感同身受,进一步激发了对仁和中学的热爱之情,为下一环节展望仁和中学的美好明天做好铺垫,顺理成章,水到渠成。

"工欲善其事,必先利其器"。好的教师总是学会充分利用各种教学手段为自己的课堂教学服务。在"展望明天"的教学环节,教师首先要求学生设计一条从仁和中学到采荷中学的出行路线,并且要综合考虑时间、费用、便捷等因素。然后学生小组讨论自己的中学理想,运用电子地图,查找将来想要考入的高中,并设计出具体的出行路线。最后,在老师谈了自己的教师梦想后,邀请学生谈谈"我的梦想"。学生纷纷举手,踊跃发言,课堂气氛再次达到高潮,收到意想不到的教学效果。因为时间关系,教师不得不打断学生的发言,简要小结。在轻松、愉悦的氛围中,我们迎来了下课的铃声。

以上就是本人依据课堂观察量表,对李老师的课堂教学进行了粗浅的教学评价。接下来,我想基于这堂课,针对课堂教学,谈几点个人的看法。

1. 教学效能只是一种教学理论。众所周知,理论都来源于实践,又高于实践,而所有的理论,无一例外都是为实践服务的。也就是说,教学效能作为一种教学评价理论,是为课堂教学实践服务的。换言之,作为评课者,我们都是绿叶,都是衬托,真正的红花,真正的主角,是今天的教学者——李老师。

2. 一堂好课犹如一篇美文,立意最为重要。40分钟的课堂教学,执教者到底想要教给学生什么? 想要传递什么? 想要达到怎样的教学目的? 这些应该是教师课前深思熟虑过的问题,并需要将这些问题植入到教学设计中,完善于教学目标中,体现在教学实践中。

3. 课堂教学的三维目标应该是完整立体的,有机统一的。认知目标是基础;

能力目标是关键;情感态度价值观目标是核心。因此本人认为老师的课堂教学行为应围绕情感态度价值观重点展开。如最后一个环节,李老师花了大量的时间指导学生使用电子地图,其实只要学生能够使用电子地图就可以了,不需要花那么多时间;反而是后面"我的梦想"应该多花一些时间,从"中国梦"衍生到"学校的发展",再到"我的梦想",将国家命运、学校发展与个人命运联系起来,可能会起到"画龙点睛"的作用,给整堂课画上一个圆满的句号。

4. 由于校本课程没有统一的教材和考试要求,这给上课老师在教学设计、目标把握、授课模式等方面都带来了一定的难度,但也给教师在教学方式上的大胆创新、勇于尝试创造了良好的契机。我们不必拘泥于教材,不再受文本的限制,完全可以根据学校的实际与需要、学生的学情与特点,自主设计课堂教学,整合教学资源,优化课堂活动,教给学生知识,触动学生情感,升华教育主题。

各位老师,自由、平等、开放式的教学评价相信会给上课者和听课者带来益处,使之从中汲取营养,不断自我完善。古人亦云"知无不言,言无不尽。"今天讲了这么多,如有不当或商榷之处,敬请大家批评指正! 谢谢!

涂 英:认知才能

各位老师,各位专家,上午好! 我是从教师认知才能这个维度来观察李老师这堂课。我观察的依据是 SOLO 分类理论。

SOLO 理论是香港大学教育心理学教授比格斯首倡的一种针对学生学习结果的评价方法,它将学生的学习结果由低到高分为五个层次:1. 前结构水平:学生错误地理解问题或不了解相关知识,回答问题逻辑混乱;2. 单点结构水平:学生只使用一个相关线索或资料,就立即跳到结论;或仅靠记忆回答,忽视各信息间的联系;3. 多点结构水平:学生能把握问题线索和多个相关素材,能联系多个孤立事件,但缺乏有机整合能力;4. 关联结构水平:学生能把握问题线索和相关素材及相互联系,进行概括归纳;5. 拓展抽象结构水平:学生能使用外部资料和更抽象的知识,对问题进行演绎和归纳。

在对 SOLO 理论有了初步认识后,我将从教学目标、教师预设与生成 2 方面来谈李老师的这节课:

1. 教学目标

《仁和中学的昨天、今天、明天》这一课的设计依据是 2011 版《历史与社会课程标准》:"1-3-2:观察自己所在学校、社区或家乡的变化,评析这种变化的快慢和好坏。"

课程标准中使用了"观察""评析","观察"是体验性目标行为动词,"评析"是能力性目标行为动词。从观察到分析评论对学生的要求不断提升,观察事物的表面;再去分析内部的实质,由表及里,从现象到本质;最后评论从感性提升到理性,相当于 SOLO 理论的第一、第二和第三个层次。历史与社会课程标准的内容属于国家对初中学生的最基本要求,要求学生力图从多个方面知道和了解中国与世界的基本历史史实、历史观点、历史时间发展线索和历史阶段特征,了解中国和世界人文地理概况,了解人类面临的环境问题,理解和运用基本的历史与社会学习和研究方法,领悟和反思基本的价值观念。在呈现方式上,通过行为动词和知识内容的描述来呈现。

SOLO 理论第四层次则要求学生力图理顺不同的史实、观点、研究方法和价值观念之间的逻辑关系。而 SOLO 理论第五层次。要求学生力图从理论的层面采用比较、分析、综合等方法,深入探究、解释历史与现实。

李老师的教学目标有 3 个:

①通过对仁和中学校徽的解读,初步了解学校历史,培养从图片中获取信息的能力——这个目标侧重于获取信息能力的培养,属于单点向多点结构层次提升的教学目标,如果教师做好充分的准备,有可能会将学生的学习结果向关联结构层次、甚至拓展抽象结构层次转化。

②通过地图,能够判断仁和中学与原獐山中学、原东塘中学、原云会中学的相对位置,并能利用比例尺计算实际距离;通过小组合作查找位置,初步学会使用电子地图——方向、比例尺、图例和注记是学生以前学过的知识,把它作为教学目标,仍将学生思维停留在单点结构层次;而"使用电子地图",则要求学生能把握地图三要素,综合运用从电子地图上所获得的各种资料、信息手段,解决老师提出的问题,属于关联结构层次的目标。

③通过现学校与以前学校的图片对比展示,感受学校的巨大变化,培养热爱学校的情感,展望美好未来。——这个目标属于情感态度价值观目标,也是这堂课的落脚点。

三条教学目标基本立足课程标准,总体上属于 SOLO 理论的第一、第二和第三个层次。但在目标的书写上缺乏层次性,体现不出对学生的学习结果的要求是从单点结构逐步向关联结构、拓展抽象结构的递进。

2. 预设问题与生成状况

(1)导入

导入是学生学习的基点。教师从校徽入手非常好,学生的回答基本上都围绕校徽的元素组合进行,说明学生的认知水平基本都处于单点结构,部分学生的认知水平已达到多点层次,教师对于学生的回答要给予充分肯定,但也要通过追问,引导学生思维的持续发展,如从整体上对校徽进行诠释,促使学生认知水平向多点层次甚至关联层次发展;还可以让学生分析校徽的审美表达——思想意义、审美意义、人文含义等——在导入阶段能注意学生思维的深度、广度、高度,一方面给学生树立一个回答问题的标杆,另一方面也有助于学生思维层次的发展。

而当学生只关注主图元素时,李老师要求学生观察校徽的左下角图案,并与数学知识"三角形具有稳定性"相联系,就有助于学生将认知水平向关联结构层次迁移。但这样的引导,李老师做的还太少。

(2)新课教学:

①回顾昨天

在此环节,李老师设计了三个内容:①在地图上找一找原东塘中学、原獐山中学、原云会中学和现在仁和中学所在的位置;②判断原东塘中学位于仁和中学的什么方向? ③计算从原獐山中学到仁和中学的实际距离。而方向、比例尺、图例和注记是学生以前学过的知识,把它作为教学目标,仍将学生思维停留在单点结构层次。而且在实际的课堂教学中,第一个问题,学生是举手示意完成,不能清楚地显现学生的认知水平。

②畅谈今天

在此环节,李老师希望突破三个关键点:知识层面上,结合地理位置的不同,利用三则材料,引导学生区分事实与观点;过程层面上,以老师提供的材料为载体,构筑学生思维的"脚手架",引导学生多视角的认识学校的变化,思维水平能从单点结构上升到关联结构水平;思想层面上,通过谈变化、品变化、议变化,认识到:学校的变化无论好坏,都是社会发展变化的结果。

但在教学中,教师只侧重位置的变化,由一点马上就得出结论:学校的变化无论好坏,都是社会发展变化的结果。因为教师的提问处于单点层次,导致学生的认知水平没有提升,一直徘徊在单点结构层次。其实地理位置的变化只是三校合并的一个表现,教师为了提升学生的认知水平,还应引导学生进行理性思考,从学校布局的调整延伸到城镇化的进程,感受社会变化,这样才有助于学生认知水平由单点结构向多点结构、关联结构提升。

③展望明天

这一环节,李老师设计了三个内容:①利用电子地图,介绍多条从仁和中学到采荷中学的路线;②小组合作:利用电子地图查找三年后想升入的高级中学;③谈谈我的梦想,希望促使学生认知水平由多点向关联、甚至拓展抽象结构层次发展,但实际效果如何呢？

学生在介绍从仁和中学到采荷中学路线及从仁和中学到三年后所升入的高级中学的路线时，由于缺乏教师引导，3组学生都只是照着百度地图上复述了一遍，没有讲明选择路线的理由，给出的信息是孤立而支离破碎的，学生认知水平由多点结构又回到了单点结构。如果当学生介绍到余高有3条自驾车线路、5条公交线路，介绍自己推荐的路线时，老师再追问一下：你推荐这条线路的理由？有意识引导学生推荐线路时要注意时间、费用，公交车还要考虑换乘的次数，这样才能促使学生综合多种因素考虑问题，使认知水平上升到关联结构层次；若时间允许的话，还可让学生摆脱百度地图的束缚，设计路程最短的公交路线或用时间最短的路线，如有学生能完成，他的认知也许就达到了拓展抽象结构层次。

SOLO分类理论，是一种针对学生学习结果的评价方法。而学习结果的复杂性主要包括两个方面：一是量的方面，即学习要点的数量；二是质的方面，即如何建构学习要点。学生的学习成长必然要经历由低级阶段向高级阶段的发展过程，从由少到多的"量"的积累，再发展到"质"的跃迁，而且这种飞跃和质变是"螺旋上升"的，每一次飞跃，对这种知识的认识便提高了一个层次。因此这就要求教师根据学生思维能力所呈现的递进层次，制定相应阶段的教学目标，并设计相应的教学活动。

以上是我从认知才能角度对李群华老师这堂课的一点浅薄认知，敬请各位专家、同仁批评指正，谢谢！

史珍玉：操作才能

关于教师的操作才能，我主要从以下三方面来分析：

1. 课堂管理才能

李群华老师积极营造了一个非常平等、民主、开放、自由的课堂环境，自身表现出积极、复杂的精神，全程微笑、和蔼可亲的态度，全班学生感到分外亲切，并能始终保持较高的学习积极性。这样的课堂是学生们喜欢的。虽然课堂环境较为自由、开放，但学生们却没有乱，没有任何失控，说明教师在课堂教学过程中对学生的学习行为与学习纪律也有所管理，掌控课堂能力较好。当学生在百度地图上寻找自己想去的高中，请一组学生介绍路线时，其他小组有些分心，自己管自己的在那儿找。李老师注意到了这个现象，马上亲切地问他们：你们真的能确定别人和你找得一样吗？学生们马上意识到自己的问题，专心听取他人的介绍了，这是李老师对于课堂管理的巧妙之处。

在处理课堂突发事件时，李老师也表现得相当冷静与老练。由于临时出现了意外,本堂课时间延迟了15分钟。而这15分钟并没有浪费,老师充分利用这时间空档,让学生们非常开心、有趣地在电子地图上找找自己的家,并积极与孩子们互动交流,为上课做好了充足的准备,也架起了师生之间沟通的桥梁,意外事故反而变得无比有意义。

本课的教学活动形式较为新颖。在课堂教学中学生能自己上网查找、实际操作,个别学生还可上台演练,这无疑大大激发学生学习的积极性。说到激发学生学习的动机方面,在新课导入环节,以学校校徽导入,用我们学生最熟悉的身边事物导入,一下子抓住了学生的注意力。在其他教学环节,如说说自己就读的小学与现在中学有何不同,如让学生在网上寻找未来想去的高中,畅谈自己的梦想等等。教师非常注重激发学生的学习动机,使学生乐意入主课堂,成为课堂的主角。

要让学生真正成为课堂的主人,一定要多为学生提供参与机会,尽量把时间还给学生,而不是老师一味地讲解。自主学习、小组合作探究等活动形式在本堂课中没有充分、有效地组织好。小组合作学习方式在本堂课中主要体现为让学生百度地图上找寻自己想去的高中,限时3分钟。同学们兴致很高,找得很有劲!但在回答环节,是否有必要让两位学生把那么长的公交路线和驾车路线报一遍?路线实在太长,很费时间。这显然与本课主要的教学目标不符。

2. 教学评价才能

本节课的教学评价主要是教师口头评价,较为单一,快结束时教师让学生把本组分数结算,我们才知道有小组加分竞赛。我觉得这种评价方式对学生的学习有很大的激励作用,在课堂进行中应充分体现出它的价值,而不仅仅是学生自己默默地加分而已。

作为教师,应尽量做到:在学生发言时,不做倾向性评价,但在总结时应做点评,在学生智慧火花闪现时,教师要充分肯定,以增强学生信心。记得本课开始,有位女生精彩形容校徽上展翅高飞的鸟儿寓意学校的发展时,老师给予高度评价"说得非常好,我们为她鼓掌!"但总体来说,教师评价语言较为简单、笼统,基本上就是"好""好的""说得很好""说得也好"等类似词汇,有时或是重复学生答案。其实可以更为具体、直接地评价学生的回答、思考好在哪里,为什么好,可以怎么更好等方面。当然对于学生出现的错误,教师一定要认真指出来、客观评价,使学生明确努力方向。在一次回答中,有一位学生连说了两次"老师水平多了",水平肯定不会是"多"的!但教师没有指出错误。在我们历史与社会学科的学习过程中,有意识地培养及提高学生的语言组织能力也是有必要的。

3. 教师监控才能

李老师对自己的教学活动实现进行了完备的计划和安排,包括明确教学目标、分析课程资源、了解学生状况、设计课程。我们这堂课是校本课程,没有现编的教材,所以教学资源、资料是李老师和其他组内老师组织、整理而来,然后针对七年级学生掌握一定的地理知识,求知欲强,以及善于思考、乐于动手等特点,制定相应的教学目标和设计各个教学环节。

同时该教师能客观地认识和评价自己的教学活动和教学效果。这在她后来的说课环节也得以证明。她对自己的实际教学活动有意识的监察、评价、反馈,很清楚她的教学环节目的何在,效果又如何。说课中她清楚意识到在本节课学生的主体地位没有得以充分展现,没有提供充分活动时间,学生没有畅所欲言。

最后李老师对自己的教学活动进行了调整、校正和有意识的自我控制,取长补短,分析原因,改进措施。这节课的教学该教师试教不少于 6 次,课件、教学设计的修改可能不少于 10 次、20 次。每次试教后,每每改变后,我们组员的意见,她都虚心听取,不断反思,不断进步。前几次试教,我们其他老师清楚地记得,仁和中学明天这一内容,因为时间关系,都无法展开,戛然而止。但今天她非常完整地向我们展示了仁和中学的昨天、今天与明天。这便是老师对课堂不断调整的监控能力,实在不易!

我们做老师的都知道没有一堂课会是完美的!正是因为有各式各样的缺陷和遗憾,才会不断激发我们下次、下节课会付出更多,会做得更好!

这是我从操作才能维度对李群华老师这节课的一点浅薄想法,有许多不足之处,希望得到其他老师的一些意见。

陈立冬:教师素养

大家好!我主要是负责教师素养这个维度。李群华老师执教的《仁和中学的昨天、今天、明天》,是一节校本课,也是一堂综合实践课,教师课前没有现成的、成型的文本可以解读。作为我校的校本课程来构建一节课,要求就比较高,不容易,同时它对执教者本身素养的要求也比较高,既需要较高的人文素养,又需要有较深的学科专业素养,还有科学性的把握,当然也涉及了执教者的教育素养的养成,如:课件的设计、教学策略的筹划,甚至包括对学情的分析或课堂评价的细节。

我主要从教师专业学科素养、人文素养、教育素养这三个角度来谈一下自己的看法。

1. 学科素养

执教教师从历史社会发展变化"仁和中学的昨天、今天、明天"来引导学生学习、思考,也涉及了学校的地理位置的变化以及变化的原因,李老师因势利导带着学生使用了七年级上的地理知识,如地图三要素的运用、使用电子地图来解决实际问题。对于学科性知识的运用,师生可谓驾轻就熟,从而凸显了李老师的学科素养。更难能可贵的是关于"学校位置的变化的讨论",执教的李老师将判断"事实与观点"的相关知识教给了学生,教会学生如何对待主客观材料,这就是学科的专业性,引导学生走一条科学思想的道路,是难能可贵的。

2. 人文素养

本课的性质是历史与社会学科,本身就是人文性学科,"仁和中学的昨天、今天、明天"这一课由校徽导入,一下子就把立意层次提高了,直接反映了李老师的人文素养。仁和中学的校徽"山、水、云"的构建是仁中的精神传承,"仁者乐山,智者乐水"的精神寓意,体现了仁和精神,一代代的仁和学生就在这种哲学与山水文化中孕育成长,既有深厚的哲学寓意,又有热爱家乡的山水情怀。校徽所体现的人文内涵,对学生的影响是巨大而深刻的,会引导学生热爱自己的家乡、自己的母校,用腾飞的梦想去憧憬未来的生活,这种情感态度价值观的教育效果是显而易见的。

小孩子看东西很直观,比如有的学生看出了校徽上"仁和"首字母像一只鸟,在飞翔,就可以与我们学校的雕塑"腾飞"联系起来,借用腾飞的梦想去憧憬未来的生活,甚至有一天会回馈学校。很遗憾,李老师在立意上对校徽的利用还不够充分。

3. 教育素养

教育素养是一个综合性的东西,从思想立意上、教学手段和策略上都可以看出。首先是课件的设计,李老师花了大量的时间去设计、构建、修改这堂课,从校徽导入开始,把美育、人文与学生信息技术的使用、操作电子地图的实践能力的培养结合起来,构成了整节活泼有效的课堂,其中教师三大授课环节,即回顾昨天、畅谈今天、展望明天,突出地表现了执教教师的教育策略与水平,尤其是师生畅谈梦想更是使本节课的气氛与立意得以升华。在这个过程中,李老师本身的素养就展现出来。

当然,课堂对学生的有效评价及小组活动的组织、突发事件的灵活处置都体现了李老师的教育素养。对学生的评价,史珍玉老师刚才已经谈到了这个问题。老师的有效评价会使学生感到自己被认可、被教师关注,对他的学习情感来说非常重要。例如小组合作"教师去采荷中学,学生去更高一级中学",这是教师构建教学的一种手段,而不是具体的教怎样使用电子地图,因为前面已经展示、学习过了,学生已经会用了,那么教师去采荷干什么? 我们仁和中学要发展,教师要走出

257

去,去学习,教师要进步。学生去高级中学干什么? 去哪些学校呢? 学生要去重点高中,余高、余二高,甚至杭州市区的高中,学生要发展,学生要追寻更好的前景和梦想。我们教师在教学策略、手段上,甚至是教学立意上能不能更高一些? 这样就把仁和中学的梦想、学生的梦想抬升到一个高度,学生最终情感态度价值观("我爱这所学校,因为我有这样的老师,我有这样的同学,我为什么不努力学习? 我怎么不会有一个美好的未来?")就自然水到渠成,我希望老师在上课时能够去拓展延伸。对于这节课,如果用美术的、信息技术的、综合实践的去融合,立意还是要的。立意是什么? 立意是任何一节课的灵魂,有了灵魂,这课就活了,就更美了。当然,我们老师在最后的时候谈自己作为老师的梦想,学生也谈梦想。梦想其实很简单,一位女生说:"我喜欢画画。""我的梦想是成为一位艺术家。"其实就是这么简单,我们要赋予学生一种思想。

对于教师的素养,我就讲这些,谢谢大家!

四、教师反思(李群华)

1. 课前准备好各种预设后的教案

一堂校本课程总算尘埃落定,可是回想起来的过程还是刻骨铭心。如果是好课,那么就有自己的思想在里面的,包括对文本的解读、课堂资源的整合利用、教学环节的设计、教学手段的辅助、教学手段的运用、课堂目标的确定和达成等等,个人的各方面想法都能决定教学效果的高低。于是我又将原先的《仁和中学的昨天、今天、明天》的说课稿再次修改。因为没有文本,很难把握。教学环节的设计改了很多次,从"找变化——谈变化——评变化——品变化"改成"回顾昨天——畅谈今天——展望明天",这样更加贴近主题。教学手段上提供给学生电脑,这一点令学生非常兴奋。因为上历史与社会课从来都没有像信息课那样使用电脑。

一个教师的成长离不开团队的合作和帮助。在一个人的成长路上会遇到对自己有帮助、有感触、有启发的人。学校里正好云集了众多人才,成为教师成长的摇篮。我从内心非常感谢这一路走来,曾经帮助过我的人,使我能够快速成长,不断告诉我方向,使我离胜利越来越近。我们的备课组组员、我们学校的领导、我们的教师发展中心老师,还有其他学科的老师、专家,都帮助过我。

一个优秀的教师,一定要有自己的想法。尽管有时想法不成熟,但有想法要比没想法高出好多层次。想法多了,自己的教学思想和教学特色就会逐渐形成。

2. 课堂中准备好随机应变的心态

课前的准备很重要,但关键是课堂中的落实。预设的再好,总有些不可避免的意外会出现,这需要教师的灵活机智。比如,上课时间到了,可听课教师还没到,于是我让学生先操作电脑找自己的家在哪里。一方面等候教师,另一方面让他们先自己尝试通过电子地图找位置,为课堂活动做铺垫。

但还是有一些方面没有关注和处理好。比如上课时出现"图上实际距离"时,学生在表述时没有注意,而教师也没有注意,在现实生活中可能会误导学生。所以我还要在今后的教学中更加注意,不断磨炼和锻炼,努力提升个人的素养。

3. 课后准备好听取意见后的思考

无论在磨课时,还是这次上课后,我作为我们学校教龄最短的历史与社会教师,每次都虚心听取各位老师与专家的建议。为了让自己变得优秀,必须不断地学习,这也是我成长的必经之路。这堂课令自己满意的是学生的参与度高,课堂很有活力。爱因斯坦说:"对于一切来说,只有热爱才是最好的老师。"学生只有具备对学习的"热爱"和"探索"精神,才能乐在其中,才能勤奋地学习。有些学生上课注意力不能持久,往往凭兴趣去认识事物,对感兴趣的事情愿意去做,不感兴趣的就表现出心不在焉。显而易见,如果不注重趣味教学,就很难培养起学生学习的兴趣。所以,我努力让学生在课堂40分钟的学习中一直保持旺盛的求知欲和比较持久的注意力,从激发学生的学习兴趣入手,激起学生强烈的求知欲,并将激发兴趣贯穿于课堂教学的全过程。课堂中学生对自己学校的校徽充满兴趣,对于学校的变化深有感触,查找路线更是将兴趣推到高潮。学生一有兴趣,就愿意参与,愿意发表自己的见解。可是还有很多不足之处。

课堂教学的知识层次上还比较低。就像唐西盛老师说的,在讲昨天、今天、明天,表现在层次上、内容上、多元性上还有欠缺,知识的层次低,教师不能激发和引导学生的关联层次和想象、拓展等。以后在课堂教学中,应该多引导学生的拓展能力和综合能力的发展,在设计问题时,应该注意层次。和涂英老师分析的一样,虽然教师力求引导学生达到拓展程度,但具体操作时,却还是停留在了关联知识的结构。这与教师的设问和认知才能有关。我只找到了珠子,没有找到穿珠子的线。

三维目标的落实是关键。其中情感目标是最重要的。教学从校徽解析开始,在分析中对思维培养。这种思维的顺序是根本元素组合——整体多彩造型——审美表达。思维层次价值非常大。学校的历史,在情感上最重要的是通过这堂课,让学生更加热爱学校。而教学中,三校合并侧重在位置上的变化,这是表象的东西,只是反映学校布局的调整,应当调整为本课学习有帮助的方面。比如为什么会有如此大的变化? 可以引导学生从城镇化的表现上考虑。了解社会是整个时代的主旋律,感受社会的变化。

教学评价还比较单一,这是我平时忽略的。口头评价,对学生的评价,评价的语言上重复,或者没有具体评价,甚至学生错误的地方没有指导。学生出现错误一定要指出来,以后一定要在平时教学中好好注意评价的用词,这对学生的激励作用应该是很大的。

在指导学生的学习方法上,我没有足够的经验,不能教给每个人最有效的方法。对于在学习上有困难的学生,没有采取更多的行之有效的方法。我在今后的课堂教学中还将继续为学生的学习兴趣和自主性学习的发展创造各种条件和机会,促使他们去主动学习、主动发展,并给予适当的点拨和引导,让学生学会质疑、调查、探究、在实践中学习,不断提高每个学生的自主性。并且还要在教学过程中处理好传授知识与培养能力的关系,培养学生掌握和运用知识的态度和能力,尤其对学习上有困难的学生,努力提高他们的学习成绩,激发他们的学习兴趣,使每个学生都能得到充分的发展。

尘埃落定再思考

在基础课程的基础上,有计划的实施拓展课程,通过此次尝试,取得一定效果,也是可行的。为了更好地开发课程资源,形成学校课程体系,仍有值得思考和改进的地方。

一、对现有的校本教材进行二度开发

现有的校本教材《天地仁和》是原云会中学 2005 年编写,以仁和镇云会片的特色资源为主线,再结合我镇提出的"生态立镇、工业强镇、农业兴镇"的奋斗目标,分"悠悠小桥""汤汤运河""咸茶文化""布艺人家""绿色家园"五大主题,注重乡土性和实践性。如果作为历史与社会拓展教材,直接运用没有问题,但有些材料毕竟时间久远,脱离学生生活,我们必须结合仁和街道及我校现在的发展形势,对原有校本教材进行二度开发。可以删去一些老旧材料,也可以增加东塘、獐山等区域的新材料,还可以结合八年级历史教学,结合本地的新四军烈士墓,拓展红色文化。

统筹安排整个三年的课程构成,有机的结合《天地仁和》校本课程,最终形成富有地方特色的历史与社会拓展课程体系。

二、改进评价方式,突出社会实践

对学生历史与社会的学习,重点关注学生历史与社会综合性学习和运用能力的提升,培养学生热爱学校、热爱家乡、热爱生活的责任感与使命感。改变现有的以突出学习结果为主的评价方式,注重学生在历史与社会学习过程中态度和参与度。特别是强化历史与社会综合实践活动的评价,以评价方式的转变,促使学生以更积极、更有效的方式开展综合实践活动。

学校已经全面实施课程改革,借着课改的春风,希望历史与社会教学深深植根于仁和这片孕育灿烂文化的土地,为学生的历史与社会学习提供生动鲜明而又亲切可感的材料,潜移默化接受优良情操的熏陶。让我们的学生在历史与社会学习中,不仅收获知识和能力,更收获成长的钙质,形成特有的气质。

02　数学:对目标导学教学模式的探索

适用年级:七八九年级　　　主持开发教师:高建成

"先学后教"的"导学式"教学模式理论上应该是"学案导学,先学后教,训练前移,当堂巩固",其核心是"先学后教"。根据其他学校经验,结合我校的实际,就其中的一些问题和做法与各位同行进行商榷和交流,旨在抛砖引玉,共同探讨高效的教学方法。

一、关于先学后教的理论依据

1. 教师预设与生成理论

教师的预设才能是指教师为达到一定的教学目标,运用一定的教育思想做指导,系统规划自己的教学行为而形成教学设想的能力。

具体地说,教学预设重点要完成以下四个方面的任务:(1)设计合理而全面的教学目标,"知识、技能和情感"或者说"知识与技能、过程与能力、态度与情感"制定的目标要恰当,不能太高也不能太低,应在学生的最近发展区,跳一跳能达到的程度;(2)设计有效呈现实施课堂教学的内容,包括诠释教材,充分考虑学生学习教材可能发生困惑的问题,进行通盘设计;(3)设计得当的教学方法,对于合作交流、启发式、探究和讲授法要灵活运用,不同内容选择不同方法;(4)设计良好的课堂文化,这是一种新理念,着重要在营造教师和学生的课堂行为方式的氛围上下功夫。

2. 教师效能理论

教师效能是指教师对自己专业能力的认知,以及在教学过程中,建立并维持良好的师生关系、有效地执行教学工作、激励学生上进意志,促使学生获得学习的成功,并树立完美的身教榜样,影响学生在行为上有良好表现,以达成学校教育目标的信念。

教师效能,即教师有效执行教学活动的行为所产生效率、效应和效果的综合。它是教师专业角色的终结要素。教师的教学行为应当包括对教材的分析行为,对学生学习特点及认知水平的分析行为,设计教学的行为,知识传授的行为,语言表达行为、课堂组织管理行为等,以及由教师自我效能观点衍生而来的,教师相信自己能够有效达成教学工作的信念。评价教师效能除了教师信念的层面外,还必须从学生学习效果来衡量。

3. 教师认知理论

教师认知是教师对学生学习结果的认知,从学生学习结果的表现再推测学生所处的不同认知水平,以此来判断教学效果,决定以后的教学,实现分层教学、因材施教的目的。教师认知的理论依据是比格斯 SOLO 分类评价理论。通过学生学习方式及结果观察,来确定教师的教学行为是否高效、低效及无效等,以促进教师教学行为的不断更新。

4. 教师职责理论

"师者,传道授业解惑者也。"是唐朝韩愈《师说》对教师职责的定义。教学理念不同的人,对教师"传道授业解惑"的内容和方式有不同理解,但这并不改变教师"传道授业解惑"的终身责任。韩愈在传道、授业、解惑三者关系中,首先提出的是"传道",强调"道之所存,师之所存也"。教师所传之"道"包括科学与人文两个方面:对学生进行正确的世界观、人生观和价值观教育——这是人文知识与人文文化,即"人道";还要传播科学知识与其他人文知识。"授业"就是培养学生的职业本领、职业方法和职业能力,即传授技能、方法和本领的统一,需要在科学教育与人文教育过程中实现科学人文思维的互补、科学人文方法的融合。"解惑",赋予教师职责中启发式教育的内涵。启发式教育的核心就是释疑解惑,培养学生独立思考和创新思维的能力。教师的责任是带领学生带着问题来,带着问题走。带着问题来,是能够发现问题,在课堂上解决问题;带着问题走,是提出新的问题,让学生重新思考,进行探究,有所发现,有所创造。

5. 教师素养理论

教师素养就是教师的科学、教育、文化素养综合,其中科学素养是指教师自身所拥有完整的学科知识、结构、体系、研究方法及思想等;教育素养是指教师把所教学科知识、结构、体系、研究方法及思想等有效地传递给学生,变成学生的认知结构过程中,所使用的各种教育方法、策略、手段、模式等素质;文化素养是指一个教师的文化内涵和品质。

这五个理论教师要成竹于胸,教师在课前、课中、课后要时时依据这五个理论来设计教案,指导教学,课后反思,设计训练,辅导学生。

二、关于先学后教的指导原则

1. 首教责任原则:也就是所教学的新知识、新内容必须当堂过关,不留尾巴,不能依靠课后补。

2. 目标导学原则:也就是在导学案中,将一节课所要达到的三维目标,特别是认知目标想清楚、写清楚,课堂上教师时时处处围绕目标进行教学。

3. 差异性教学原则:在设计导学案时,教师要运用 SOLO 认知理论,精准地将所设计的难易问题与学生的层次对应起来,既要有单一、多元结构的问题,照顾到后进生,又要有关联性问题,照顾到中等生,还要有拓展性问题,让优等生更加有探究的空间和兴趣。

三、关于先学后教中"学"的问题

1. 学的内容

"先学后教"中"学"的内容似乎是一个很好回答的问题,那就是教师课前预习可以是比较随意的一种浅度的学习行为,或许也是比较泛化的一种学习心理准备。但在"先学后教"的理念中的"学"应该具有以下特点:首先,学习的内容应该是非常明确的一种学习任务,教师应根据将要进行教学的内容认真分析,有侧重的分配学习的任务。其次,学生学习的内容应该要求学生比较深入的参与其中,这样教师方能真正了解学生的实际学习困难,以便上课有比较高的针对性。最后,该学习任务必须通过一定的文本反映出学生的学习效果与困难。这也就是说,学生学习后需要一定的载体,教师才会较全面地掌握学生学的情况。

2. 学的载体

学生怎样学,学生学得怎样,这两个问题直接关系着"先学后教"教学模式的教学效果。教师口头的预习内容布置无疑会影响学习效果,同时教师也不能检查学习的效果。所以,如何让学生真正参与到"先学"的过程中,学生书面的学习任务布置就起了关键作用。

"学案导学"就是教师为完成教学任务,根据学生的学习能力和教学内容的重难点等特点而为学生设计的书面学习任务。当然也可以是为教学内容服务的其他相关知识铺垫或知识唤醒。学案的使用规定了学生的学习任务,控制了学生的学习深度,同时也为教师检查学生先学的情况提供了科学的反馈。

当然,这给教师增加了很大的工作量。教师首先要在每次上课之前设计、编制并发放学案,以便学生先学。其次,教师还要针对不同的课型进行不同的设计。但这似乎又是"先学后教"教学模式的最为必要和有效的载体。

3. 学的时间

根据"先学后教"的字面意思,学生什么时候学似乎根本不需研究,在教师教之前学就可以了。如果这样认识,学生的先学就跟普通预习没有什么区别了。"先学后教"的很重要一个理念是教师必须根据学生学习的情况进行教,这务必要教师有时间了解学生的学习效果。学生的学如果放在课堂的前部,教师不可能有时间真正了解学生的学习效果。即便是在上课前学生学习,教师可以在上课时了解检查学生是否学习过,但还是没有时间真正了解学生的学习深度。所以,学生的学习还必须提前。

通常情况,教师应在上一节课的最后发放学案,学生科学安排学习时间,完成学案上的学习任务,然后上交学案,让教师做简单批改,然后在上课时发放已检查批改学案,进行有针对性探究教学。这样的话,学生的"先学"才能真正为教师的"后教"发挥作用。

四、关于"先学后教"中"教"的问题

1. 教的内容

在"先学后教"的教学模式下,教师应该教什么? 在传统的课堂教学模式中,这个问题也无须回答,教师教的就是课本预设的内容。教师因不知学生的学习情况而只根据自己的推测来讲解课程内容,通常会陷入不讲不放心,面面都讲时间又不够,学生反映又不积极的尴尬局面。这也正是先学后教模式要解决的问题。

根据学生先学的效果,教师与学生共同探究学生不懂或有偏差的内容,从而提高教学的针对性和学生的学习兴趣,这是"先学后教"模式的核心。学生已经学会的坚决不讲,少数同学不会的简单讲或课后单独讲。这样做将大大的解放学生的听课时间,增加学生自己领悟的时间,增强学生学习的实效性。

2. 教的形式

传统的教师教学往往是教师讲,学生听。比较有智慧的教师会随着学生听的状态临时调整讲的方式和时间长度。但在"先学后教"的模式下,因为教师在教之前已经通过对学生先前学习情况的了解,对于学生的困惑已经有比较充足的估计,而且在课前还有充足的时间来思考怎样通过有效的教学方法突破绝大多数学生的困惑。教师根据学生的学习难点,科学设计教学步骤,采用共同探究问题的形式,精讲少讲,必将提高学生的学习积极性。另一方面也避免了教师"满堂灌"

课堂的形成,但这对教师的教学技能和水平提出了更高的要求。在有限的时间内要高效解决学生的困惑,没有充分的课前准备和较高的教学技能,教师会感到很难完成教学任务。

学案导学式教学中,教师教的环节要求是"研",也就是"课堂探究",即教师设计一定的学习情景,师生共同解决学习问题。这符合新课程的教学理念,符合学生的认知规律。为进一步保留学生的学习痕迹,教师在学案上也设计了一些学生可以尝试解决的学习问题,帮助学生在学习完毕后还可以在以后的复习巩固中找到当时的学习思维轨迹。

3. 教学巩固

教学后的训练有助于学生对知识的理解和巩固,是一个十分重要的教学环节。传统的课后巩固是教师在下课前布置学生作业,课后完成。传统作业有两大弊端:其一,因课后还要进行其他学科的学习,学生做作业时间不能确定,不能即时进行作业,不能对知识进行即时强化,使学习后巩固的根本不能达到最佳效果;其二,学生在做课后作业时,因不能得到及时反馈,学生对作业的完成缺乏期待性和挑战性,容易在主观上仅仅把它当成任务而降低重视程度。

"先学后教"的教学模式强调训练的及时性,即在课堂完成,至少完成一部分。也就是说,在师生共同完成对疑难问题的探究之后,应马上进行训练反馈,也就是我们提倡的"训练前移"。教师要求学生在限定时间内完成一定任务的巩固训练,而且还要进行当堂的情况反馈。一方面,即时训练大大提高了学生的巩固效果;另一方面,当堂反馈的要求也使学生高效参与,可以使教学巩固起到事半功倍的效果。当然,如果教师对当堂训练的效果仍感到不满意,还可以在课后布置一定的作业,并做进一步的检查和反馈。

五、关于"先学后教"中教师的教学观念转变问题

"先学后教"的教学模式是对传统的教学观念的一次变革,它改变了传统的学生学习观,创新了教师的传统备课观,也革新了传统的课堂教学观。教师从认识到认可,最终到践行,需要不断地学习和更新观念。我认为,在以下几个方面教师的观念需要转变:

1. 从只关注学生的课堂学习状态向关注课前学习和课中学习状态并重转变

学生的学习活动主要在课堂进行,这是传统的对学生学习活动的认识。由此,教师也会对课堂教学设计进行深度研究,以便让学生在课堂的活动丰富,或者说是忙碌。然而,教师往往忽视的是,因为对学生的实际学习情况不甚了解,所以课堂活动的有效性很难定位。学生虽然积极参与教师的课堂活动,但是真正训练学生思维时间并不长。"先学后教"的教学模式充分体现了学生的学习主体观。教师要充分相信学生的学习主动性,学生的学习应该是以自我学习后的探究困惑的过程。这就要求教师既要关注学生的自我学习效果,又要关注学生的课堂高效活动。学生的主动积极先学,加上教师"四两拨千斤"的点拨,必将大大提升学生的学习质量。

2. 从只关注课堂备课向关注学生课前学习备课和课堂备课并重转变

传统的教师备课主要是教师对课堂教学环节的准备上;"先学后教"的教学模式要求教师不但要备好课堂环节,更应把备课环节扩展到学生的先学上去。教师要研究学生在先学时可能遇到的旧知识,可能遇到的困难和问题,甚至可以梳理相关的知识体系,并提供学案文本让学生提前学习。总的一句话,教师还要尽可能为学生的先学提供帮助,以便达到最佳的先学效果,为后面的教学节省时间,提高最大教学针对性。

3. 从只关注教师课堂教学引导向关注思维突破和课堂引导并重转变

传统的课堂教学中,教师十分关注对学生的学习引导,教师根据自己预设的学习重点难点设计教学流程,按部就班逐步推进,追求完整和理解程序。"先学后教"教学模式的课堂因为有了对学案的初步反馈和当堂反馈等环节,大大缩减了教师课堂引导的时间。这就要求教师在有限的探究时间内,集中智慧对学生的学习困惑解决提供思维训练的突破,以便使学生学得聪明,具备智慧和解决问题的实际能力。

六、"先学后教"模式对学校教学管理的几点要求

教学模式的创新需要教学管理的创新,两者发挥合力,才能起到事半功倍的效果。"先学后教"的教学模式也需要很多配套的教学管理措施:

1. 要让学生先学,就必须在课程的设计上留足学生先学的时间。因此,每天可否安排一节自习课,而且规定教师不得讲课,培养学生自行先学的习惯。

2. 要让学生先学,就得深入落实备课组集体研究学生先学的学案和课后配套的练习。建议不再集体为学生征订教辅资料和练习,因为外来的练习无论从内容分块还是从难度上都无法与教学内容完全匹配。备课组的教师分工、分章节编写好学案,然后在每周的备课组活动时集体定稿。

3. 落实好先学后教的课堂,学校必须对课堂的模式进行指导和培训,直至检查反馈。结合我校实际,下列课堂模式可供参考:

"101515"课堂模式,即课堂总共 40 分钟,前 10 分钟为教师针对学生先学的学案中一些问题做初步解答和梳理;接着 15 分钟左右师生开展探究,解决学生学习困惑;最后 15 分钟学生当堂训练。这样的时间分配基本符合了先学后教的教学理念。

七、关于导学案的设计

根据以上课堂模式,导学案可以有这样几块组成:课题、教学目标、温故知新、预习自测、课堂互动、随堂检测、课后拓展及教师反思等。简单地讲,一张 A3 纸,1/4 是预习,1/4 是课堂探究,1/4 是课后作业,1/4 是教师反思(学生练习区)。

例 1:

1.4　有理数的大小比较

教学目标:

1. 掌握有理数大小比较法则;

2. 会正确使用">""<",比较有理数的大小;

3. 学会有理数大小比较的推理和书写。

一、温故知新:

1. 在数轴上,表示正数的点在原点的右边,表示负数的点在原点的左边。

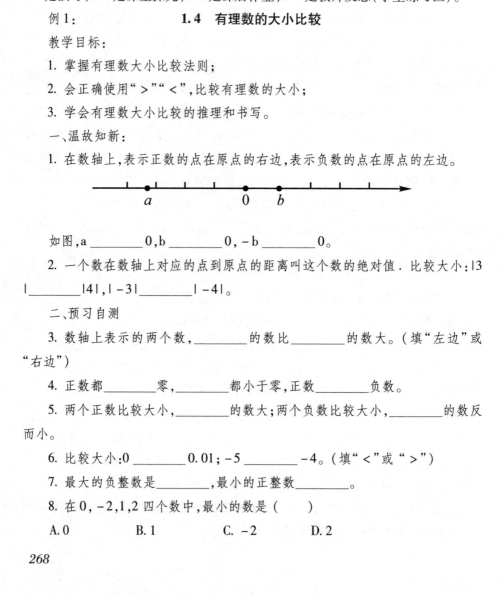

如图,a _____ 0,b _____ 0, - b _____ 0。

2. 一个数在数轴上对应的点到原点的距离叫这个数的绝对值. 比较大小:|3|_____ |4|,| -3|_____ | -4|。

二、预习自测

3. 数轴上表示的两个数,_____ 的数比 _____ 的数大。(填"左边"或"右边")

4. 正数都 _____ 零, _____ 都小于零,正数 _____ 负数。

5. 两个正数比较大小, _____ 的数大;两个负数比较大小, _____ 的数反而小。

6. 比较大小:0 _____ 0.01; -5 _____ -4。(填"<"或">")

7. 最大的负整数是 _____ ,最小的正整数 _____ 。

8. 在 0, -2,1,2 四个数中,最小的数是(　　)

A. 0　　　　　　B. 1　　　　　　C. -2　　　　　　D. 2

9. 下列说法不正确的是(　　)

A. 正数大于一切负数　　　　　B. 零大于一切负数

C. 零小于一切正数　　　　　　D. 有理数的绝对值都大于零

10. 先把 3.5，-2.5，0，-1，3 表示在数轴上，再按从小到大的顺序用"<"连接起来。

三、课堂互动：

【例1】比较 $-\dfrac{1}{2013}$ 与 $-\dfrac{1}{2012}$ 的大小。

变式：比较 $-\dfrac{2013}{2012}$ 与 $-\dfrac{2012}{2011}$ 的大小。

【例2】有理数 a、b 在数轴上的位置如图所示，请你比较 -a，-b，a，b 的大小，并用"<"连接起来。

变式:2. 观察下图,再比较大小：

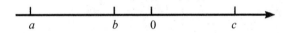

(1)将"a,b,c,0"这四个数按从小到大的顺序排列：_____.

(2)将"-a,b,|c|,0"这四个数按从小到大的顺序排列：_____.

四、随堂检测

A. 基础部分(共 7 题,每题 10 分)

(一)选择题

1. 在数轴上，$-2，-\dfrac{1}{2}、-\dfrac{1}{3}，0$ 四个数所对应点从左到右排列顺序是(　)

A. $0，-\dfrac{1}{3}，-\dfrac{1}{2}，-2$　　　　　B. $-2，-\dfrac{1}{2}，-\dfrac{1}{3}，0$

C. $0，-\dfrac{1}{3}，-\dfrac{1}{2}，-2$　　　　　D. $-2，-\dfrac{1}{3}，-\dfrac{1}{2}，0$

2. 下列各式中,正确的是 (　　　)

A. $-|-16|>0$　B. $|0.2|>|-0.2|$　C. $-\dfrac{4}{7}>-\dfrac{5}{7}$　D. $|-6|<0$

3. 大于 -3 的负整数的个数是 (　　　)

A. 2　　　　　　B. 3　　　　　　C. 4　　　　　　D. 无数个

4. 若 $a = -\pi, b = -3.14, c = -3\frac{1}{3}$，则下列结论正确的是(　　)

A. $a < b < c$　　　　　　　　B. $c < a < b$

C. $|a| > |b| > |c|$　　　　　　D. $|c| > |b| > |a|$

（二）填空题

5. 比较大小：

-2 _____ -3；0 _____ $|-8\frac{1}{2}|$；$-\frac{2}{3}$ _____ $-\frac{3}{4}$

6. 大于 -1.5 且小于 4.2 的整数有 _____ 个，它们分别是_____。

7. 将 $-\frac{18}{19}, -\frac{198}{199}, \frac{1998}{1999}$ 按从小到大的顺序排列起来；

（三）解答题

B. 提高部分（共2题，每题10分）

8. 有理数 x、y 在数轴上的对应点，如图所示：

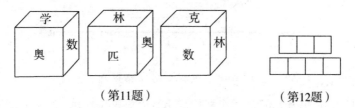

（第11题）　　　　　　　　　　（第12题）

(1)在数轴上表示 $-x, -y$；

(2)试把 $x, y, 0, -x, -y$ 这五个数按从大到小的顺序用"＞"连接起来。

9. 对于一个数，给定条件 A：负整数，且大于 -3；条件 B：绝对值等于 2。

(1)分别写出满足条件 A、B 的数。

(2)写出同时满足条件 A、B 的数；若不存在，说明理由。

C. 头脑风暴（选做题，10分）

10. 已知 $a < 6$，试比较 $|a|$ 与 3 的大小。

五、思维拓展

11. 一个正方体，它的每一个面上写有一个字，组成"数学奥林匹克". 有三个同学从不同的角度看到的结果依次如图所示，那么，"学"字对面的字为 _____（重庆市竞赛题）

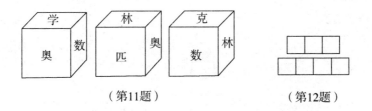

（第11题） （第12题）

12. 用盆栽菊花摆在如图所示的大小相同的 7 个正方形花坛的边缘，正方形每边都等距离地摆 n(n≥3) 盆花．那么所需菊花的总盆数 s 与 n 的关系可以表示为＿＿＿＿＿．（"希望杯"邀请赛试题）

13. 将正偶数按下表排成 5 列

	第1列	第2列	第3列	第4列	第5列
第1行		2	4	6	8
第2行	16	14	12	10	
第3行		18	20	22	24
……		……	28	26	

根据上面排列规律，则 2000 应在（　　）．

A. 第 125 行,第 1 列　　　　B. 第 125 行,第 2 列

C. 第 250 行,第 1 列　　　　D. 第 250 行,第 2 列

六、课后反思:(从以下教师专业发展的六个纬度进行反思)

1. 教师素养　　　2. 教师效能　　　3. 教师认知

4. 教师预设　　　5. 教师操作　　　6. 教师职责

例 2　　　　　　5.1　分式

教学目标:

1. 了解分式的概念。

2. 了解分式有意义的条件。

3. 会用分式表示简单实际问题中的数量关系。

本节知识结构

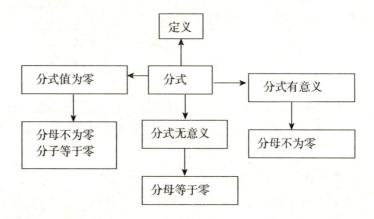

【课前预习导学】

1. 写出一个整数和一个分数,你能用一个简单的式子来表示所有的分数吗?

_____

2. 用代数式表示下面的问题。

①一长方形的面积为 2m²,如果宽为 am,那么长是_____ m。

②如果一支钢笔 5 元钱,买 x 支钢笔要_____元。

③某工厂一个车间原计划用 x 天生产 300 个零件,实际提前 5 天完成,那么实际每天生产_____个零件。

④小明有 a 本书,小红的书比小明的 3 倍少 4 本,则小红有_____本。

⑤某班在一次考试中,有 m 人得 90 分,有 n 人得 80 分,那么这两部分人合在一起的平均得分是_____分。

3. 把上面所得到的代数式填到下面横线上

整式_____;不是整式_____

4. 填表

x	−2	−1	0	1	2
$\dfrac{1+x}{x}$					
$\dfrac{x-2}{x+1}$					

【课外资料导学】

分式:形如 $\dfrac{A}{B}$,A、B 是整式,B 中含有字母且 B 不等于 0 的式子叫作分式(fraction)。其中 A 叫作分式的<u>分子</u>,B 叫作分式的分母。判断一个式子是否是分式,不要看式子是否是 $\dfrac{A}{B}$ 形式,关键要满足:

(1)分式的<u>分母</u>中必须含有字母。

(2)分母的值不能为零。若分母的值为零,则分式无意义。

整式和分式统称为<u>有理式</u>。带有<u>根号</u>且根号下含有字母的式子叫作<u>无理式</u>。无理式和有理式统称<u>代数式</u>

【课中生成导学】

1. 对于分式,必须有字母出现在 _____ 中,但是不能有字母出现在

_____ 中,例如:$\dfrac{3}{2x}$ 和 $y+\dfrac{1}{x}$ 都是分式,但是 $\dfrac{x}{2}$、$\dfrac{x-1}{\sqrt{x}}$ 和 $\dfrac{\sqrt{x+1}}{x}$ 等都不是分式。

2. 因为零不能做除数,所以分式分母等于零时分式无意义,即分母中字母的取值不能使分母为零。如:要使分式 $\dfrac{3}{2a-1}$ 和 $\dfrac{x}{3x+6}$ 有意义,字母 a 和 x 的取值范围分别是什么?

3. 分式的分母不能等于零,但是分式的分值可以等于零。当分式的分子等于零,分母不等于零的时候我们就说分式的值为零,如 $\dfrac{A}{B}=0$,则 $A=0$ 且 $B\neq 0$。例如要是分式 $\dfrac{2x-1}{x-3}$ 的值为零,则 $x=\dfrac{1}{2}$,思考 x 取何值时,分式 $\dfrac{x^2-9}{x-3}$ 的值为零。

【课堂测评导学】

1. 下列代数式属于分式的是(   )

A. $\dfrac{2}{x}$ B. $\dfrac{1}{3}(x+y)$ C. $\dfrac{1}{\pi}$ D. $\dfrac{2x-y}{4}$

2. 当 $a=-2$,$b=2$ 时,分式 $\dfrac{2a+3b}{b-a}$ 的值 = _____

3. 当 x _____ 时,分式 $\dfrac{3}{2x-1}$ 无意义。

4. 求当 x 取何值时,分式:$\dfrac{x-4}{(x+2)(x+3)}$(1)有意义? (2)无意义? (3)分式值为零?

5. 写出一个含字母 x 的分式(要求:不论 x 取任意实数,该分式都有意

义)_____

【课后拓展导学】

若 $\dfrac{6}{m-1}$ 表示一个整数,则整数 m 可取值的个数是(　　)

A. 9 个　　　　　　B. 8 个　　　　　　　　C. 7 个　　　　　　　D. 无数个

【课后反思】(从教师专业发展的六个纬度反思)

1. 教师素养　　　2. 教师效能　　　3. 教师认知

4. 教师预设　　　5. 教师职责　　　6. 教师操作

八、关于课堂评价、奖励

为了更加有效地激励学生自主学习、合作交流、思维创新,课堂上应及时进行评价、奖励,评价由小组评价和教师评价小组两部分组成,评价结果以分数形式展示在黑板上。对于成绩突出的小组和个人进行奖励,奖励的方式是多种多样的,可采用口头表扬、经验介绍、颁发证书,授予小组荣誉称号、颁发奖品等。

同时,教务处可在一个月内评出"点评之星""解答之星""讲解之星""进步之星""质疑之星""挑战之星"等;评选出 3 个优胜组,按总评分评为"月冠军""月亚军""月季军"或"配合默契奖""集体智慧奖""最佳合作小组"等。

03 美术:把家乡的美景画入画

——仁和文化走进农村初中美术课堂教学研究

适用年级:七、八、九年级 开发教师:沈建花

一、研究背景

引言:"老师,我们的美术课内容虽然丰富,但很多内容都是那么遥不可及,能换点其他内容吗?"(美术课后学生反馈的课堂评价。)看到此话,恍然大悟。的确如此,我一直以来都是规规矩矩,按照教材给学生讲课,使学生感觉"美术"离他们是那么遥远。我很多时候还只是简单展示课本内容,特别是在上九年级美术课《留住美丽瞬间》《江南园林》等内容时。如果说是教材不太适合农村初中美术课,不对学生的胃口,不如说教学上没有领会新课标精神,教师缺少创新意识。

课改精神:《基础教育课程改革纲要(试行)》规定:"为保障和促进课程适应不同地区、学校、学生的要求,实行国家、地方和学校三级课程管理。"在把课程的一部分权力下放给了学校和教师的同时,美术新课标也指出:尽可能运用自然资源(如自然景观、自然材料等)以及校园和社会生活中的资源(如活动、事物和环境等)进行美术教学。

由此可见,美术教育教学活动可以开发与利用的资源多种多样,既有来自大自然的,也有来自社会的:既有显性的,也有隐性的;既有校内的,也有校外的,既有人力的,也有物力的;既有文字的和实物的,也有活动的和信息化的,等等。多种多样的资源,为学校和老师因地制宜地开发和利用课程资源提供了广阔的空间。新课改,让地方美术课程教学成为一种贴近学生学习生活的时尚,也是现在教师研究自身特色教学的追求方向。

仁和资源:几年来,笔者不断尝试着,也努力思考着,跟学生生活密切相关的地方美术资源有哪些? 我们怎样让学生以美术的方式去了解家乡的人文环境和

美术知识呢？不经意间，在报纸中、网络上、电视里经常看到有报道家乡变化的文章和新闻，每一幅画面都诉说着家乡的变化，每一幅图都激起我创作的欲望，有一种"众里寻他千百度，蓦然回首，那人却在灯火阑珊处"的感觉。这些不正是可以让学生在美术课上学习的东西吗？忽然有了要和学生一起研究家乡美术文化资源的想法。那么我们家乡到底会有哪些资源可以融入美术课堂，激发学生的美术学习欲望呢？作为土生土长的我，又作为美术教师的我，头脑里逐渐清晰起来。

仁和街道自古以来就是物华天宝、人杰地灵的风水宝地，素有丝绸之府、花果之地、鱼米之乡的美誉，这里文化底蕴深厚，旅游资源丰富，农民书画蔚然成风；这里有不少颇具江南水乡特色的古桥遗迹，有余杭区最大的淡水湖泊——三白潭，总面积达1800多亩，风光旖旎、景色迷人；有500年前民族英雄于谦亲手种植的普宁牡丹，国色天香，每年吸引着众多的文人游客。

二、课题的意义

1. 美术新课程标准对我们提出新的要求

美术作为人文学科的核心之一，凝铸着浓郁的人文精神。人的理想、情感、教养、价值、道德、智慧、美、爱、自由等人文特征都蕴涵于不同历史、不同国度的艺术家创作的美术作品中。在一定意义上说，人文性质应该是美术课程的基本性质。

新课程标准下的美术教育，应该是充分发挥美术的人文性的文化传承和交流的教学，应该是面向全体学生可持续发展为本质的基础教育。创设良好的适合学生生活实际和知识能力基础，丰富而多方位、多技能的文化情境，不但能激发学生的主动学习兴趣，而且能极大地调动学生主题探究、质疑、创造的热情。

2. 国内外课程资源成功开发和利用的启示

1989年，国际艺术教育学会在开罗召开非洲年会，提出了"艺术教育与民族传统"这样一个有重要启示意义的大会主题。教育部颁布的《全国学校艺术教育总体规划》在艺术教学基本要求中明确规定："各级各类学校，必须重视我国优秀的民族民间艺术的教学，发展有民族特色的情趣高尚的艺术教育。"

20世纪90年代，美国的《艺术教育国家标准》、日本的《学习指导要领》中就都包含着与课程资源开发和利用相关的条文。日本筑波大学宫协理教授、英国的梅森教授到中国大陆进行学术交流时都介绍过各自国家在美术教育中开发课程资源的成功经验，涉及"乡土艺术活动了解""乡土造型艺术""乡土表演艺术"。这些成功的案例为我们进一步开发和利用乡土美术课程资源提供了参照。

3. 地方美术的开发是传承历史文化的需要

在美术教学中,要联系祖国的历史,传承美术文化。美术文化是以人为中心意义的文化形态,重视美术文化的内涵,符合以人为本的现代教育观,真正对学生实施素质教育。也就是说,美术教育不能唯技能,也不能停留在理论上,对乡土人情的理解不能没有视觉以外的思考。地方课程教学让我们摸清本地文化发展脉络,了解当地政治、经济、宗教、文化方面的影响,解读文化氛围产生的背景。总之,通过美术教育了解和传承地方文化,这样也就把我们的课题放在了一个崭新的高度。

4. 社会发展的需要和学生个人发展需要

农村初中地方美术课程资源开发的目的是满足地方发展的实际需要,培养学生社会责任感,以及参与社会生活的能力,加强学生与社会现实和社区发展的联系。在实施的过程中,不仅可以提高美术课程的适应性,促进学生的个性成长,提高学生的审美能力和文化素养,促进美术教师专业发展,还可以实现学校美术课程的创新,促进学校特色的形成。引导学生收集材料、倡导综合实践,潜移默化地培养、锻炼学生敏锐的观察力和在平凡的事物中发现美、创造美的能力;引导学生认识身边的美好事物,了解家乡的历史文化使之更加热爱家乡、热爱祖国、热爱神奇的大自然。

教育作为一个民族精神、文化的传承工具,是最具感召力和影响力的,因此,"美术课程与地方文化资源的开发与应用",其实际意义也就非常重要了。

三、课题的构想

1. 研究的对象和时间

对象:选择本人任教班级的学生作为走近生活美术课教学研究的实验对象。

时间:研究时间主要在美术课、校本课程、课外活动课以及课外假期时间。

2. 研究的内容与目标

内容:①如何让学生真正深入了解本地人文景观、人文价值和艺术价值。

②如何引导学生积极有效的参与地方美术内容的书面记录以及课程的编写。

③如何让学生更深刻领略"繁华仁和""时代仁和""创新仁和"的人文魅力。

④如何设计适合农村初中的地方美术教学活动的流程。

⑤如何让学生感受仁和人民创造的灿烂文化,激发学生的学习热情,增强乡土情怀。

目标:本课题以《美术新课程标准》为依托,在课改先进地区的研究的基础上,再进一步地深入研究学生美术学习的过程、方法以及相应的情感态度价值观的发展,而且要发现和发展学生多方面的潜能,了解学生发展中的需求,帮助学生更好的认识家文化,使家乡的人文艺术更上一层楼!对家乡美术文化资源的功能、形态以及表现方法的分析;对某一美术资源的教育功能分析和课程建构,最终以课例、案例、活动以及展览等方式呈现对家乡美术文化资源的整理及研究过程,开发校本教材《把家乡的美景画入画》(见图1)。

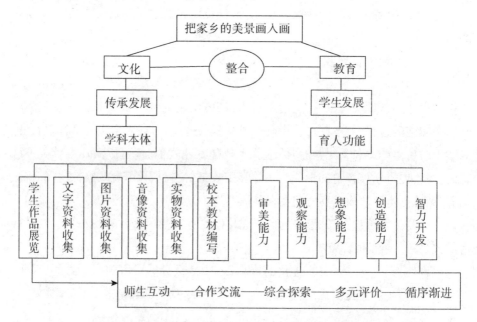

图1 把家乡的美景画入画——走近生活的初中美术课教学研究功能整合图

3. 课题理论学习准备

本人通过游览牡丹园、三白潭,参观花园村、农业开发区,走访东塘老街……一系列活动收集资料,感受仁和魅力;借阅读《三白潭》特刊等大量相关资料,简观仁和十年巨变,并吸取课改先进地区的乡土美术资源开发的经验,确立新的乡土美术教学的理念。

四、存在的困惑

《美术课程标准》指出"新的美术课程将更注重课程的开放性,课程的开发与利用已成为实施优质美术教育的重要环节。"还指出"应将美术课程内容与学生的生活经验紧密联系在一起……"

美术地方课程资源的开发和利用前景广阔,联系生活,有更丰富的素材可挖掘。地方课程开发有着特殊的意义,其教学魅力正在逐步显现。我们应联系生活,积极开发、挖掘有利时代发展和学生发展的新的课程资源,实施优质美术教育,充分体现美术教育的人文思想,为促进美术教育的蓬勃发展做出贡献。

当前面临如下几个问题:

1. 地方资源的零散性

地方美术资源带有明显的原生性和零散性,大多数没有经过专业的筛选和验证,彼此之间也没有形成联系,这些资源难免良莠不齐、鱼龙混杂,不能直接进入美术课程,而是要经过认真甄别和选择;而且要在呈现形式上做必要的加工的改造,而这甄别、选择、加工、改造的主体主要是学校美术教师,标准则是与学校美术教学的内容、形式是否相适应。把好整合课程资源的质量关是重中之重,切不可"捡到菜篮子都是菜",不分青红皂白,全都加以接收。

2. 实际操作的表面性

教师在实际教学中虽然有意识地添加了当地的风景摄影作品、当地的地方美术作品的照片等,却未能从与自然景观、乡土艺术相关的情境以及与学生生活、未来发展的角度去发掘其内涵,仅仅从事物表面的关联来设计课程。利用美术乡土资源仅是浮光掠影、蜻蜓点水。

笔者在教学实践中深深感到:地方美术是我们的"根"与"本",地方文化所蕴含的审美成分和它发自自身深处的本体成分,是任何其他艺术所无法替代的。地方美术资源具有很强的地域性,而且随着生产和生活方式的发展,这些资源越来越濒临灭绝的危险境地,因此抢救、保护、开发、利用和再生地方美术资源就成了一件具有特别意义的工作。将这些资源整合进美术课程的系统之中,虽然有很大的难度,但对于延续、传承民族民间文化,保护文化的多样性,以及增强学生的民族自尊心和自豪感,培养他们的文化保护意识具有特殊的历史和现实意义。因此地方美术教育应该避免表面浮躁。

五、研究方法与步骤

本课题以行动研究法为主,辅以文献研究法、调查研究法、案例研究法等。

研究过程:第一阶段:收集资料,初步感知。

第二阶段:整理归纳,感受内化。

第三阶段:深入体验,实践探究。

第四阶段:作品展评,文化传承。

六、课题的实施

课题组首先确立了课题实施的内容,并制定了简洁明了、操作性很强的课程内容结构图。

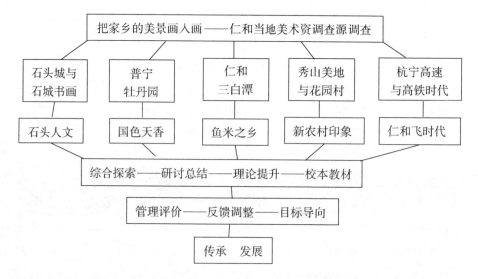

图2　把家乡的美景画入画 ——仁和当地美术资调查源调查内容结构图

(一)了解文化,收集资料,积累仁和本地美术信息

地方美术散落于民间,作为农村初中,应充分挖掘当地的文化资源,并且寻找更多的乡土艺术形态,进行收集、积累,为创作做准备。对于资料的收集,有以下几种途径:

1. 身体力行、亲自感受美景,或调查询问,获取信息;

2. 通过书籍、报纸杂志、电视、网络等媒体获取信息;

3. 通过找长辈及亲戚了解、获得信息;

4. 通过走访民间表演艺人获取信息。

(二)深入生活,细化信息,整理归纳本地美术资源

将调查体验获得的资料信息,通过记录、拍照、描绘等方式,来说明所调查的仁和某一美术资源的来历、人文意义、主要特点。学生整理材料的过程,其实就是一次学习、了解家乡人文美术知识的过程。

把班级学生分成四大组,利用双休日或假期时间,根据家庭住址的远近进行实地走访,并把走访的成果进行归纳整理,填写探访报告(见附件)。

四组学生把整理好的探访表上交时,看了他们的表,觉得这些话都是很专业的,这么大的孩子应该写不出来。于是带着怀疑的态度去问他们这份探访表是怎样写出来的,学生说他们是通过自己的实地探访,拜访当地的一些老人,请教当地的文化,其中有石矿开采者、农庄的经营者、镇里的领导、民间艺人等,甚至还专门采访了当地的几位喜欢写字画画的老先生,又上网查找资料最后才得出了这四份探访报告。听了之后,作为老师的我真的感动又喜悦,当即在探访的级别上打了五颗星(注:五颗星是级别最高的)

接着,让这四组学生派代表把探究的过程和结果汇报给其他同学。学生代表在课堂上进行汇报时,拿出了他们拍摄和搜集的照片,讲述了本次探访的趣事及辛苦,还把家里带来的烘青豆让班级学生品尝,一起喝起了青豆茶。有了作品和照片的呈现,让其他学生有了更直观的感受。其他学生听了汇报后,感叹以前还不知道原来我们的家乡还有那么多的文化内涵,热爱家乡的情感和探索精神油然而生。走近生活,了解社会,这堂课意义很大。于是教师提示学生以后还可以探究更多的内容,如文化生活、民俗民风、家乡的变化等。接着教师对每一份表格进行认真的评议,并制定了美术乡土教材教学计划表(附表),让地方资源真正走进课堂。

课序	课题	学习领域	美术·人文内容
1.	《于谦与普宁牡丹》	造型·表现	中国画技法·热爱自然、热爱家乡
2.	《仁和古树》	造型·表现	徒手画技法·描绘家乡美景
3.	《三白潭》	造型·表现	摄影知识技能·观察感受生活
4.	《活力仁和》	欣赏·评述	现代建筑欣赏·感受家乡魅力
5.	《石城文化》	欣赏·评述	书画欣赏·提高鉴赏能力
6.	《烘青豆》	设计·应用	包装设计·设计与社会生活的关系
7.	《民间刺绣》	综合·探究	民间美术欣赏·让民间美术走进生活

(三)实践体验,文化传承,地方美术资源进课堂

1. 组织学生参观普宁牡丹园,了解仁和举办的历届牡丹节文化活动。

2. 组织学生走访当地农户,了解普宁牡丹园的人文历史。

3. 组织学生以牡丹为题材拍摄一些摄影作品。

4. 让学生从展览中、从网上了解各种以牡丹花为题材的美术作品。

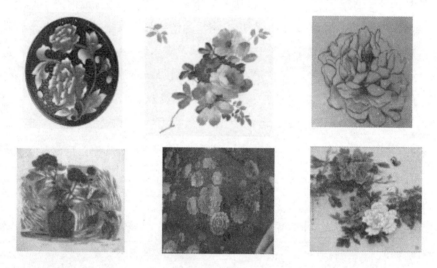

5. 先由学生自学了解国画牡丹花所需工具和材料,学习牡丹花绘画的基本方法。在课堂中让学生亲自体验,自主参与,身临其境地感受国画牡丹的魅力,尝试创作。

6. 教师整理课堂教学的相关内容(见图3)

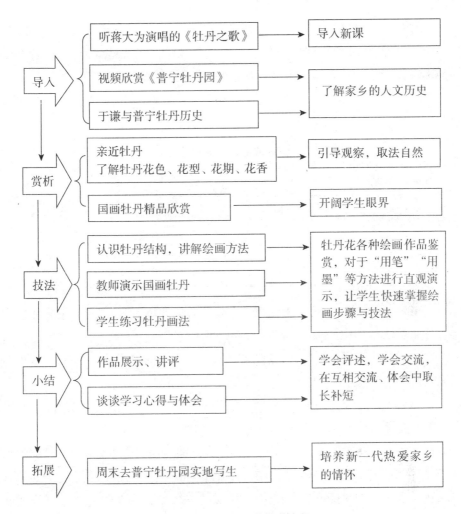

图3　普宁牡丹课堂教学流程

（四）成功引导，初具成效，开拓地方特色美术教学新局面

教师引导学生一步一步进行牡丹花的绘画学习，讲解并亲笔演示。学生们"小试牛刀"的国画牡丹作品虽是刚刚蹒跚起步，用笔笨拙、粗糙，但对具有家乡情感的牡丹，每个学生都有浓厚的兴趣，画得都非常自信。相信只要勇于探索，必定能使美术练习充满生机，使美术课堂熠熠生辉！

七、研究结论

通过这一研究，我们的课题取得了初步成效，对实验班级学生跟踪研究，随机抽样调查统计后得出如下数据：

从表一可以看出把家乡的文化引进美术课堂后，大多数学生对美术课堂教学充满了兴趣，充分说明这一课题顺应了仁和孩子的民族认知心理，符合学生对当地文化的认知情感，激发了同学们学习美术的热情。同时普宁牡丹教学实践后，学生均取得了不同程度的进步，其中学生的欣赏水平、造型能力进步尤为显著。

表一：实施走近生活的美术教学前后学生对美术学科兴趣调查统计

内容：美术课	地方美术教学前	地方美术教学后	对比率
感兴趣	37.04%	85.19 %	58.15%
不感兴趣	48.15%	7.41%	40.74%
说不清	14.81%	7.41%	7.40%

一年的探索，虽初见成效，但也是"小荷才露尖尖角"，有更深的、更多的内容等待去探索研究。因是初步探索，也存在许多不足：

1. 美术地方课程范围广、内容多，学习普宁牡丹只是其中的一个点，还有更多的民间艺术领域等待我们挖掘。

2. 实际操作中存在表面性的现象，利用地方美术资源有些"浮光掠影、蜻蜓点水"，没有深入地去发掘其内涵。

3. 运用地方美术资源要有选择，避免全盘照搬。任何艺术都具有自己的独创性，不能一味照搬，要注入自己的思想、情感，在构图、造型、图案、色彩各方面都有自己独到的见解。"创新"是艺术创作永恒的要求，要让地方文化的"古"烘托出现代文化的"新"，通过美术课堂这一载体，承载出当地民间艺术的绚丽光彩。

这些都是今后课题实验中亟待解决的问题。

絮絮谈来，其实无非一句话：因地制宜，充分发挥本土的地方特色优势，让普宁牡丹的魅力引领学生浸润在家乡的文化艺术之中，使他们可以行至更远。家乡处处是风景，把家乡的美景画入画。

附件：

探访报告一：

仁和当地美术资源调查——獐山石头城与石城书画

探访的具体地址：獐山洛阳石矿、洛山轧石厂和石城书画社
探访的起止时间：7月1日~8月31日
探访的合作组员：沈 冲 庄晓涛 吴思思 寿文卉 舒 烨

我们的发现	千锤万凿出深山 烈火焚烧若等闲	蓬莱三山，声名。在仁和这块土地上，也有"三山"，那就是境内苕溪之东一侧，自南而北的獐山、斗山和洛山。 獐山海拔35米，斗山海拔137米，洛山海拔201米，均为火山岩凝灰石孤丘。光绪十五年(1893)，清政府将獐、斗两山租于英国人采石，獐山低矮，仅开采了两年就转到河西的斗山，而獐山石矿的名声就这样留下了。再以后，转向洛山。一年又一年，生生把山丘夷去。无数的优质獐山青石，运向十里洋场、机场码头、摩天高楼，构筑并崛起于世界。这便是"石头城"的由来。 仁和石城书画社创于1998年，现有会员120多人，是余杭区一级文化团队和杭州市优秀群众文化团队。该社团逢时过节或重大喜庆日子，每每开展书画展览、送书画、春联进企业、进村活动，还印刷出版了《石城书画社作品集》。2005年《三白潭文学社》成立，该杂志图文并茂，充满人文和乡土气息。近年来，潘友福先生相继出版了《六方世界》等六部诗集，施建华先生的《我们河西村》等短篇小说集也先后出版。 在今年的第七届普宁牡丹花会上，书画社开展的书画展卖会，邀请浙江画院、杭州画院、余杭画院的书画名家现场创作等活动，已成为牡丹花会必不可少的内容。石城书画社根植于农村，把握于时代，将为广大群众创作更多的作品、开展更加丰富的活动，为繁荣当地文体事业贡献自己的力量。
摄影作品		

探访发现的级别：★★★★★（最佳）

探访报告二：

仁和当地美术资源调查——普宁寺与牡丹园

探访的具体地址：仁和普宁寺
探访的起止时间：4月15日～5月15日
探访的合作组员：莫 欣 闻璐宁 任鑫宇 张冯杰 郑 颖

我们的发现	竟夸天下无双艳 独占人间第一香	普宁寺，网上百度一下，大篇幅说明的是北方普宁寺。但细看下去，会读到一条条目解释——"同名普宁寺"，讲的就是余杭东塘普宁寺。 　东塘普宁寺以牡丹闻名，相传寺内原有于谦手植牡丹十八<u>丛</u>，为明永乐年间，于谦进京赶考途中路过东塘普宁寺时栽下的。时过境迁，东塘普宁寺早已倒于尘土之中，唯留数丛牡丹。 　普宁牡丹品种为"玉楼春"，花白如银，花瓣呈细波浪形，重重叠叠，花瓣基部泛淡红色，花朵直径达17厘米，竹竿粗如手腕。普宁寺牡丹胜过洛阳牡丹，与别处牡丹相比，有三大特色：一是普宁寺牡丹"食荤"，需用动物内脏等荤物作为肥料浇灌，否则就少了生气；二是普宁寺牡丹的花蕊与众不同，可以层层叠叠的发育成重重花瓣，因此成熟的牡丹花较其他品种大；三是普宁寺牡丹对气候、土质极敏感，似乎占了于谦及东塘普宁寺的灵气，只在普宁寺当地生长繁荣，移栽他地则枯萎。 　18<u>丛</u>于谦手栽的明代牡丹，历风雨洗礼，至上世纪六十年代，只余12<u>丛</u>。1963年杭州园林局移走6丛，因水土不服而终。1999年又迁移2<u>丛</u>到超山大明堂内，虽近在咫尺，但仍因水土问题日渐萎缩，不可与在普宁寺时相提并论。 　多年来，政府一直加强对市级文保单位普宁牡丹园的保护。每年牡丹盛开的季节，仁和街道文体中心都会举办"牡丹花会"活动，已连续举办七次。
摄影作品		

探访发现的级别：★★★★★（最佳）

探访报告三：

仁和当地美术资源调查——三白潭与农业园

探访的具体地址：东塘及云会花园村
探访的起止时间：7月1日~8月31日
探访的合作组员：姚婉菁 施鲁捷 姚梦兰 沈 凯 沈欣伟

	三白潭中鱼儿乐 秀山美地瓜果香
我们的发现	三白潭，位于余杭区仁和街道，有水三潭相连而得名，水质清澈，是余杭区的备用水源。三白潭是杭州余杭区最大的淡水湖泊，总面积达1800多亩，风光旖旎、景色迷人，有丰富的水产品，与京杭大运河相通。三白潭水域为国有，盛产包头、白条。水清则鱼肥，加上水域广阔，无往来柴油船之污染，无人工饲料之喂养，自然长成，肉质鲜美。 　　秀山美地，占地面积1000亩，以农业和优美的生态环境为依托，抓住运河文化这一地域特色和余杭区特色优势农业资源，开创出一片农业生态新天地。带着对农村的向往、对农村的感情，让我们在采摘、品尝、观赏、垂钓中回归大自然。 　　近年来，仁和休闲观光农业如雨后春笋般涌现，三白潭绿色农庄、众望垂钓园等一批农庄引领着仁和休闲观光产业的发展。改革开放的浪潮激励着富有创业精神的仁和人民，以聪慧的头脑、吃苦耐劳的传统美德，全力构建实力仁和、活力仁和、和谐仁和。
摄影作品	

探访发现的级别：★★★★★（最佳）

探访报告四:

仁和当地美术资源调查——仁和的非物质文化遗产

探访的具体地址:永泰、东塘
探访的起止时间:7月1日~8月31日
探访的合作组员:俞圆梦　王　成　贾　涛　刘　丽　张佳丽

我们的发现	传承民族文化　沟通人类文明	余杭区第二批非物质文化遗产名录的35个非遗项目中,仁和街道有4个项目被列入,分别是民间美术《永泰刺绣》、民间舞蹈《仁和高头竹马》、传统医药《姚梦兰中医流派》、民俗《蚕桑生产习俗》。 高头竹马,因其马头特别高而命名,流传于仁和街道永泰村一带。高头竹马,又名"竹马灯",也叫"跑竹马",属于马灯舞范畴,寓意一马当先、马到成功,代表着百姓祈求喜庆吉祥、万事如意的美好愿望。 蚕丝生产民俗是指在蚕桑生产过程中世代相传的生产技艺和知识,围绕这一生产过程在民众日常生活和精神文化方面产生的带有鲜明地域特色和蚕丝特色的民俗事象。作为余杭蚕桑主要产区,仁和街道拥有悠久的蚕桑生产历史。 永泰刺绣是仁和街道非物质文化遗产项目,并被列为浙江省非遗项目之一。绣品丰富多彩,有历兆袋、老虎鞋、鞋垫等。 余杭姚派中医内科是杭嘉湖一带重要的中医流派之一,在浙北、上海、苏南有较大影响。姚派中医内科创始人姚梦兰,塘栖东塘永泰村人(今仁和街道),生于清道光七年。姚梦兰以儒攻医,是"晚清浙江四大名医之一"。姚派传承迄今已五代,目前已知传人150余人。2009年,列入第三批省级非物质文化遗产名录。
摄影作品		

探访发现的级别:★★★★★(最佳)

附件:《把家乡的美景画入画》课程资源

牡丹情

　　普宁寺位于杭州市余杭区仁和街道东塘普宁村。相传寺内牡丹是明朝兵部尚书于谦在寺内读书时亲手栽植。普宁寺虽屡毁屡建,寺僧为纪念民族英雄,精心护理牡丹,成为代代相传的寺规。今寺虽无存,但园内尚留"玉楼春"名花六大丛,主干粗如手腕。普宁寺牡丹,1983年被列为市级文物保护单位。

教学设计:

了解于谦与仁和普宁牡丹的历史及牡丹的特点。

感受国画牡丹的魅力,并以自己喜欢的方式画一幅牡丹图。

仁和特产烘青豆

　　烘青豆茶是仁和流传的一种喝茶方式,在茶水中放入烘青豆、拌盐的橙子皮、野芝麻、胡萝卜丁、笋尖、豆腐干丁等,冲泡成一碗色香味俱佳的咸茶。客人到家,作为待客之道,主人必定先上一碗烘青豆茶,闻之清香扑鼻,喝之解渴生津,还具有健胃强身、提神补气的功效。

教学设计:

　　感受各类商品包装的功能与特点。

　　为家乡的烘青豆设计一款包装。

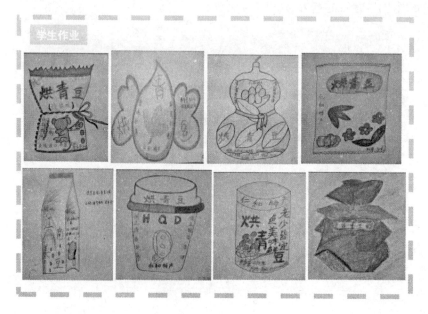

附件　教师专业发展微观评价量表

教师专业发展微观评价选向表

维度	一级		二级
1	认知才能		教材
			教学
			学生
2	预设才能		内容
			目标
			过程
3	操作才能		组织
			调控
			评价
4	专业素养	构成	科学
			教育
			文化
		形成	行为
			习惯
			品质
5	专业职责		传道
			授业
			解惑
6	专业效能		效率
			效应
			效果

预设与生成观察量表

一级	二级	三级	课堂生成及评价
预设与生成	预设目标	预设的三维目标(知识、能力、情感)是否符合学生实际,是否符合课标,是否符合教育规律。	
	预设过程与方法	突出重点设置的问题;突破难点设置的问题;课堂预设的教学方法及策略;课堂预设的学习指导	
	预设结果	知识目标是否达成;能力目标是否达成 情感目标是否达成	

教学建议:

教师认知课堂观察量表

一级	二级	三级	观察结果及评价
教师认知	前认知水平	与问题无关的回答	
	单一认知水平	回答问题只需一个知识点	
	多元认知水平	回答问题需要多个知识点,但不相关	
	关联认知水平	将新旧知识有机联系在一起,问题需要分析、综合后才能作答	
	拓展抽象认知水平	利用新知,能将新知进行推广、应用。	

教学建议:

教师素养课堂观察量表

一级	二级	三级	观察结果及评价
教师素养	人文素养	教师课堂上听、说、读、写情况	
	学科素养	本节概念相关的学科知识;应用本学科的基本方法	
	教育素养	教学所采用的方法;教学策略 课堂评价的应用	

教学建议:

教师效能课堂观察量表

一级	二级	三级	观察结果及评价
教师效能	效应	师生对话次数	
		生生对话次数	
		生本对话次数	
	效率	新知掌握所需时间	
		难点突破所需时间	
		科学探究所需时间	
	效果	知识目标是否达成(观察学生练习、作业;后测成绩)	
		过程目标是否达成(学生是否具备了解决问题的过程)	
		情感目标是否达成(观察学生面部表情及班级课堂气氛)	

教学建议:

教师操作才能课堂观察量表

一级	二级	三级	观察结果及评价
操作才能	组织管理才能	学生学习动机的激发;课堂教学环境的营造;教学活动形式的组织;学生学习行为与纪律管理;课堂教学的反馈与调控;偶发事件的应变处理等等	
	教学评价才能	选择或编制评价工具的能力;实施评价的能力;及时获取反馈信息的能力	
	教学监控才能	对教学活动的事先计划与安排,包括明确教学目标、分析教材、了解学生状况、设计课程等方面;	
		客观地认识和评价自己的教学活动及教学效果	
		对教学活动进行调节、校正和有意识的自我控制,在教学成功的基础上提出新的任务,或者查找教学失败的原因,确定改进措施。	

教学建议:

2017 年春季仁和中小学教师专业发展微观评价选项
（教师专业认知才能）

维度	二级指标	三级指标	
教材认知	内容	知识点 思想和方法	
	目标	新课标要求 核心素养	
	重难点	重点 难点	
教学认知	教学设计	教材分析 学情分析 教学过程	
	教学操作	组织 调控	
	教学评价	过程评价 终极评价	
学生认知	管理	思想、行为、道德	
	智力因素	观察力、记忆力、想象力、分析判断力、思维能力、创造能力	
	非智力因素	动机、兴趣、情感、意志、性格	

参考文献

1. 刘堤仿等著. 教师专业发展标准下的校本培训[M]. 现代教育出版社,2009.

2. 刘堤仿,杨仙萍. 教师群体专业化成长[M]. 国家行政学院出版社,2013,(1)

3. 朱跃跃,刘堤仿,郭钊水等著. 校本培训项目管理体制与运行模式[M]. 光明日报出版社,2009,(12)

4.[美]丹奈尔·D·史蒂文斯,安东尼娅·J·利维. 评价量表:快捷有效的教学评价工具(第2版)(陈定刚译)[M]. 华南理工大学出版社,2014,(9)

5. 徐世贵. 教师自主成长——基于名师成长案例分析[M]. 外语教学与研究出版社,2008.

6. 上海市教师成长档案袋研制与推广项目组著. 捕捉教师智慧——教师成长档案袋[M]. 教育科学出版社,2006,(7)

7. 林高明著. 有效评课的策略与方法[M]. 福建教育出版社,2013.

8. 陈瑶. 课堂观察指导[M]. 教育科学出版社,2002,(10)

9. 沈毅,崔允漷. 课堂观察:走向专业的听评课[M]. 华东师范大学出版社,2008,(10)

10. 洛林·W·安德森等编著,蒋小平等译. 布卢姆教育目标分类学(完整版):分类学视野下的学与教及其测评[M]. 外语教学与研究出版社,2009,(11)

11. 刘儒德. 教育中的心理效应[M]. 华东师范大学出版社,2006,(4)

12. 徐丽华."诊疗式"主题教研的理论与实践[M]. 浙江大学出版社,2013,(12)

13. 刘卫平. 少教,才能多学[M]. 厦门大学出版社,2013,(8)

14. 冯克成,西尔枭. 教学改革手册——使用课堂教学模式与方法改革全书

[M].中央编译出版社,1997,(10)

　　15.周 彬.课堂密码[M].华东师范大学出版社,2009,(8)

　　16.张大均.教育心理学[M].人民教育出版社,2011,(6)

　　17.〔苏联〕瓦·阿·苏霍姆林斯基著.教育的艺术(杜殿坤编译)[M].湖南教育出版社,1983.

　　20.孙可平.STSE教育论[M],上海教育出版社,2001.

　　21.余文森.课堂教学改革研究[M].福建教育出版社,2005.

　　22.孙福明.课型范式与实施策略[M].江苏教育出版社,2012,(6)

　　23.[美]G·波利亚著,涂泓.冯承天译.怎样解题数学思维的新方法[M].上海科技教育出版社,2011,(11)

后 记

　　本书是刘堤仿教授及其专业团队借助高校与地方教育部门、中小学合作的平台开展教师群体专业化成长的行动研究成果之一,以仁和中学与杭州师范大学教师专业化发展合作项目为背景,以杭州市仁和中学校本培训为案例,探究教师群体专业化发展的理论与实践,重点阐述教师群体专业发展的新格局——六维五步教师专业发展微观评价的实践,反映学校教师专业化发展的新视野、新格局、新常态。参与编写的人员除了主创者外,还有仁和中学的一线教师,他们是付晓慧、朱培培、李陈、邓有田、李群华、李晓慧、颜豆豆、侯会会、沈建花等。本书可供中小学教师专业发展使用,也可供教师教育研究者参考。

　　在项目研究与本书撰写过程中,得到了杭州师范大学、余杭区教育局、仁和街道的大力支持,也得到了王守洪、柴玉宏、翁学进、顾群辉、唐跃华、姚青山、唐西胜、徐慧琴、赵婷婷、易良斌、李烈明、赵群筠、苏建强、吴丹青、周惠等特级教师的帮助,在此对上述单位和特级教师表示衷心的感谢。另外书稿的最终成型,也离不开沈秋水、谢起来、王跃奇、周金平、黄晔、姚建良、余跃华、陈香强、汤建南、徐再福、张文俊、张亮亮、罗其美、曾宪学、李建国、史珍玉等老师的支持与配合,非常感谢对该项成果给予关心和支持的专家和领导,以及为此做出贡献的同事、朋友和亲人。

2018 年 3 月 13 日